Privatisierung bayerischer Kreiskrankenhäuser

ERLANGER SCHRIFTEN ZUM ÖFFENTLICHEN RECHT

Herausgegeben von Max-Emanuel Geis, Heinrich de Wall,
Markus Krajewski und Bernhard W. Wegener

Band 1

PETER LANG

Frankfurt am Main · Berlin · Bern · Bruxelles · New York · Oxford · Wien

Ingo Mehner

Privatisierung bayerischer Kreiskrankenhäuser

PETER LANG

Internationaler Verlag der Wissenschaften

Bibliografische Information der Deutschen Nationalbibliothek
Die Deutsche Nationalbibliothek verzeichnet diese Publikation
in der Deutschen Nationalbibliografie; detaillierte bibliografische
Daten sind im Internet über http://dnb.d-nb.de abrufbar.

Zugl.: Erlangen, Univ., Diss., 2011

Umschlaggestaltung:
© Olaf Gloeckler, Atelier Platen, Friedberg

Umschlagabbildung:
Historisches Siegel der Universität Erlangen-Nürnberg.

Gedruckt auf alterungsbeständigem,
säurefreiem Papier.

D 29 (n2)
ISSN 2192-8460
ISBN 978-3-631-61859-2

© Peter Lang GmbH
Internationaler Verlag der Wissenschaften
Frankfurt am Main 2012
Alle Rechte vorbehalten.

www.peterlang.de

Meiner Familie

Vorwort

Die vorliegende Arbeit wurde im Jahr 2011 von der Friedrich-Alexander-Universität Erlangen-Nürnberg als Dissertation angenommen.

Ganz besonders danken möchte ich meinem Doktorvater, Herrn Prof. Dr. Max-Emanuel Geis, für die wohlwollende Betreuung. Er war in jeder Phase der Arbeit gut erreichbar und mir mit seinen wertvollen Anregungen eine große Hilfe.

Ebenso bedanke ich mich bei Herrn PD Dr. Daniel Krausnick für die zügige Erstattung des Zweitgutachtens.

Eine wertvolle Hilfe war mir meine Frau Stephanie Mehner. Ihr danke ich für die stete Aufmunterung, viele gute Gespräche und das Korrekturlesen dieser Arbeit.

Meinen Eltern Ingo und Ingrid Mehner danke ich für die liebevolle Unterstützung und großzügige Förderung meiner ganzen Ausbildung bis hin zur Promotion sowie für das Korrekturlesen dieser Arbeit.

Ich bedanke mich bei Herrn Arnulf Mehren, dem Geschäftsführer der Asklepios Stadtklinik Bad Tölz GmbH, und Herrn Hubertus Hollmann, dem Geschäftsführer der Kreisklinik Wolfratshausen gGmbH, dass sie mir einen intensiven Einblick in ihre Krankenhäuser gegeben haben.

Herrn Herrmann Forster, dem Kämmerer der Stadt Bad Tölz, und dem ehemaligen Kämmerer des Landkreises Bad Tölz-Wolfratshausen, Herrn Heinz Karg, danke ich für viele gute Gespräche und Informationen über die Auswirkungen der verschiedenen Formen der Privatisierung auf die Kommunen und insbesondere die kommunalen Finanzen.

Herrn Dr. Robert Englmann danke ich für viele Anregungen im Hinblick auf wissenschaftliches Arbeiten. Herrn David Dürndorfer danke ich für seine Unterstützung in EDV-Fragen.

Ingo Mehner

Bad Tölz, September 2011

VII

Inhaltsverzeichnis

XI

XIV

XVI

XVIII

Abkürzungsverzeichnis:

AEUV	Vertrag über die Arbeitsweise der Europäischen Union
a.F.	alte Fassung
AG	Aktiengesellschaft
AKG	Arbeitsgemeinschaft kommunaler Großkrankenhäuser
AktG	Aktiengesetz
AllMBl	Allgemeines Ministerialblatt
AO	Abgabenordnung
Art.	Artikel (Einzahl)
Art.	Artikel (Mehrzahl)
AÜG	Gesetz zur Regelung der gewerbsmäßigen Arbeitnehmerüberlassung (Arbeitnehmerüberlassungsgesetz)
BAG	Bundesarbeitsgericht
BAT	Bundesangestelltentarif
BayBG	Bayerisches Beamtengesetz
BayDG	Bayerisches Disziplinargesetz
BayHO	Haushaltsordnung des Freistaates Bayern (Bayerische Haushaltsordnung)
BayKrG	Bayerisches Krankenhausgesetz
BayPVG	Bayerisches Personalvertretungsgesetz
BaySchFG	Bayerisches Schulfinanzierungsgesetz
BayVbl	Bayerische Verwaltungsblätter (Zeitschrift)
BBG	Bundesbeamtengesetz
BeamtStG	Gesetz zur Regelung des Statusrechts der Beamtinnen und Beamten in den Ländern (Beamtenstatusgesetz)
BetrVG	Betriebsverfassungsgesetz
BezO	Bezirksordnung
BGB	Bürgerliches Gesetzbuch
BGH	Bundesgerichtshof
BGHZ	Entscheidungen des Bundesgerichtshofs in Zivilsachen
BKG	Bayerische Krankenhausgesellschaft

BKPV	Bayerischer Kommunaler Prüfungsverband
BMV-Ä	Bundesmanteltarifvertrag-Ärzte
BNotO	Bundesnotarordnung
BPflV	Verordnung zur Regelung der Krankenhauspflegesätze (Bundespflegesatzverordnung)
BRRG	Rahmengesetz zur Vereinheitlichung des Beamtenrechts (Beamtenrechtsrahmengesetz)
BV	Verfassung des Freistaats Bayern
bzw.	beziehungsweise
BVerwG	Bundesverwaltungsgericht
ca.	circa
DRG	Diagnosis Related Groups
DrittelbG	Gesetz über die Drittelbeteiligung der Arbeitnehmer im Aufsichtsrat
DVBayKrG	Verordnung zur Durchführung des Bayerischen Krankenhausgesetzes
DÖV	Die Öffentliche Verwaltung (Zeitschrift)
DVBl	Deutsches Verwaltungsblatt (Zeitschrift)
EBV	Eigenbetriebsverordnung
EG	Europäische Gemeinschaft
EG	Vertrag zur Gründung der Europäischen Gemeinschaften (EG-Vertrag)
ErbbauRG	Gesetz über das Erbbaurecht (Erbbaurechtsgesetz)
Erl.	Erläuterung
etc.	et cetera
EU	Europäische Union
EuGH	Europäischer Gerichtshof
EStG	Einkommensteuergesetz
eV	eingetragener Verein
FAG	Gesetz über den Finanzausgleich zwischen Staat, Gemeinden und Gemeindeverbänden (Finanzausgleichsgesetz)
gem.	gemäß
GG	Grundgesetz für die Bundesrepublik Deutschland

GKV-WSG	Gesetzes zur Stärkung des Wettbewerbs in der gesetzlichen Krankenversicherung (GKV-Wettbewerbsstärkungsgesetz)
GLKrWG	Gesetz über die Wahl der Gemeinderäte, der Bürgermeister, der Kreistage und der Landräte
GmbH	Gesellschaft mit beschränkter Haftung
GmbHG	Gesetz betreffend die Gesellschaften mit beschränkter Haftung
GO	Gemeindeordnung für den Freistaat Bayern
GOB	Gesundheit Oberbayern GmbH
Grds	Grundsätzlich
GrEStG	Grunderwerbsteuergesetz
GrStG	Grundsteuergesetz
GWB	Gesetz gegen Wettbewerbsbeschränkungen
HGB	Handelsgesetzbuch
HKAG	Gesetz über die Berufsausübung, die Berufsvertretungen und die Berufsgerichtsbarkeit der Ärzte, Zahnärzte, Tierärzte, Apotheker sowie der psychologischen Psychotherapeuten und der Kinder- und Jugendlichenpsychotherapeuten (Heilberufe-Kammergesetz)
Hs.	Halbsatz
i.S.d.	im Sinne der oder im Sinne des
i.V.m.	in Verbindung mit
JZ	Juristenzeitung (Zeitschrift)
KAG	Kommunalabgabengesetz
KAV	Kommunaler Arbeitgeberverband Bayern
KHBV	Verordnung über die Rechnungs- und Buchführungspflichten von Krankenhäusern (Krankenhausbuchführungs-Verordnung)
KHEntgG	Gesetz über die Entgelte für voll- und teilstationäre Krankenhausleistungen (Krankenhausentgeltgesetz)
KHG	Krankenhausfinanzierungsgesetz
KommHV-Doppik	Verordnung über das Haushalts-, Kassen- und Rechnungswesen der Gemeinden, der Landkreise und der Bezirke nach den Grundsätzen der doppelten kommunalen Buchführung (Kommunalhaushaltsverordnung-Doppik)

KommHV-Kameralistik	Verordnung über das Haushalts-, Kassen und Rechnungswesen der Gemeinden, der Landkreise und der Bezirke nach den Grundsätzen der Kammeralistik (Kommunalhaushaltsverordnung-Kameralistik)
KommZG	Gesetz über die kommunale Zusammenarbeit
KSchG	Kündigungsschutzgesetz
KStG	Körperschaftsteuergesetz
KUV	Verordnung über Kommunalunternehmen
KWBG	Gesetz über kommunale Wahlbeamte
LKrO	Landkreisordnung für den Freistaat Bayern
LKV	Landes- und Kommunalverwaltung (Zeitschrift)
Mio.	Millionen
MitbestG	Gesetz über die Bitbestimmung der Arbeitnehmer (Mitbestimmungsgesetz)
MTArb	Manteltarifvertrag für die Arbeiterinnen und Arbeiter des Bundes und der Länder
NJW	Neue Juristische Wochenschrift (Zeitschrift)
NVwZ	Neue Zeitschrift für Verwaltungsrecht (Zeitschrift)
NWVBl	Nordrhein-Westfälische Verwaltungsblätter (Zeitschrift)
NZA	Neue Zeitschrift für Arbeitsrecht (Zeitschrift)
o.ä.	oder ähnliches
ÖPP	Öffentlich-Private-Partnerschaft
PersV	Die Personalvertretung
PPP	Public-Private-Partnership
SGB	Sozialgesetzbuch
sog.	sogenannt (e)
StGB	Strafgesetzbuch
u.a.	und andere
u.ä.	und ähnliche (s)
UmwG	Umwandlungsgesetz
UmwStG	Umwandlungssteuergesetz
UrlV	Verordnung über den Urlaub der bayerischen Beamten und Richter (Urlaubsverordnung)

XXII

A. Einführung

Die Thematik der Privatisierung ist von ideologischen Vorstellungen geprägt. Eine liberale Richtung traut der Öffentlichen Hand kein effektives Handeln zu und versucht deshalb, möglichst umfangreich zu privatisieren. Eine andere Seite schreckt reflexartig zurück, wenn nur das Wort „Privatisierung" fällt. Dies hat die unterschiedlichsten Ursachen. Sei es die Angst, durch Private werde alles unsozialer, sei es die Angst der Vertreter von Kommunen und Verbänden, an Einfluss zu verlieren.

Diese Arbeit setzt sich offen mit der Thematik der Privatisierung auseinander. Sie stellt die Probleme beim Ablauf einer Privatisierung und nach erfolgter Privatisierung dar und zeigt Lösungen und Gestaltungsmöglichkeiten auf. Chancen und Risiken privatisierter Krankenhäuser werden genauso aufgezeigt wie mögliche Alternativen zur Privatisierung.

Der Autor möchte keine rein theoretische Abhandlung schreiben, sondern Antworten auf die Bedürfnisse der Praxis geben. Dabei soll dem Leser ein Abriss über die wichtigsten Folgen einer Privatisierung an die Hand gegeben werden, etwa um eine dahingehende Entscheidung vorzubereiten. Um dem Leser eine Vorstellung vom Ablauf von Privatisierungen im Bereich der Krankenhäuser zu geben, sind der Arbeit in der Anlage die Darstellung der Privatisierungsprozesse der Krankenhäuser in Bad Tölz und Wolfratshausen beigegeben, ebenso wie eine Dokumentation der Vorgeschichte und der Zeit nach der Privatisierung.

Auch wenn viele Feststellungen auf andere Bundesländer übertragbar sind, wurde das Augenmerk in der Arbeit wegen der landesrechtlichen Besonderheiten auf bayerische Krankenhäuser gelegt. Die zitierten landesrechtlichen Vorschriften sind deshalb dem bayerischen Recht entnommen.

B.   Grundlagen

Im Abschnitt B sollen einige historische, rechtliche und tatsächliche Grundlagen aus den Bereichen „Bayerische Landkreise", „Krankenhauswesen" und „Privatisierung" vermittelt werden, welche für das Verständnis der Arbeit und die Einordnung der späteren Kapitel von Bedeutung sind.

I. Charakteristika bayerischer Landkreise

1. Rechtsnatur bayerischer Landkreise

Im Unterschied zu Gemeinden werden Landkreise regelmäßig nicht als „ursprüngliche", sondern als vom Staat geschaffene Gebietskörperschaften bezeichnet.[1] Sie entwickelten sich nicht von selbst, sondern wurden als Gebietskörperschaft von der Obrigkeit geschaffen.

Seit Beginn des 19. Jahrhunderts gab es mehrere Ansätze, über das Gemeindegebiet hinausgehende Verwaltungssprengel zu schaffen.[2] Nach mehreren Zwischenschritten trat am 28.05.1852 das „Gesetz, die Distriktsräte betreffend" in Kraft. Das Jahr 1852 kann als Geburtsjahr der bayerischen Landkreise als Selbstverwaltungseinrichtungen bezeichnet werden, da in diesem Gesetz den Distriktsgemeinden als Vereinigung von Gemeinden eigene Rechtspersönlichkeit verliehen wurde.[3]

Mit dem Gesetz über die Selbstverwaltung vom 22.05.1919[4] wurden in einer ersten Gebietsreform die Sprengel der Distriktsgemeinden an die Grenzen der (staatlichen) Bezirksämter angepasst und es erfolgte eine Umbenennung in „Bezirke" (vgl. Art. 11 Abs. 1 des Gesetzes über die Selbstverwaltung).

Nachdem die Bayerische Verfassung von 1946 weiterhin den Begriff „Bezirke" verwendet (vgl. Art. 9 BV), ersetzte die Landkreisordnung vom 16.02.1952[5] den Begriff durch den des „Kreises".

---

1   Hölzl/ Hien/ Huber, Gemeindeordnung, Art. 1 LKrO, Erl. 1, welche die Landkreise als „reine Zweckschöpfung" von den Gemeinden als „ursprüngliche Gebietskörperschaften" abgrenzt; Prandl/ Zimmermann/ Büchner, Kommunalrecht, Art. 1 LKrO, Erl. 2; Hauth, Rudolf, in Schulz u.a., Kommunalverfassungsrecht, Art. 1 LKrO, Erl. 2
2   Bauer/ Böhle/ Ecker, Bayerische Kommunalgesetze, Art. 1 LKrO, RN 16
3   Hauth, Rudolf in Schulz u.a., Kommunalverfassungsrecht, Art. 1 LKrO, Erl. 1; Bauer/ Böhle/ Ecker, Bayerische Kommunalgesetze, Art. 1 LKrO, RN 17
4   Gesetz- und Verordnungsblatt für den Freistaat Bayern 1919, 239
5   Gesetz- und Verordnungsblatt für den Freistaat Bayern, 1952, 39

2

Auf die erste Gebietsreform von 1919 folgte 1972 eine zweite – und vorerst letzte. Durch die Verordnung der Staatsregierung zur Neugliederung Bayerns in Landkreise und kreisfreie Städte vom 27.12.1971[6] wurden mit Wirkung zum 30.06.1972 alle 143 Landkreise aufgelöst und mit Wirkung zum 01.07.1972 wurden 71 neue Landkreise geschaffen. Diese Zahl ist bis heute aktuell.[7]

Die Landkreise werden vom Grundgesetz und der bayerischen Verfassung geschützt. Zu nennen sind insbesondere Art. 28 Abs. 1 S. 2, 28 Abs. 2 S. 2, S. 3 Hs. 1 GG und Art. 10 BV. Der verfassungsrechtliche Schutz bedeutet zum einen eine Rechtssubjektsgarantie in dem Sinn, dass die Institution der Landkreise als solche garantiert wird.[8] Dadurch ist aber nicht der Bestand jedes einzelnen Landkreises gewährleistet.[9] Neben der Rechtssubjektsgarantie gewährt der verfassungsrechtliche Schutz eine institutionelle Garantie, durch welche die Selbstverwaltung der Landkreise geschützt wird.[10]

Bei den bayerischen Landkreisen handelt es sich um eigene Gebietskörperschaften und nicht lediglich um Gemeindeverbände als Zusammenschlüsse kreisangehöriger Gemeinden.[11] Auch wenn Grundgesetz und Bayerische Verfassung diesen Begriff irreführender Weise verwenden, so geht die Rechtsstellung der bayerischen Landkreise über die eines reinen Gemeindeverbandes hinaus. Die bayerischen Landkreise sind „weder der Struktur noch der Aufgabenstellung nach als Verbandskörperschaften konzipiert, da nicht die Gemeinden, sondern unmittelbar die Einwohner konstitutives Element des Landkreises sind".[12] Art. 1 LKrO[13] legt sich begrifflich fest, dass es sich bei Landkreisen um selbständige

---

6   Gesetz- und Verordnungsblatt für den Freistaat Bayern 1971, 495
7   Vgl. §§ 1 bis 7 VO zur Bestimmung der Namen der Landkreise und der Sitze der Kreis-
     verwaltungen
8   Maunz in Maunz u.a., Grundgesetz, Art. 28, RN 45; Vogelsang, Klaus in Frieauf/ Höf-
     ling, Berliner Kommentar, Art. 14, RN 95; Geis, Kommunalrecht, § 14 RN 3; Kne-
     meyer, Bayerisches Kommunalrecht, RN 62
9   Maunz in Maunz u.a., Grundgesetz, Art. 28, RN 45; Vogelsang, Klaus in Frieauf/ Höf-
     ling, Berliner Kommentar, Art. 28, RN 96
10   Vogelgesang, in Frieauf/ Höfling, Berliner Kommentar, Art. 28, RN 95; Wolff in Lind-
     ner/ Möstl/ Wolff, Bayerische Verfassung, Art. 10, RN 29 ff; Schweiger in Nawiasky/
     Schweiger/ Knöpfle, Bayerische Verfassung, Art. 10 RN 3; Geis, Kommunalrecht, § 14
     RN 4
11   Prandl/ Zimmermann/ Büchner, Kommunalrecht, Art. 1 LKrO, Ziff. 2; Bauer, Kommu-
     nalverwaltung, Band B 1, Art. 1 LKrO, Ziff. 3; Wolff in Lindner/ Möstl/ Wolff, Bayeri-
     sche Verfassung, Art. 10, RN 22
12   Hölzl/ Hien/ Huber, Gemeindeordnung, Art. 1 LKrO, Erl. 1; vom Ergebnis ebenso:
     Bauer, Kommunalverwaltung, Band B1, Art. 1 LKrO, Ziff. 3
13   Bei der LKrO handelt es sich um die bayerische LkrO. Im weiteren Verlauf sind die
     zitierten Landesgesetze immer solche des Freistaats Bayern

Gebietskörperschaften handelt. Die Einordnung als Gebietskörperschaft wird auch durch Art. 16 Abs. 1 LKrO gestützt. Diese Norm ordnet den Landkreisen eine (unmittelbare) Kreishoheit über das Kreisgebiet und die dort lebende Bevölkerung zu.

Der Begriff Gemeindeverband legt nahe, dass die Gemeinden Vertreter in den Kreistag entsenden und dass auch der Landrat durch Wahl der Gemeinden eingesetzt wird. Dies ist jedoch in Bayern nicht der Fall. Der Landrat und die Kreisräte werden von den Kreisbürgern direkt gewählt (Art. 31 Abs. 1 S. 2, bzw. Art. 12 LKrO).

Die Aufgaben sind von denen der Gemeinden durch ihre „Überörtlichkeit" abgegrenzt. Anders als in einigen anderen Ländern sieht das bayerische Recht grds. keine Unterstützung der Gemeinde bei der Erfüllung ihrer Aufgaben und auch keine Kostentragung durch die Landkreise vor, wie dies beispielsweise in Baden-Württemberg der Fall ist.[14] Einzige und eng begrenzte Ausnahme ist die Übernahme von Gemeindeaufgaben auf Antrag kreisangehöriger Gemeinden gemäß Art. 52 LKrO.

Diese klare Ausrichtung als selbständige Gebietskörperschaft ohne Einflussnahme der Gemeinden wird im Wesentlichen nur durch die Finanzierung in Form der Kreisumlage (gemäß Art. 18 ff FAG) relativiert.[15] Durch diese legen die Landkreise gemäß Art. 18 Abs. 1 FAG ihren nicht gedeckten Bedarf auf die Gemeinden um. Alleine durch diese Umlage entsteht jedoch noch keine verbandliche Struktur. Diese Finanzierung muss alleine aus technischen und wirtschaftlichen Gesichtspunkten betrachtet werden.[16] Auf die, aus dieser Durchbrechung resultierenden, Probleme wird später noch ausführlich eingegangen.

2. Aufgaben bayerischer Landkreise unterteilt nach Aufgabentypen

Nachfolgend soll dargestellt werden, durch welche Rechtsgrundlagen bayerischen Landkreisen ihre Aufgaben zugewiesen werden, wie diese Aufgaben nach dem jeweiligen Aufgabentyp untergliedert werden können und wie kommunale Krankenhäuser in diese Systematik eingebettet sind.

Art. 28 GG nennt keine speziellen Gemeinde- und Landkreisaufgaben. Anders als hinsichtlich der Gemeinden äußert sich die Bayerische Verfassung im

---

14 vgl. zur Rechtslage in Baden-Württemberg: Art. 1 Abs. 1, 2 Abs. 2 der LKrO für Baden-Württemberg

15 Hölzl/ Hien/ Huber, Gemeindeordnung, Art. 1 LKrO Erl. 1 spricht deshalb von einem „gewissen Verbandselement"

16 Knemeyer, Bayerisches Kommunalrecht, RN 56

Hinblick auf die Landkreise nicht zu deren einzelnen Aufgaben. In Art. 10 Abs. 2 und Abs. 3 BV wird lediglich klargestellt, dass eine Aufteilung in eigenen und übertragenen Wirkungskreis erfolgt und dass auch der eigene Wirkungskreis durch die Gesetze bestimmt wird. Somit ist der Umfang der Aufgaben selbst im eigenen Wirkungskreis – zu welchem gemäß Art. 53 Abs. 3 S. 1 Nr. 1 LKrO auch das Krankenhauswesen zählt – nicht explizit verfassungsrechtlich verankert mit der Konsequenz, dass der Aufgabenbereich der Landkreise durch den Gesetzgeber festgelegt wird.[17]

Detailliertere Regelungen finden sich in der Landkreisordnung und in Spezialgesetzen. Art. 4 LKrO umschreibt den allgemeinen Tätigkeitsbereich – insbesondere in Abgrenzung zu dem der Gemeinden.[18] In Art. 5 und 6 LKrO werden die Begriffe des eigenen und des übertragenen Wirkungskreises in das Gesetz eingeführt. Neben einem groben Umriss der Wirkungskreise beschreiben die beiden Vorschriften einige, sich aus der jeweiligen Einordnung ergebende, Rechtsfolgen. Eine konkrete Aufgabenzuweisung findet sich dann in den Art. 51 und 53 LKrO.

Im eigenen Wirkungskreis lassen sich die Aufgaben einer Kommune in Pflicht-, Soll-, und freiwillige Aufgaben unterteilen.

Die Pflichtaufgaben werden in Art. 51 Abs. 2 und 3 LKrO geregelt. Der Unterschied zwischen den Pflichtaufgaben des Art. 51 Abs. 2 und denen des Abs. 3 LKrO besteht darin, dass Abs. 2 erst in Verbindung mit einem Spezialgesetz eine Pflichtaufgabe begründet, wohingegen sich dies aus Abs. 3 unmittelbar ergibt.[19] Bei Pflichtaufgaben obliegt dem Landkreis grundsätzlich nur die Entscheidung über das „wie" der Leistungserbringung. Eine Entscheidung zum „ob" hat der Staat durch Definition als Pflichtaufgabe grundsätzlich getroffen, wenngleich die Landkreisordnung in Art. 51 Abs. 2 und 3 die Pflicht nicht nur statuiert, sondern sie quasi im gleichen Atemzug – durch Merkmale wie das der Erforderlichkeit – abschwächt.

Sollaufgaben regelt die Landkreisordnung in Art. 51 Abs. 1. Dogmatisch sind sie als Unterfall der freiwilligen Aufgaben zu sehen, denn in beiden Fällen

---

17 Wolff in Lindner/ Möstl/ Wolff, Bayerische Verfassung, Art. 10, RN 38; Prandl/ Zimmermann/ Büchner, Art. 1 LKrO, Ziff. 2; Maunz in Maunz u.a. Grundgesetz, Art. 28 GG, RN 51; Hölzl/ Hien/ Huber, Gemeindeordnung, Art. 6 LKrO, Erl. 1; Bauer/ Böhler/ Ecker, Bayerische Kommunalgesetze, Art. 4 LKrO, RN 1

18 Prandl/ Zimmermann/ Büchner, Kommunalrecht, Art. 4 LKrO, Erl. 2; Hauth in Schulz u.a., Kommunalverfassungsrecht, Art. 4, Erl. 2

19 Prandl/ Zimmermann/ Büchner, Kommunalrecht, Art. 51 LKrO, Erl. 7; Bloeck in Schulz u.a., Kommunalverfassungsrecht, Art. 51 LKrO spricht deshalb von „unmittelbaren Pflichtaufgaben"; Bauer/ Böhle/ Ecker, Bayerische Kommunalgesetze, Art. 51 Erl. 2

räumt der Gesetzgeber der Kommune neben dem „wie" auch hinsichtlich des „ob" einen Ermessensspielraum ein.[20] Jedoch legt der Gesetzgeber der Kommune bei Sollaufgaben die Erfüllung der Aufgabe „dringend nahe"[21] und schränkt das Ermessen hinsichtlich des „ob" damit deutlich ein.

Bei freiwilligen Aufgaben wird den Kommunen die Erfüllung vom Gesetzgeber nicht dringend nahe gelegt, weshalb sie in der Landkreisordnung gar nicht und in Spezialgesetzen nur selten erwähnt werden.[22] Voraussetzung für das Vorliegen einer freiwilligen Aufgabe ist, dass eine solche Aufgabe vom Wirkungskreis der Landkreise umfasst ist. Weiterhin ist zu beachten, dass freiwillige Aufgaben nur übernommen werden dürfen, wenn „die Erfüllung der Pflichtaufgaben gesichert und die von Sollaufgaben nicht gefährdet ist".[23]

Anders als in anderen Bundesländern räumt die Bayerische Landkreisordnung den Landkreisen nicht die Möglichkeit ein, von selbst anstelle der Gemeinden tätig zu werden, wenn diese die Aufgaben infolge zu geringer Leistungsfähigkeit nicht ausüben können (sog. Hochzonung).[24] Dies ist nur gemäß Art. 52 Abs. 1 LKrO auf Antrag kreisangehöriger Gemeinden möglich. Somit sind die Landkreise grundsätzlich auf die Aufgaben beschränkt, die ihnen in ihrem eigenen oder übertragenen Wirkungskreis vom Gesetzgeber zugewiesen wurden.

Krankenhäuser lassen sich bereits unter den Begriff des Gesundheitswesens in Art. 51 Abs. 2 LKrO subsumieren.[25] Ausdrücklich geregelt ist die Errichtung und der Unterhalt von Krankenhäusern aber in Art. 51 Abs. 3 S. 1 Nr. 1 LKrO. Die Errichtung und der Unterhalt von Krankenhäusern ist eine den Landkreisen (bzw. deren Vorgängern) von jeher obliegende[26] Pflichtaufgabe, welche nur

---

20 Widtmann/ Grasser/ Glaser, Bayerische Gemeindeordnung, Art. 57 GO RN 7 zur Einordnung der Sollaufgaben als freiwillige Aufgaben; Knemeyer, Bayerisches Kommunalrecht, RN 152 zum Ermessen hinsichtlich des „ob" und des „wie"

21 Knemeyer, Bayerisches Kommunalrecht, RN 154; Hölzl/ Hien/ Huber, Gemeindeordnung, Art. 57 GO

22 Eine Ausnahme bildet die freiwillige Aufgabe des öffentlichen Personennahverkehrs. Dieser ist ausdrücklich in Art 8 Abs. 1 S. 1 BayÖPNVG als freiwillige Aufgabe der Landkreise und kreisfreien Gemeinden bezeichnet.

23 Prandl/ Zimmermann/ Büchner, Kommunalrecht, Art. 51 LKrO, Erl. 1

24 BayVGH, Urteil vom 04.11.1992 – 4 B 90.718 in DVBl 1993, 893 f; Block in Schulz u.a., Kommunalverfassungsrecht Art. 51 Erl. 1; Widtmann/ Grasser/ Glaser, Art. 52 LKrO, RN 1; Geis, Kommunalrecht, § 16, RN 2f; Schreml/ Bauer/ Westner, Kommunales Haushaltsrecht, Art. 19 FAG, Erl. 3.1.

25 Bauer/ Böhle/ Ecker, Bayerische Kommunalgesetze, Art. 51 LKrO, Erl. 2.b; Hölzl/ Hien/ Huber, Art. 51 LKrO, Erl. 5.3

26 Distriktratsgesetz vom 28.5.1852 und Art. 2 Nr. 4 der BezO 1927, später „Kreisordnung 1927" genannt

durch die Merkmale der „Erforderlichkeit" und der „Grenzen der Leistungsfähigkeit" eingeschränkt wird.

3. Personelle Ressourcen bayerischer Landkreise

Die personelle Ausstattung eines Landkreises kann bei der Planung und Durchführung der Privatisierung eines Krankenhauses von ausschlaggebender Bedeutung sein. Auf die nachfolgenden Personen bzw. Personengruppen und Institutionen kann ein Landkreis dabei zurückgreifen.

a) Der Landrat

Der Landrat ist das dominierende Organ der Gebietskörperschaft Landkreis. Seine Position ist mit der des Bürgermeisters für eine Gemeinde vergleichbar, was sich bereits in den teilweise wortgleichen Vorschriften von Gemeindeordnung und Landkreisordnung zeigt.[27] Die starke Stellung des Landrates erklärt sich aus seiner Direktwahl durch die Landkreisbürger (Art. 31 Abs. 1 S. 2 LKrO). Er wird für die Dauer von 6 Jahren gewählt (Art. 42 Abs. 1 S. 1 GLKrWG). Eine Abwahl oder Abberufung während dieser Amtszeit durch die Landkreisbevölkerung oder den Kreistag ist mangels gesetzlicher Grundlage nicht möglich.[28]

Der Landrat kann grundsätzlich auch von keiner staatlichen Stelle abberufen werden. Bei ihm handelt es sich um einen kommunalen Wahlbeamten (Art. 1 Nr. 2 KWBG). Dieses Beamtenverhältnis kann außer bei Entlassung auf eigenen Wunsch (Art. 15 Nr. 1, 19 KWBG) nur unter den engen Voraussetzungen des Art. 15 Nr. 2, Nr. 3 i.V.m. Art. 16 ff KWBG vorzeitig beendet werden. Außer auf eigenen Wunsch wird es de facto nur in absoluten Ausnahmefällen zu einer vorzeitigen Entlassung kommen.

Der Landrat darf anstelle des Kreistages und der Ausschüsse dringliche Anordnungen treffen und unaufschiebbare Geschäfte besorgen (Art. 34 Abs. 3 S. 1 LKrO). Im Übrigen führt er den Vorsitz im Kreistag und vollzieht die Beschlüsse desselbigen (Art. 33 S. 1 und S. 2 LKrO). Im Rahmen einer Krankenhausprivatisierung wird dem Landrat in der Regel eine zentrale Bedeutung zu-

---

27 Geis, Kommunalrecht, § 16, RN 3; Burgi, Kommunalrecht, § 20 RN 20; Knemeyer, Bayerisches Kommunalrecht, RN 262

28 Bauer/ Böhle/ Ecker, Bayerische Kommunalgesetze, Art 31 LKrO, Erl. 2; Widtmann Grasser/ Glaser, Bayerische Gemeindeordnung, Art. 31 LKrO, RN 22; Hümmer, Kommunale Wahlbeamte, Art. 15 KWBG, Erl. 2 erläutert dies im Hinblick auf die fehlende Möglichkeit der Abberufung des Bürgermeisters durch den Gemeindetag

kommen, da dieser zum einen den Landkreis nach außen vertritt, zum anderen als einziger Politiker des Landkreises hauptamtlich für diesen arbeitet.

b) Die Verwaltung

Die Mitarbeiter der Verwaltung setzen sich aus Beamten und sonstigen Beschäftigten zusammen, größtenteils solchen des nichttechnischen Verwaltungsdienstes. Neben den kommunalen Mitarbeitern werden auch staatliche Mitarbeiter zugewiesen. Der Landrat ist Vorgesetzter des staatlichen Personals und des Personals des Landkreises.[29] Der Landrat oder eine von ihm beauftragte Person kann das gesamte Personal – unabhängig davon, ob es sich um Staats- oder Kreisbedienstete handelt – nach eigenem Ermessen zur Erfüllung staatlicher und kommunaler Aufgaben heranziehen.[30] Somit können auch Staatsbedienstete Aufgaben in bzw. für Kreiskrankenhäuser und bei der Vorbereitung und Durchführung von deren Privatisierung wahrnehmen.

c) Die Kreisräte

Das Amt des Kreisrates ist ein ehrenamtliches, Art. 24 Abs. 2 S. 3 LKrO. Berufsmäßige Kreisräte gibt es – anders als berufsmäßige Gemeinderatsmitglieder – nicht.[31] Kreisräte werden auf die Dauer von 6 Jahren gewählt (Art. 23 Abs. 1 GLKrWG). Voraussetzung der Wählbarkeit ist gemäß Art. 21 Abs. 1 Nr. 3 GLKrWG, dass sich ein Bewerber seit mindestens 6 Monaten mit dem Schwerpunkt seiner Lebensbeziehungen im Landkreis aufhält. Da Kreisräte im Landkreis wohnen, haben sie ein persönliches Interesse an der Qualität der medizinischen Versorgung und somit an der Qualität des Krankenhauses.

Zu einem Teil setzen sich Kreistage aus Berufspolitikern, also Bürgermeistern, Landtags-, Bundestags- und Europaabgeordneten zusammen. Diese haben oft aufgrund ihrer Tätigkeit als Berufspolitiker einen hohen Bekanntheitsgrad und werden wegen dieses Bekanntheitsgrades in die jeweiligen Kreistage gewählt. Der größte Teil der Kreisräte geht jedoch einem nichtpolitischen Beruf nach. Als Vertretung der Kreisbürger entscheidet der Kreistag über alle wesentlichen Angelegenheiten des Landkreises (Art. 23 Abs. 1 LKrO). So werden auch

---

29 Bloeck in Schulz u.a. Kommunalverfassungsrecht, Art. 31 LKrO, Erl. 1; Bauer/ Böhle/ Ecker, Bayerische Kommunalgesetze, Art. 31 LKrO, Erl. 1
30 Hölzl/ Hien/ Huber, Gemeindeordnung, Art. 37 LKrO, Erl. 1; Knemeyer, Bayerisches Kommunalrecht, RN 264
31 Prandl/ Zimmermann/ Büchner, Kommunalrecht, Art. 24 LKrO, RN 4; Bloeck in Bauer (u.a.), Kommunalverwaltung, Band B 1, Art. 24 LKrO, Erl. 2.2; Bauer/ Böhle/ Ecker, Bayerische Kommunalgesetze, Art. 24 LKrO, Erl. 4a

die wesentlichen Entscheidungen bei der Frage nach dem „ob" und „wie" der Privatisierung eines Krankenhauses des Landkreises vom Kreistag gefällt.

d) Die Aufsichtsbehörden

Die Regierungen (Art. 96 S. 1 LKrO) sowie das Staatsministerium des Inneren (Art. 96 S. 2 LKrO) sind die Rechtsaufsichtsbehörden der bayerischen Landkreise. Wegen der weitgehenden Konzentration der Befugnisse innerhalb der staatlichen Mittelinstanz bei den Regierungen obliegen diesen in der Regel auch die Aufgaben der unteren Fachaufsichtsbehörde[32]. Die Aufgabe der oberen Fachaufsichtsbehörde obliegt dem jeweils fachlich zuständigen Staatministerium, Art. 101 LKrO, 55 Nr. 5 BV. Auf die Rolle der Aufsichtsbehörden im Rahmen einer Privatisierung wird im Laufe dieser Arbeit näher eingegangen werden.

e) Die Verbände

(1) Bayerischer und Deutscher Landkreistag

Die 323 deutschen Landkreise[33] haben sich auf Landesebene zu Landkreistagen zusammengeschlossen. Die Landkreistage der 13 Flächenländer wiederum bilden den Deutschen Landkreistag.[34]

Der Deutsche Landkreistag ist ein eingetragener Verein.[35] Er hat intern den Auftrag zur Information seiner Mitglieder sowie zur Förderung des Erfahrungsaustausches; nach außen berät er die zuständigen Gremien bei der Vorbereitung und Durchführung von Gesetzen, Verordnungen und Erlassen und vertritt dabei die gemeinsamen Belange der Landkreise.[36]

Der Bayerische Landkreistag ist eine Körperschaft des öffentlichen Rechts.[37] Seine Aufgaben sind mit denen des Deutschen Landkreistages vergleichbar. Deutlich stärker als der Deutsche Landkreistag berät der Bayerische Landkreistag die Landkreise unmittelbar.[38] Hierzu hat der Bayerische Landkreistag in seiner Geschäftsstelle Referenten zu den jeweiligen Fachbereichen. Dort gibt es

---

32   , Kommunalrecht, Art. 101 LKrO, Erl. 2

33   sowie die Region Hannover und der Stadtverband Saarbrücken

34   Henneke, Spitzenverbände, S. 38; Information des Deutschen Landkreistages, http://www.kreise.de/landkreistag/mitgl-index.htm

35   § 1 Abs. 2 S. 1 der Satzung des Deutschen Landkreistages

36   § 1 Abs. 1 der Satzung des Deutschen Landkreistages; Henneke, Spitzenverbände, S. 44 f

37   § 1 Abs. 2 S. 1 der Satzung des Bayerischen Landkreistages; Lindner/ Möstl/ Wolff, Bayerische Verfassung, Art. 83, RN 143

38   § 2 Abs. 2 lit. c) der Satzung des Bayerischen Landkreistages

auch ein Referat für Krankenhäuser, welches die soeben beschriebenen Aufgaben des Bayerischen Landkreistages – insbesondere Beratung der Mitglieder, Interessenvertretung, Mitwirkung bei der Gesetzgebung – im Hinblick auf das Krankenhauswesen wahrnimmt.

(2) Bayerische und Deutsche Krankenhausgesellschaft

Die Bayerische Krankenhausgesellschaft e.V. (BKG) ist der Verband der Krankenhausträger in Bayern. Mitglieder können die Rechtsträger bayerischer Krankenhäuser undderen Zusammenschlüsse auf Landesebene sein.[39] Neben Verbänden von Rechtsträgern – wie beispielsweise den kommunalen Spitzenverbänden[40] - sind 230 öffentliche, frei-gemeinnützige und private Krankenhausträger in Bayern mit 350 Krankenhäusern Mitglieder der BKG.[41] Aufgabe der Bayerischen Krankenhausgesellschaft ist insbesondere die Vertretung der gemeinsamen Interessen ihrer Mitglieder, deren Beratung in Einzelfragen und die Förderung des Krankenhauswesens in Bayern.[42] In der Deutschen Krankenhausgesellschaft sind die Spitzen- und Landesverbände der Krankenhausträger zusammengeschlossen.[43]

f) Weitere Gremien und Berater

Darüber hinaus stehen einem Landrat oder Kreistag eine Vielzahl weiterer Personen zur Verfügung, welche – ehrenamtlich oder entgeltlich – Beratungsleistungen erbringen. Die sonstigen Personen und Verbände vor Ort, welche hinsichtlich des Krankenhauswesens oder anderweitig im Hinblick auf die Planung oder Durchführung einer Privatisierung Sachkunde besitzen, können nicht abschließend aufgezählt werden. Beispielhaft ist der ärztliche Kreisverband als Untergliederung der Landesärztekammer zu nennen, in welchem alle in dem Landkreis niedergelassenen Ärzte Mitglieder sind.[44] Aufgabe des ärztlichen Kreisverbandes ist es unter anderem die Interessen der Ärzte vor Ort zu vertreten.[45]

Soweit durch die oben genannten Personen und Verbände Kompetenzen nicht abgedeckt werden, ist daran zu denken, Rechtsanwälte, Steuerberater,

---

39 § 4 Abs. 1 der Satzung der Bayerischen Krankenhausgesellschaft
40 Bayerischer Gemeindetag, Bayerischer Städtetag, Bayerischer Landkreistag, Verband der Bayerischen Bezirke e.V.
41 Selbstbeschreibung des Verbandes unter www.bkg-online.de/bkg/app/Content/BKG/ Die_BKG_stellt_ sich_vor/index.jsp
42 §§ 2, 3 der Satzung der Bayerischen Krankenhausgesellschaft
43 § 2 Abs. 1 S. 1 und § 3 Abs. 1 der Satzung der Deutschen Krankenhausgesellschaft
44 vgl. Art. 1, 4 Abs. 1 und 2 HKAG
45 Art. 2 Abs. 1 HKAG

Wirtschaftsprüfer, Architekten, Baugutachter oder ähnliche Dienstleister hinzuzuziehen.

Privatisierungen erfordern regelmäßig notariell beurkundete Verträge.[46] Bei der Ausgestaltung dieser Verträge stellt der Notar einen wichtigen Berater dar. Der Notar hat die Pflicht zur umfassenden Beratung, Aufklärung und Belehrung. Gemäß § 1 BNotO ist der Notar als Träger eines öffentlichen Amtes bestellt, welches er unabhängig auszuüben hat. Seine Tätigkeit stellt die Rechtmäßigkeit und Funktionalität des Vertrages sicher. Wenn der Notar auch zur Aufklärung und Belehrung verpflichtet ist, darf er aber nicht zugunsten einer Partei tätig werden. Somit hilft er einem Landkreis auch nicht bei der Verfassung von – für den Landkreis – günstigen Regelungen.

4. Mittelherkunft bayerischer Landkreise

Die Landkreise finanzieren sich gemäß Art. 56 LKrO aus Abgaben, besonderen Entgelten, Steuern, der Kreisumlage, sonstigen Einnahmen sowie Krediten. Unter „sonstige Einnahmen" sind beispielsweise solche aus dem Finanzausgleich oder aus Mieten und Zinsen zu nennen.[47] Darüber hinaus haben Landkreise ein Steuerfindungsrecht, welches sogar verfassungsrechtliche Erwähnung findet. Gemäß Art. 106 Abs. 6 S. 1 Hs. 2 GG steht den Landkreisen grundsätzlich nach Maßgabe der Landesgesetzgebung ein eigenes Steuerfindungsrecht zu. Dieses eigene Steuerfindungsrecht ist aber nur theoretischer Natur. Die Anwendungsfälle und das mögliche Steueraufkommen sind zu vernachlässigen.[48]

---

46 Im Rahmen von Privatisierungen wird regelmäßig das Eigentum an Grundstücken übertragen oder es werden private Gesellschaften gegründet. Bei der Verpflichtung zur Übertragung eines Grundstückes ist gemäß § 311 b Abs. 1 S. 1 BGB die notarielle Beurkundung vorgeschrieben. Der Gesellschaftsvertrag einer GmbH bedarf gemäß § 2 Abs. 1 GmbHG der notariellen Form, die Satzung einer Aktiengesellschaft muss gemäß § 23 Abs. 1 AktG durch notarielle Beurkundung festgestellt werden. Geschäftsanteile an einer GmbH können gemäß § 15 Abs. 3 GmbHG nur durch in notarieller Form geschlossenen Vertrag abgetreten werden.

47 Hölzl/ Hien/ Huber, Gemeindeordnung, Art. 56 LKrO, Erl. 2

48 Hidien in Dolzer u.a., Bonner Kommentar, Art. 106 GG, RN 1016; Geis, Kommunalrecht, § 12 RN 54; Henneke/ Pünder/ Waldhoff, § 14, RN 1

Die größte Einnahmequelle stellt die Kreisumlage gemäß Art. 18 FAG dar,[49] welche die kreisangehörigen Gemeinden an den Landkreis abführen müssen. Der Anteil an den Gesamteinnahmen variiert in den einzelnen Landkreisen. Im Jahr 2008 wies beispielsweise der Haushalt des Landkreises Bad Tölz-Wolfratshausen im Verwaltungshaushalt ca. 77 Mio. Euro[50] auf, davon wurden ca. 48 Mio. Euro[51] durch die Kreisumlage erzielt, was ca. 62 % der Einnahmen bedeutet.

Einen weiteren wesentlichen Bestandteil der Einnahmen stellen die Finanzausgleichsleitungen dar. Insgesamt werden die Finanzausgleichsleistungen des Freistaats Bayern 2008 mit 6,6 Mrd. Euro angegeben.[52] Diese Zahlungen bestehen nicht nur aus allgemeinen Unterstützungsleistungen durch den Staat. Vielmehr ist ein Teil des Geldes ein Ausgleich des Staates dafür, dass die Kommunen für den Staat Leistungen erbringen.

5. Einordnung kreisfreier Gemeinden

Gemäß Art. 9 LKrO haben kreisfreie Gemeinden die Aufgaben zu erfüllen, welche nach der Landkreisordnung den Landkreisen zugewiesen werden. Folglich sind die kreisfreien Städte auch verpflichtet, die erforderlichen Krankenhäuser zu errichten und zu unterhalten. Die weiteren Ausführungen sind deshalb im Grundsatz auch auf kreisfreie Städte anzuwenden.

II. Grundfragen des Krankenhauswesens

Nachfolgend sollen einige Grundfragen des Krankenhauswesens erläutert und Begriffsbestimmungen vorgenommen werden.

---

49   Bauer/ Böhle/ Ecker, Bayerische Kommunalgesetze, Art. 16 LKrO, RN 17; Henneke/ Pünder/ Waldhoff, Kommunalfinanzen, § 14 RN 12; Schwarting, Kommunaler Haushalt, RN 319, Henneke/ Strobl/ Diemert, Kommunale Haushaltswirtschaft, § 9, RN 5; Schwenk/ Frey, Haushaltsrecht, Art. 18 FAG, Erl. 1; Dreier in Dreier, Grundgesetz, Art. 28 GG, RN 177 spricht davon, dass die Kreisumlage zwischen 45% und 60% der Gesamteinnahmen eines Kreises ausmachen

50   Vorbericht zum Haushaltsplan des Landkreises Bad Tölz-Wolfratshausen für das Haushaltsjahr 2008, S. 1, http://www.lra-toelz.de/fileadmin/pdf/Vorbericht_02.pdf

51   Vorbericht zum Haushaltsplan des Landkreises Bad Tölz-Wolfratshausen für das Haushaltsjahr 2008, S. 2, http://www.lra-toelz.de/fileadmin/pdf/Vorbericht_02.pdf

52   Bayerisches Staatsministerium der Finanzen, Finanzausgleich, S. 30

1. Gesetzgebungskompetenz

Gemäß Art. 74 Abs. 1 Nr. 19 a GG fällt die wirtschaftliche Sicherung der Krankenhäuser und die Regelung der Krankenhauspflegesätze unter die konkurrierende Gesetzgebungskompetenz. Dies bedeutet gemäß Art. 72 Abs. 1 GG, dass die Länder insoweit nur eine Gesetzgebungszuständigkeit haben, solange der Bund von seiner Kompetenz keinen Gebrauch macht. Von dieser Kompetenz hat der Bundesgesetzgeber mit dem Krankenhausfinanzierungsgesetz Gebrauch gemacht.[53] Nicht umfasst von dem Begriff der Krankenhausfinanzierung sind Krankenhausorganisation und Krankenhausplanung. Mangels Zuweisung dieser Bereiche an den Bund haben die Länder für diese Bereiche gemäß Art. 70 Abs. 1 GG die Gesetzgebungskompetenz.[54]

2. Begriffsdefinitionen

Um zu gewährleisten, dass dem weiteren Verlauf der Arbeit einheitliche Begriffe zugrunde gelegt werden, bedarf es nachfolgender Definitionen.

a) Krankenhaus

Eine Legaldefinition des Begriffs „Krankenhaus" findet sich in § 2 Nr. 1 KHG. Demnach sind Krankenhäuser „Einrichtungen, in denen durch ärztliche und pflegerische Hilfeleistungen Krankheiten, Leiden oder Körperschäden festgestellt, geheilt oder gelindert werden sollen oder Geburtshilfe geleistet wird und in denen die zu versorgenden Personen untergebracht und verpflegt werden können." Der Krankenhausbegriff wird in anderen Gesetzen, beispielsweise in § 107 Abs. 1 SGB V, ähnlich definiert.[55] In der Definition sind die eigentlichen Kran-

---

53   Oeter in Mangoldt/ Klein/ Starck, Grundgesetz, Art. 74 , RN 180; Maunz in Maunz u.a., Grundgesetz, Art. 74, RN 223

54   BVerfGE 83, 379 f; Liebholz/ Rinck, Grundgesetz, Art. 74, RN 756; Oeter in Mangoldt/ Klein/ Starck, Grundgesetz, Art. 74, RN 180

55   Gemäß § 107 Abs. V SGB V sind Krankenhäuser im Sinne dieses Gesetzbuchs „Einrichtungen, die 1. der Krankenhausbehandlung oder Geburtshilfe dienen, 2. fachlich-medizinisch unter ständiger ärztlicher Leitung stehen, über ausreichende, ihrem Versorgungsauftrag entsprechende diagnostische und therapeutische Möglichkeiten verfügen und nach wissenschaftlich anerkannten Methoden arbeiten, 3. mit Hilfe von jederzeit verfügbarem ärztlichem, Pflege-, Funktions- und medizinisch-technischem Personal darauf eingerichtet sind, vorwiegend durch ärztliche und pflegerische Hilfeleistung Krankheiten der Patienten zu erkennen, zu heilen, ihre Verschlimmerung zu verhüten, Krankheitsbeschwerden zu lindern oder Geburtshilfe zu leisten, und in denen 4. die Patienten untergebracht und verpflegt werden können."

kenhausleistungen aufgeführt, wie sie auch § 2 Abs. 1 KHEntgG sowie § 2 Abs. 1 BPflV regeln. Darüber hinaus werden Krankenhäuser verstärkt im ambulanten Bereich tätig und versuchen damit Leistungen zu erbringen, die bislang von niedergelassenen Ärzten erbracht wurden.[56]

b) Kreiskrankenhaus

Eine Legaldefinition des Begriffs „Kreiskrankenhaus" gibt es ebenso wenig wie eine allgemeingültige Eingrenzung von Krankenhäusern, welche unter diesen Begriff fallen. Der Verfasser dieser Arbeit sieht all diejenigen Krankenhäuser von dem Begriff „Kreiskrankenhaus" umfasst, welche entweder unmittelbar oder mittelbar im Eigentum der Gebietskörperschaft Landkreis stehen oder welche im Eigentum einer oder mehrerer Gemeinden stehen und bei welchen der Landkreis – beispielsweise aufgrund einer Zweckvereinbarung gemäß Art. 7 ff KommZG – einen Teil der Kostenlast trägt.

Die Trägerschaft durch einzelne kreisangehörige Gemeinden hat sich oft historisch entwickelt. Sie hat für die Gemeinden den Vorteil, dass sie durch die Trägerschaft den Fortbestand im Gemeindegebiet – anders als bei einem in der Trägerschaft des Landkreises stehenden Haus – gewährleisten können. Dies bringt den Gemeinden den Nutzen von wohnortnaher Versorgung und Arbeitsplätzen, es bietet ein Argument im Standortmarketing und dient der Identifikation der Gemeindeeinwohner mit ihrem Ort. Regelmäßig können kreisangehörige Gemeinden die Kosten für ein Krankenhaus nicht alleine tragen, weshalb sich der Landkreis an diesen beteiligt. Da die Übernahme der Kosten in der Regel weniger als 100% beträgt, ergeben sich für den Landkreis auch Kostenersparnisse im Vergleich zur eigenen Trägerschaft. Als Gegenleistung für die Kostentragung lassen sich die Landkreise – beispielsweise durch eine Zweckvereinbarung – regelmäßig wesentliche Mitspracherechte durch die Gemeinde einräumen.

c) Allgemein- und Fachkrankenhäuser

Entsprechend den Vorgaben des Krankenhausplans ist nach Allgemein- und Fachkrankenhäusern zu unterscheiden. Allgemeinkrankenhäuser sind Einrichtungen, welche die Voraussetzungen von § 2 Nr. 1 KHG und § 107 Abs. 1 SGB

---

56 Mit Inkrafttreten des GKV-WSG zum 01.04.2007 wurden die Möglichkeiten der Krankenhäuser zur Erbringung ambulanter Leistungen mit der Neufassung des § 116 V SGB V deutlich gestärkt. Als weitere ambulante Leistungen seien das ambulante Operieren nach § 116 SGB V und die Notfallbehandlung nach § 75 SGB V i.V.m. § 323 c StGB und § 2 Abs. 2 BMV-Ä genannt. Eine detailliertere Auflistung möglicher ambulanter Leistungen findet sich beispielsweise bei Offermanns/ Sowa, Krankenhaus und ambulante Versorgung Teil I S. 81

V erfüllen, ohne dass eine bestimmte Fachrichtung im Vordergrund steht. Sie dienen der umfassenden stationären Versorgung der Bevölkerung.[57] Fachkrankenhäuser sind nach Art der Erkrankung abgegrenzte Einrichtungen, in denen überwiegend in einer Fachdisziplin durch Gebietsärzte bestimmte Krankheiten, Leiden oder Körperschäden festgestellt, geheilt oder gelindert werden oder in denen Geburtshilfe geleistet wird.[58]

In dieser Arbeit soll das Augenmerk auf Allgemeinkrankenhäuser gelegt werden. Auch wenn Landkreise Fachkrankenhäuser betreiben können, so sind diese regelmäßig – vor allem im Bereich der Psychiatrie – Aufgabe der Bezirke oder sie werden von Privaten betrieben. Fachkrankenhäuser sind in der Regel auch nicht von der Sicherstellungsverpflichtung des Art. 51 Abs. 3 S. 1 Nr. 1 LKrO umfasst, da die Einrichtung eines Fachkrankenhauses vor Ort für die Landkreisbevölkerung nicht erforderlich ist. Sollten einem Allgemeinkrankenhaus allerdings Elemente der Grundversorgung fehlen, so können diese auch durch eine Fachklinik sichergestellt werden.

Allgemeinkrankenhäuser werden gemäß Art. 4 Abs. 2 BayKrG in die Versorgungsstufen I bis III eingeteilt.[59] Dadurch wird zum einen der Versorgungsauftrag festgelegt, den der einzelne Krankenhausträger zu erfüllen hat.[60] Zum anderen richtet sich nach dem Versorgungsauftrag die Förderung des Hauses mit staatlichen Mitteln.[61]

3. Raumordnung und Krankenhausplanung des Freistaats Bayern

Die Landeskrankenhausplanung ist eine spezielle Raumplanung, in welcher geregelt wird, welche Krankenhäuser in welchem Raum positioniert werden sollen.[62] Dabei sollen die allgemeinen Ziele der Raumordnung und Landesplanung

---

57 Fleßa, Krankenhausbetriebslehre, S. 26; Quaas/ Zuck, Medizinrecht, § 24, RN 53; Quaas, in Wenzel, Fachanwalt Medizinrecht, Kap. 12, RN 19;

58 Fleßa, Krankenhausbetriebslehre, S. 26; Quaas/ Zuck, Medizinrecht, § 24, RN 53; Quaas, in Wenzel, Fachanwalt Medizinrecht, Kap. 12, RN 19; Bayerisches Staatsministerium für Umwelt und Gesundheit, Krankenhausplan, Teil I, Nr. 4.1

59 Bis 30.06.2006 waren die Krankenhäuser in die Versorgungsstufen I bis IV unterteilt. Für die Überleitung der bisherigen Versorgungsstufen in das dreigliedrige System vgl. Art. 28 Abs. 2 BayKrG

60 Bayerisches Staatsministerium für Umwelt und Gesundheit, Krankenhausplan, Teil I, Nr. 5.2

61 Vgl. Art. 9 Abs. 1 BayKrG

62 Fleßa, Krankenhausbetriebslehre, S. 50

beachtet werden.[63] Das Landesentwicklungsprogramm Bayern 2006 strukturiert den Freistaat Bayern nach zentralen Orten und untergliedert diese nach Kleinzentren, Unterzentren, möglichen Mittelzentren, Mittelzentren, möglichen Oberzentren und Oberzentren.[64] Die Festlegung der jeweiligen Zentren erfolgt in Anlage 2 zum Landesentwicklungsprogramm. Krankenhäuser der 1. Versorgungsstufe sollen grundsätzlich in Mittelzentren zur Verfügung gestellt werden, Krankenhäuser der 2. und 3. Versorgungsstufe grundsätzlich in Oberzentren.[65] Das Landesentwicklungsprogramm selbst stellt bei der Einordnung der zentralen Orte in Anlage 4 von dem Vorhandensein von Krankenhäusern und deren jeweiliger Versorgungsstufe ab. Krankenhäuser der I. Versorgungsstufe stellen regelmäßig die Versorgung der Bevölkerung eines Landkreises sicher, Krankenhäuser der II. Versorgungsstufe die Versorgung der Gebiete mehrerer Landkreise und die Krankenhäuser der III. Versorgungsstufe die Versorgung eines Regierungsbezirks.[66] Somit wird ein Kreiskrankenhaus regelmäßig ein Allgemeinkrankenhaus der I. oder II. Versorgungsstufe sein. Dementsprechend legt die Krankenhausplanungsbehörde Krankenhäuser der I. Versorgungsstufe grds. in Oberzentren, möglichen Oberzentren sowie Mittelzentren, in Ausnahmefällen auch in möglichen Mittelzentren fest.[67]

Die Rechtsgrundlage für Krankenhauspläne findet sich im KHG. Gemäß § 6 Abs. 1 KHG sind die Länder zur Aufstellung von Krankenhausplänen verpflichtet. Hierfür ist in Bayern gemäß Art. 22 Abs. 1 Nr. 1 BayKrG das Staatsministerium für Umwelt und Gesundheit als Krankanhausplanungsbehörde zuständig. Mit Hilfe des Krankenhausplans soll für den jeweiligen Versorgungsbereich der Versorgungsbedarf dargestellt und ausgewiesen werden, durch welche Krankenhäuser mit welcher Bettenzahl und Ausrichtung dieser Bedarf gedeckt werden soll.[68] Dadurch soll die Versorgung der Bevölkerung mit Krankenhäu-

---

63   Halbe/ Rothfuß in Terbille/ Clausen/ Schroder-Prinzen, Medizinrecht, § 8, RN 66; Fleßa, Krankenhausbetriebslehre, S. 50

64   Bayerisches Staatsministerium für Wirtschaftschaft, Infrastruktur, Verkehr und Technologie, Landesentwicklungsprogramm, Teil A 2, Ziff. 2.1.3.2

65   Bayerisches Staatsministerium für Umwelt und Gesundheit, Krankenhausplan, Teil I, Nr. 5.2.1 bis 5.2.3

66   Bayerisches Staatsministerium für Umwelt und Gesundheit, Krankenhausplan, Teil I, Nr. 5.5.2 bis 5.5.4

67   Bayerisches Staatsministerium für Umwelt und Gesundheit, Krankenhausplan, Teil I, Nr. 5.2.1

68   Arndt/ Krasney in Stellpflug/ Meier/ Tadayon, Handbuch Medizinrecht, Teil F, I 1000, RN 7; Halbe/ Rothfuß in Terbille/ Clausen/ Schroeder-Prinzen, Medizinrecht, § 8, RN 63; Laufs/ Uhlenbruck, Handbuch des Arztrechts, § 86, RN 31

sern mit dem Instrument der Planung sichergestellt werden.[69] Gemäß Art. 7 BayKrG können in einem Krankenhausplanungsausschuss die, in der Vorschrift genannten, Beteiligten mitwirken. Mit der Aufnahme in den Krankenhausplan und in das Investitionsprogramm übernimmt der Staat die Investitionskosten, § 8 Abs. 1 KHG.

---

69   Quaas/ Zuck, Medizinrecht, § 25, RN 325; Simon, Gesundheitssystem, S. 274

4. Krankenhausbestand in Bayern

Die Krankenhäuser in Bayern gliedern sich – geordnet nach Trägern – wie folgt:

	Krankenhäuser	Betten
1. **Öffentliche Krankenhäuser**	**206**	**55.600**
a) von 1. in privatrechtlicher Form	68	18.216
b) von 1. in öffentlich-rechtlicher Form	138	37.384
aa) von b) rechtlich selbständig	69	21.032
bb) von b) rechtlich unselbständig	69	16.352
2. **Freigemeinnützige Krankenhäuser**	**53**	**9.581**
3. **Private Krankenhäuser**	**122**	**11.001**

Werte für das Jahr 2006: Quelle: Bayerisches Landesamt für Statistik und Datenverarbeitung, Krankenhausstatistik 2006: Grunddaten, Diagnosen und Kostennachweis, München 2008, S. 6

Die Zahl und der relative Anteil der öffentlichen und freigemeinnützigen Häuser sind seit Jahren rückläufig; absolute Zahlen und relativer Anteil der privaten Träger wachsen.

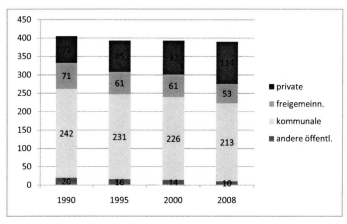

Grafik der Krankenhäuser in Bayern unterteilt nach Trägern: Bayerisches Staatsministerium für Umwelt und Gesundheit: http://www.stmugv.bayern.de/krankenhaus/krankenhauspolitik/ind ex.htm

18

Die Gesamtzahl der Krankenhäuser und der Krankenhausbetten geht ebenfalls seit Jahren zurück:

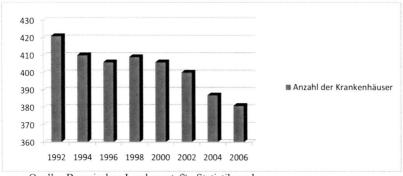

Quelle: Bayerisches Landesamt für Statistik und Datenverarbeitung, Krankenhausstatistik 2006: Grunddaten, Diagnosen und Kostennachweis, München 2008, S. 5

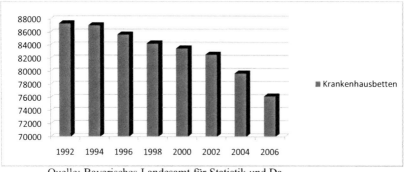

Quelle: Bayerisches Landesamt für Statistik und Datenverarbeitung, Krankenhausstatistik 2006: Grunddaten, Diagnosen und Kostennachweis, München 2008, S. 5

Gleichzeitig stieg die *Zahl der behandelten Patienten* an. Erst seit 2002 sind die Patientenzahlen leicht rückläufig, was auf die größere Anzahl ambulanter Operationen – auch durch niedergelassene Ärzte – zurückzuführen sein dürfte.

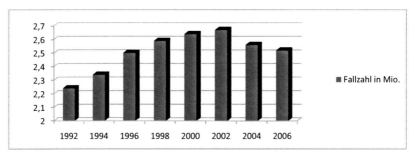

Quelle: Bayerisches Landesamt für Statistik und Datenverarbeitung, Krankenhausstatistik 2006: Grunddaten, Diagnosen und Kostennachweis, München 2008, S. 5

Die *Verweildauer* der Patienten sank seit 1992. Ein Grund hierfür ist der medizinische Fortschritt, welcher sich beispielsweise in der Entwicklung und Weiterentwicklung minimal-invasiver Eingriffe zeigt. Das Absinken der Verweildauer nach dem Jahr 2000 dürfte außerdem auf die Einführung der Fallpauschalen zurückzuführen sein, durch welche Behandlungsfälle pauschal und nicht mehr zeitraumbezogen vergütet werden.[70]

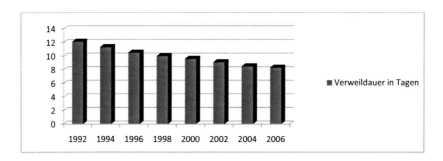

Quelle: Bayerisches Landesamt für Statistik und Datenverarbeitung, Krankenhausstatistik 2006: Grunddaten, Diagnosen und Kostennachweis, München 2008, S. 5

---

70   Bauer in Der Landkreis 2004, 653

Gleiches gilt für die Gesamtzahl der Pflegetage

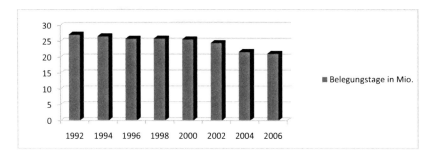

Quelle: Bayerisches Landesamt für Statistik und
Datenverarbeitung, Krankenhausstatistik, S. 5

Obwohl die Anzahl der Krankenhäuser und Krankenhausbetten rückläufig ist, sank mit den Fallzahlen, der Verweildauer und somit den Belegungstagen auch die Auslastung der Krankenhausbetten.

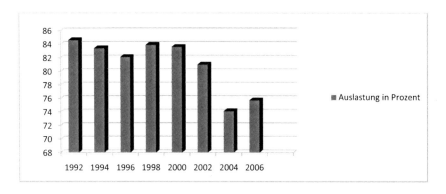

Quelle: Krankenhausplan des Freistaates Bayern,
Teil I, Nr. 6.4

Durch die sinkende Auslastung sinkt die Rentabilität der einzelnen Häuser, weshalb mit weiteren Schließungen in den nächsten Jahren zu rechnen ist, was häufig die Diskussion über eine Privatisierung in Gang setzen wird.

5. Private Krankenhausbetreiber

Die Zahl der privaten Krankenhausbetreiber in Deutschland ist übersichtlich. Die wesentlichen Wettbewerber finden sich in der nachfolgenden Tabelle:[71]

Krankenhausbetreiber	Zahl der Kliniken	Mitarbeiter	Konzernumsatz 2003 in Mio. Euro	Ebitda-Rendite in Prozent
Rhön-Klinikum AG	33	13.408	956	18,3
Sana Kliniken AG	21	6.400	478	18,0
Helios Kliniken GmbH	23	12.077	905	11,8
Asklepios Kliniken GmbH	62	10.635	707	9,0
Paracelsus-Kliniken Deutschland GmbH & Co. KGaA	28	4.807	260	8,1
SRH Kliniken GmbH	7	5.230	241	6,4
Mediclin AG	27	5.572	360	3,3
Wittgensteiner Kliniken AG[72]	23	7.200	742	1,9
Humaine Kliniken GmbH[73]	11	3.200	151	k.A.
Ameos AG	20	4.500	300	k.A.

Die privaten Krankenhauskonzerne werden fast ausschließlich in der Rechtsform der GmbH oder der AG betrieben. Dabei ist allerdings zu beachten, dass für die einzelnen Krankenhäuser in der Regel Tochtergesellschaften errichtet wurden. Deren Rechtsform kann dabei von derjenigen der Muttergesellschaft abweichen.

Die Verteilung der Häuser auf die einzelnen Krankenhausträger lässt sich in folgendem Diagramm gut erkennen:

---

71   Handelsblatt vom 04.01.2005, S. 13
72   Gehört seit 2006 zur Helios Kliniken GmbH
73   Gehört seit 2006 zur Helios Kliniken GmbH

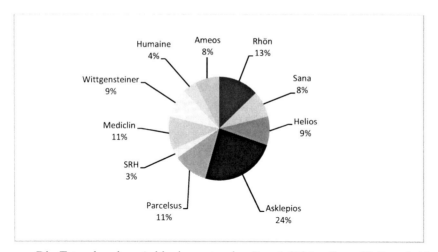

Die Tatsache, dass Asklepios unter den Top 4 (Rhön, Sana, Helios, Asklepios) mit Abstand die meisten Krankenhäuser betreibt, pro Krankenhaus die geringste Anzahl an Mitarbeitern beschäftigt und den geringsten Umsatz erwirtschaftet, zeigt, dass dieses Unternehmen im Durchschnitt deutlich kleinere Krankenhäuser betreibt. Kreiskrankenhäuser sind regelmäßig relativ kleine Häuser. Daraus kann geschlossen werden, dass Asklepios im Segment der Kreiskrankenhäuser am stärksten von allen Klinikketten vertreten ist.

6. Zulässige Rechtsformen

Bis 1992 durften kommunale Krankenhäuser lediglich als Regie- oder Eigenbetrieb geführt werden.[74] Mit § 5 Nr. 1 des Gesetzes zur Änderung kommunalrechtlicher Vorschriften vom 7.8.1992 wurde in das BayKRG Art. 25 Abs. 1 neu eingefügt.[75] Mit Art. 25 Abs. 1 S. 1 Nr. 3 wurde die Möglichkeit eröffnet, Krankenhäuser auch in einer Rechtsform des privaten Rechts zu führen.

Die Rechtslage hat sich somit entscheidend gewandelt. Heute gelten für die Rechtsformen kommunaler Krankenhäuser gemäß Art. 25 S. 1 BayKrG die Kommunalgesetze. Somit ist für Kreiskrankenhäuser auch Art. 75 LKrO anwendbar, wonach der Landkreis außerhalb der allgemeinen Verwaltung seine Unternehmen als Eigenbetrieb, als selbständiges Kommunalunternehmen oder in privater Rechtsform führen oder sich an einem gemeinsamen Kommunalunternehmen gemäß Art. 2 Abs. 4, 49 ff KommZG, einem Zweckverband gemäß Art.

---

74 Bloeck in Bauer u.a., Kommunalverwaltung, Band B1, Art. 51 LKrO, Erl. 4.1.1
75 Gesetz- und Verordnungsblatt für den Freistaat Bayern 1992, S. 311

17 ff KommZG oder an einem Krankenhaus in einer Rechtsform des Privatrechts beteiligen kann. Im Vergleich zu anderen Unternehmen des Landkreises gilt im Krankenhauswesen die Einschränkung des Art. 83 Abs. 2 LKrO, wonach Private nicht „geschädigt oder aufgesaugt" werden dürfen, wegen Art. 25 BayKrG nicht. Somit können Kreiskrankenhäuser in den gleichen Rechtsformen betrieben werden wie andere Unternehmen. Wegen der Nichtanwendbarkeit des Art. 83 Abs. 2 LKrO fällt bei Krankenhäusern aber eine wesentliche Beschränkung des Betriebes weg.

7. Krankenhausfinanzierung

Die Krankenhäuser werden über ein duales System finanziert, welches nach Investitionen und dem laufenden Betrieb differenziert.[76]
Die Investitionen werden von der Öffentlichen Hand finanziert. Die Regelungen hierzu finden sich im Krankenhausfinanzierungsgesetz (KHG) und dem Bayerischen Krankenhausgesetz (BayKrG). Förderungen können für folgende Maßnahmen gewährt werden:

- Einzelförderung von Investitionen (Art. 11 BayKrG)
- Pauschalförderung (Art. 12 BayKrG)
- Förderung von Nutzungsentgelten (Art. 13 BayKrG)
- Förderung von Lasten aus Investitionsdarlehen (Art. 15 BayKrG)
- Förderung bei Schließung/ Umstellung von Krankenhäusern (Art. 16ffBayKrG)

2008 wurden in Bayern für die Krankenhausinvestitionsförderung ca. 478 Mio. Euro zur Verfügung gestellt, wobei der Kommunalanteil ca. 239 Mio. Euro beträgt.[77] Der Kommunalanteil setzt sich zusammen aus einer örtlichen Beteiligung der jeweiligen kommunalen Krankenhausträger (bzw. der Kommunen, die auf den Krankenhausträger durch Beteiligungen Einfluss ausüben) und durch eine von allen Landkreisen und kreisfreien Gemeinden zu erbringende Krankenhausumlage.[78]

---

76 Nagel, Gesundheitswesen, S. 149; Quaas/ Zuck, Medizinrecht, § 25, RN 10; Haubrock/ Schär, Betriebswirtschaft und Management, S. 410; Simon, Gesundheitssystem, S. 25
77 Bayerisches Staatsministerium der Finanzen, Finanzausgleich, S. 71
78 Bayerisches Staatsministerium der Finanzen, Finanzausgleich, S. 71 f

Die Deckung des laufenden Betriebs erfolgt gemäß dem Krankenhausentgeltgesetz (und für einzelne Bereiche nach der Bundespflegesatzverordnung) durch die Patienten und Krankenkassen.

III. Darstellung öffentlich-rechtlicher und privatrechtlicher Möglichkeiten zur Aufgabenerfüllung

Im Folgenden soll dargestellt werden, welche öffentlich-rechtlichen und privatrechtlichen Möglichkeiten dem Landkreis zur Erfüllung seiner Aufgaben allgemein zur Verfügung stehen. Die Einordnung der Organisationsformen von Krankenhäusern wird an den jeweiligen Stellen vorgenommen.

1. Öffentlich-rechtliche Rechtsformen

Landkreise können sich – wie auch anderen Körperschaften des öffentlichen Rechts – öffentlich-rechtlicher Rechtsformen zur Erfüllung ihrer Aufgaben bedienen. Möchte sich der Landkreis für sein Krankenhaus einer öffentlich-rechtlichen Rechtsform bedienen, kommen Regiebetriebe, Eigenbetriebe und Kommunalunternehmen in Betracht.

a) Regiebetriebe

Der Regiebetrieb stellt lediglich eine Abteilung innerhalb der Verwaltung dar,[79] er ist also rechtlich und organisatorisch unselbständig.

b) Eigenbetriebe

Eigenbetriebe sind in Art. 74 Nr. 1, 76 LKrO, § 1 EBV geregelt. § 1 EBV definiert in Abs. 1 Eigenbetriebe als „gemeindliche Unternehmen, die außerhalb der allgemeinen Verwaltung ohne eigene Rechtspersönlichkeit geführt werden" und erklärt die Regelungen in Abs. 2 für Landkreise als entsprechend anwendbar.

---

79   Schmidt-Aßmann/ Röhl in Schmidt-Aßmann/ Schoch, Verwaltungsrecht, 1. Kap., RN 124; Widtmann/ Grasser/ Glaser, Bayerische Gemeindeordnung, Art. 86 GO, RN 40; Bauer, Kommunalverwaltung, Band B 1, Art. 86 GO, Erl. 1.2; Prandl/ Zimmermann/ Büchner, Kommunalrecht, Art. 86 GO, Erl. 3 – Hier und im weiteren Verlauf der Arbeit wurden Fundstellen aus Kommentaren zur Gemeindeordnung zitiert. Dies geschah nur dort, wo es sich bei LKrO und GO um wortlautgleiche Vorschriften handelt. In solchen Fällen erläutern Kommentare zu den Kommunalgesetzen regelmäßig nur die GO.

Das Fehlen der eigenen Rechtspersönlichkeit bedeutet unter anderem, dass Tätigkeiten eines Eigenbetriebes dem jeweiligen Landkreis zuzuordnen sind und dieser somit auch in einem Prozess Partei ist.[80] Außerdem können zwischen Eigenbetrieben und ihrem kommunalen Träger keine Verträge abgeschlossen werden. Vielmehr ist ihr Verhältnis kommunalverfassungsrechtlich, arbeitsrechtlich und beamtenrechtlich ausgestaltet.[81] Die Organisationsform des Eigenbetriebs wurde in Deutschland bereits 1935 erstmals durch die Deutsche Gemeindeordnung gesetzlich geregelt.[82]

c) Kommunalunternehmen

Seit 1998 gibt es in Bayern auch Kommunalunternehmen des öffentlichen Rechts (Art. 74 Nr. 2, 77 ff LKrO, §§ 1 ff KUV).[83] Dabei handelt es sich um selbständige Unternehmen in der Rechtsform einer Anstalt des öffentlichen Rechts (Art. 77 Abs. 1 Nr. 1 LKrO).

Mit der Einführung des Kommunalunternehmens sollte eine mit privatrechtlichen Gesellschaften konkurrenzfähige Rechtsform eingeführt werden, um so eine Flucht in das Privatrecht zu verhindern. Aktueller Anlass hierfür war, dass gleichzeitig mit der Einführung des Eigenbetriebs dessen Vorrang für wirtschaftliche Unternehmen der Kommune abgeschafft wurde, was zu einer – bis heute gültigen – weitgehend freien Rechtswahl führt.[84]

Die Rechtsform einer Anstalt des öffentlichen Rechts hat unter anderem zur Folge, dass Kommunalunternehmen weiterhin hoheitliche Aufgaben wahrnehmen (Art. 77 Abs. 2 S. 3 LKrO) und hierzu Beamte beschäftigen können (Art.

---

80   Prandl/ Zimmermann/ Büchner, Kommunalrecht, Art. 88 GO, Erl. 1; Bauer u.a., Kommunalverwaltung, Band B1, Art. 88 GO, Erl. 1.1

81   Schneider in Wurzel/ Schraml/ Becker, Kommunale Unternehmen, Kap. D, RN 97; widersprüchlich hingegen, Bauer u.a., Kommunalverwaltung, Band B1, Art. 88 GO, Erl. 1, welcher davon spricht, dass beispielsweise „Konzessions-´Verträge´" zwischen Gemeinde und Eigenbetrieb abgeschlossen werden können. Bauer scheint jedoch auch davon auszugehen, dass es sich um keinen eigentlichen Vertrag handelt, da das Wort „Verträge" auch in der Quelle in Anführungsstriche gesetzt ist.

82   Hellermann in Hoppe/ Uechtritz, Handbuch, § 7 RN 31

83   Das Kommunalunternehmen wurde in den Kommunalgesetzen durch das Gesetz zur Änderung des kommunalen Wirtschaftsrechts vom 26.07.1995 (Gesetz- und Verordnungsblatt für den Freistaat Bayern 1995, S. 376); die Vorschriften werden seit 1998 durch die KUV vom 19.03.1998 (Gesetz- und Verordnungsblatt für den Freistaat Bayern 1998. S. 220) ergänzt.

84   Begründung zum Gesetzentwurf zur Änderung des kommunalen Wirtschaftsrechts, LT-Drs. 13/1182, S. 9; Bauer u.a., Kommunalverwaltung, Band B1, Art. 89 GO, Erl. 1.1.; Prandl/ Zimmermann/ Büchner, Kommunalrecht, Art. 89 GO, Erl. 1

78 Abs. 4 S. 1 LKrO). Die eigene Rechtspersönlichkeit führt unter anderem dazu, dass das Kommunalunternehmen Träger von Rechten und Pflichten ist und in Prozessen selbst Partei ist.[85] Gemäß Art. 77 Abs. 4 LKrO haftet der Landkreis für die Verbindlichkeiten des Kommunalunternehmens unbeschränkt.

2. Möglichkeiten zur Privatisierung

Nachfolgend soll dargestellt werden, wie kommunale Aufgaben durch die Wahl privater Rechtsformen oder unter Beteiligung privater Träger wahrgenommen werden können.

Die Öffentliche Hand kann Aufgaben nicht nur selbst und in öffentlich-rechtlicher Rechtsform erfüllen. Sie kann diese Aufgaben grundsätzlich auch selbst aber in privater Rechtsform, gemeinsam mit einem oder mehreren Privaten erfüllen oder ausschließlich durch einen privaten Partner erfüllen lassen.

Eine allgemeingültige, überzeugende Definition des Begriffs „Privatisierung" lässt sich nicht treffen, was auch daran liegt, dass sich immer neue Formen der Privatisierung herausbilden.[86] Eine klare Abgrenzung ist für die juristische Argumentation erforderlich, allerdings hat sich bislang keine umfassende, allgemein anerkannte und hinreichend genaue Definition durchgesetzt.[87] Es werden viele Umschreibungen gefunden wie beispielsweise „Entstaatlichung"[88] oder „Übertragung bisher von der (...) Staatsverwaltung wahrgenommener Aufgaben auf private Träger"[89]. Ebenso wie in der Fachliteratur kann man auch in der Öffentlichkeit feststellen, dass jeder, der sich zu dem Begriff „Privatisierung" äußert, ein vorgefertigtes Bild im Kopf hat und reflexartig einen Teilaspekt heraushebt, welcher ihm entweder sehr zusagt, oder den er zur Gänze ablehnt. Eine Sensibilität für die Bandbreite der Privatisierung ist ausgesprochen selten festzustellen. Privatisierung soll hier in einem umfassenden Sinn verstanden werden. Diese Arbeit geht daher immer dann von Privatisierung aus, wenn eine Aufgabe in einer privaten Rechtsform oder durch dauerhafte Beteiligung eines Privaten erfüllt wird.

---

85 Prandl/ Zimmermann/ Büchner, Kommunalrecht, Art. 89 GO, Erl. 2; Hoppe/ Uechtritz, Handbuch, § 7, RN 72

86 Stober, NJW 2008, 2301, 2302; Ronellenfitsch in Isensee/ Kirchhof, Handbuch des Staatsrechts, Band IV, § 98, RN 44 spricht davon, dass in der Privatisierungsdebatte die „Erscheinungsformen vielfach vermengt" werden.

87 Di Fabio, JZ 1999, 585

88 Di Fabio, JZ 1999, 585

89 Ronellenfitsch in Isensee/ Kirchhof, Handbuch des Staatsrechts, Band IV, § 98, RN 44

a) Grundtypen der Privatisierung

Eine klare Abgrenzung, was unter einer Privatisierung zu verstehen ist, lässt sich am besten durch Darstellung und Definition der einzelnen Untergruppen von Privatisierung erreichen.[90] Dies sind Aufgabenprivatisierung, Vermögensprivatisierung, Organisationsprivatisierung und Funktionale Privatisierung.

(1) Aufgabenprivatisierung (materielle Privatisierung)

Unter dem Bereich Aufgabenprivatisierung versteht man Privatisierung in ihrer radikalsten Art: Den vollständigen Rückzug der Öffentlichen Hand von einer bislang von ihr wahrgenommenen Aufgabe und die Überlassung dieses Bereichs an private Träger.[91] Inwieweit dies möglich ist, hängt von der jeweiligen Aufgabe ab. Anders als dem Staat, der seine Aufgaben in wesentlichen Teilen selbst definieren kann, werden den Kommunen die Aufgaben durch Gesetz zugewiesen. Abhängig von der Art der Aufgabe bestehen unterschiedliche Möglichkeiten der Privatisierung. Die Aufgaben der Kommunen lassen sich zunächst in Aufgaben des übertragenen und des eigenen Wirkungskreises untergliedern.

(a) Aufgabenprivatisierung im übertragenen Wirkungskreis

Bei Aufgaben des übertragenen Wirkungskreises gemäß Art. 53 Abs. 1 S. 1 LKrO spricht das Gesetz davon, dass die Landkreise diese Aufgaben „zu erfüllen haben". Eine Differenzierung in Muss-, Kann- und Sollaufgaben erfolgt nicht, vielmehr besteht bei allen Aufgaben im übertragenen Wirkungskreis eine Verpflichtung zur Erfüllung.[92] In einer allgemeinen Formulierung werden sie auch teilweise als „Pflichtaufgaben nach Weisung" bezeichnet.[93]

Die Regelung in Art. 53 Abs. 1 S. 1 LKrO bedeutet nicht nur, dass der Landkreis die Aufgabenerfüllung sicherstellen muss. Vielmehr besagt der eindeutige Wortlaut der Vorschrift („haben ... zu erfüllen"), dass die Landkreise die Aufgaben selbst zu erfüllen haben. Nach einer materiellen Privatisierung wird die Aufgabe nicht mehr durch den Landkreis selbst wahrgenommen. Somit ist wegen des entgegenstehenden Wortlautes des Art. 53 Abs. 1 S. 1 LKrO eine materielle Privatisierung von Aufgaben des übertragenen Wirkungskreises durch

---

90 So wird auch Privatisierung durch Beschreibung der einzelnen Privatisierungsformen definiert, vgl. hierzu beispielsweise Wolff/ Bachof/ Stober/ Kluth, Verwaltungsrecht, Band 1, § 13, RN 24

91 Maurer, Verwaltungsrecht, § 23, RN 63; Ipsen, Allgemeines Verwaltungsrecht, RN 276; Burgi in Erichsen/ Ehlers, § 9, RN 35; Mayen, Privatisierung öffentlicher Aufgaben in DÖV 2001, 110, 111

92 Widtmann/ Grasser/ Glaser, Bayerische Gemeindeordnung, Art. 8 GO, Erl. 1 a); Bauer u.a., Kommunalverwaltung, Art. 8 GO, Erl. 1.3.1

93 Geis, Kommunalrecht, § 7 RN 13

die Kommune nicht möglich. Hätte der Landkreis lediglich einen Sicherstellungsauftrag – würde es also genügen, wenn übertragene Aufgaben durch andere wahrgenommen werden würden – so würde das Gesetz nicht von „haben … zu erfüllen", sondern „haben … sicherzustellen" sprechen.

(b) Aufgabenprivatisierung im eigenen Wirkungskreis

    i. Allgemeine Darstellung

Zuerst soll die Aufgabenprivatisierung im eigenen Wirkungskreis allgemein – also unabhängig von der Art des zu privatisierenden Bereichs oder Betriebs – dargestellt werden.

    Regelungen zum eigenen Wirkungskreis finden sich in Art. 5 und 51 LKrO. Innerhalb des eigenen Wirkungskreises ist nach Muss-, Soll- und Kann- Aufgaben zu differenzieren.

    Die gesetzlichen Regelungen hinsichtlich Soll- und Kann-Aufgaben der Landkreise wurden oben (I. 2.) dargestellt. Im Bereich der Soll- und Kann-Aufgaben kann eine Erfüllung der einzelnen Aufgaben grundsätzlich nicht erzwungen werden.[94] Dem Landkreis obliegt hier die Entscheidung, inwieweit die Erfüllung der einzelnen Aufgabe im Kreisgebiet erforderlich ist, oder nicht. Somit kann der Landkreis auch von der Aufgabenerfüllung Abstand nehmen und sie grundsätzlich den Kräften des Marktes überlassen, mithin materiell privatisieren.

    Muss- bzw. Pflichtaufgaben werden in Art. 51 Abs. 2 bis 4 LKrO geregelt. Eine direkte Verpflichtung für bestimmte Aufgaben enthält lediglich Art. 51 Abs. 3 LKrO. Art. 51 Abs. 2 LKrO umreißt nur allgemein den Wirkungskreis der Landkreise und bedarf einer Konkretisierung durch Spezialgesetze.[95]

    Bei Pflichtaufgaben sind die Kommunen zur Aufgabenerfüllung verpflichtet und können sich deshalb der Aufgabe selbst nicht durch Privatisierung entledigen.[96] Auch hier gilt aber grundsätzlich das Prinzip, dass – wie bei den Aufgaben des übertragenen Wirkungskreises – aufgabenzuweisende Spezialgesetze Ausnahmen formulieren können, wonach dem Landkreis (zumindest in Einzelfällen) eine Wahlfreiheit zusteht.

    ii. Rückzug auf die Sicherung der Aufgaben

Fraglich ist jedoch, ob Kommunen bei Pflichtaufgaben tatsächlich selbst tätig werden müssen – ob sie die Aufgabe also auch selbst erfüllen müssen – oder ob

---

94   Bauer/ Böhle/ Ecker, Bayerische Kommunalgesetze, Art. 51 LKrO, RN 1

95   Prandl/ Zimmermann/ Büchner, Kommunalrecht Art. 51 LKrO, Erl. 7

96   Schoch, DVBl 1994, 962 (971)

sie sich auf die bloße Sicherung der Aufgabenerfüllung zurückziehen dürfen.[97] Die Regelung der Pflichtaufgaben in Art. 51 Abs. 3 LKrO enthält hierzu keine Aussage. Eine Formulierung wie bei den Aufgaben des übertragenen Wirkungskreises, dass die Landkreise die Aufgaben zu erfüllen haben, findet sich hier nicht. Es wird jedoch eine Verpflichtung der Landkreise zur Errichtung und Unterhaltung der jeweiligen Einrichtungen aufgestellt.

Die Verpflichtung zur Erfüllung von Pflichtaufgaben wird durch die in Art. 51 Abs. 3 LKrO verwendeten Formulierungen „in den Grenzen ihrer Leistungsfähigkeit" und „die erforderlichen ..." relativiert. Gerade die letztgenannte Einschränkung ist für die Frage der Privatisierung relevant. Denn falls eine Aufgabe bereits durch andere Rechtsträger, insbesondere durch Private, erfüllt wird, so besteht die Pflicht des Landkreises mangels Erforderlichkeit nicht mehr. Aus dieser Konstruktion kann geschlossen werden, dass sich die Landkreise zumindest bezüglich der Aufgaben, bei denen explizit dieses Merkmal der Erforderlichkeit aufgeführt ist, auf die Sicherung der Aufgabenerfüllung zurückziehen können,[98] insoweit also eine materielle Privatisierung möglich ist.[99]

Eine Verpflichtung zum eigenen Tätigwerden könnte sich jedoch über den oben genannten Wortlaut hinaus bei hoheitlichem Tätigwerden ergeben. Sollte es sich bei der Aufgabe um eine solche handeln, welche nur durch hoheitliches Tätigwerden – also durch Tätigwerden eines Trägers öffentlicher Gewalt in Wahrnehmung seiner Zuständigkeit zu verbindlichem einseitigen Handeln [100] – zu verwirklichen ist, dann wäre eine Übertragung nur durch Beleihung möglich.[101] Bei einem Beliehenen handelt es sich um eine „natürliche oder juristische Person des Privatrechts, die durch oder aufgrund eines Gesetzes, etwa durch Verwaltungsakt oder Verwaltungsvertrag, konkrete hoheitliche Kompetenzen zur Wahrnehmung im eigenen Namen übertragen worden sind."[102]

Gemäß Art. 33 Abs. 4 GG obliegt die Ausübung hoheitlicher Befugnisse grds. Angehörigen des öffentlichen Dienstes. Deshalb ist eine Beleihung nur aufgrund gesetzlicher Ermächtigung möglich.[103] Unabhängig von der Frage der

---

97   Becker in Becker/ Heckmann/ Kempen/ Manssen, Öffentliches Recht, Teil 2, RN 356
98   vom Ergebnis gleich Becker in Becker/ Heckmann/ Kempen/ Manssen, Öffentliches Recht, Teil 2, RN 356
99   Bloeck in Bauer u.a., Kommunalverwaltung Band B1, Art. 51 LKrO, Erl. 4.1.1 spricht davon, dass die mit dem Merkmal der Erforderlichkeit versehenen Pflichtaufgaben einen „exzeptioneller Ausnahmefall der Zulässigkeit einer materiellen Privatisierung" im Kommunalrecht darstellen.
100 Ruffert in Erichsen/ Ehlers, Verwaltungsrecht, § 20, RN 15
101 BayObLG in BayVBl 1997, 412, 413
102 Wolff/ Bachof/ Stober, Verwaltungsrecht, Band 2, § 67 RN 10
103 BayObLG in BayVBl 1997, 412, 413

verfassungsrechtlichen Grenzen für Beleihungen in sensiblen Bereichen wie beispielsweise der öffentlichen Sicherheit, wurde bayerischen Kommunen die Möglichkeit der Beleihung durch den Gesetzgeber nicht eingeräumt.[104]

Es stellt sich also die Frage, in welchen Bereichen eine Kommune hoheitlich handelt. Hierzu ist zu differenzieren. Öffentliches Handeln lässt sich grundsätzlich in die Bereiche Eingriff- und Leistungsverwaltung unterteilen. Man spricht von Eingriffsverwaltung, wenn der Staat derart in die Rechtssphäre eines Bürgers eingreift, dass er ihm Verpflichtungen und Belastungen auferlegt.[105] Im Gegensatz dazu gewährt der Staat dem Bürger bei der Leistungsverwaltung Leistungen oder sonstige Vergünstigungen,[106] welche der Bürger freiwillig in Anspruch nehmen kann.

Eingriffe in die Rechtssphäre des Bürgers können nur von oben nach unten angeordnet werden, also hoheitlich erfolgen. Folglich bedeutet Eingriffsverwaltung immer hoheitliches Handeln. Deshalb ist Privatisierung im Bereich der Eingriffsverwaltung nur durch Beleihung möglich. Da bayerischen Kommunen die Möglichkeit der Beleihung nicht offen steht, ist es ihnen im Bereich der Eingriffsverwaltung nicht möglich, die Aufgabenerfüllung komplett auf Private zu übertragen und selbst nur Gewährträger für die Erfüllung der Aufgabe zu sein.

Anders ist die Situation im Bereich der Leistungsverwaltung. Dort ist materielle Privatisierung auch ohne Beleihung möglich, da diese Aufgaben auch durch nicht-hoheitliches Handeln zu erfüllen sind. Somit obliegt hier grundsätzlich den Kommunen die Entscheidung darüber, ob sie selbst tätig werden wollen oder ob sie sich auf die Sicherung der Aufgabenerfüllung durch Private zurückziehen. Ein solcher Rückzug auf die Sicherung der Aufgabenerfüllung bedeutet eine materielle Privatisierung.[107]

---

104 BayObLG in BayVBl 1997, 412, 413

105 Maurer, Verwaltungsrecht, § 1, RN 20; Peine, Allgemeines Verwaltungsrecht, § 2 RN 36

106 Maurer, Verwaltungsrecht, § 1 RN 20; Peine, Allgemeines Verwaltungsrecht, § 2 RN 37

107 Bloeck in Bauer u.a., Kommunalverwaltung, Band B1, Art. 51 LKrO, Erl. 4.1.1 und Landkreistag Baden-Württemberg, Positionspapier zur Entwicklung der kommunalen Krankenhausstrukturen in Baden-Württemberg, 2006, S. 9; Für den Rückzug auf die Sicherung der Aufgabenerfüllung werden teilweise die Begrifflichkeiten „Durchführungsprivatisierung" bzw. – wenn eine kommunale Einrichtung privatisiert wird – „Einrichtungsprivatisierung" verwendet (beispielsweise bei Prandl/ Zimmermann/ Büchner, Kommunalrecht, Art. 61 GO Erl. 7). Dieser Vorgang ist jedoch als materielle Privatisierung einzuordnen.) Die Übertragung von Gebäuden, Einrichtungen und Trägerschaft auf einen Privaten bedeutet einen vollständigen Rückzug der Öffentlichen Hand von einer bislang von ihr wahrgenommenen Aufgabe und die Überlassung dieses Bereichs an einen privaten Träger. Eine Besonderheit gegenüber anderen Formen der materiellen Pri-

Bei Soll- und Kann-Aufgaben gelten diese Grundsätze ebenfalls. Bei diesen Aufgaben kann sich die Kommune – wie oben dargelegt – gegen eine Wahrnehmung entscheiden. Bei der Wahrnehmung einer solchen Aufgabe durch einen Privaten sind allerdings die Einschränkungen im Bereich der Eingriffsverwaltung zu beachten. Wegen der fehlenden Möglichkeit zur Beleihung können Aufgaben der Eingriffsverwaltung nicht auf einen privaten Rechtsträger übertragen werden.

iii. Einordnung von Krankenhäusern in die Systematik der Aufgabenprivatisierung im eigenen Wirkungskreis

Krankenhäuser fallen unter die Regelung des Art. 51 Abs. 3 S. 1 Nr. 1 LKrO. Ihre Errichtung und Unterhaltung stellt somit eine Pflichtaufgabe dar, welche durch das Merkmal der Erforderlichkeit eingeschränkt wird.[108] Zu klären ist, welche Arten von Krankenhäusern mit welcher Anzahl an Betten erforderlich sind. Die Bedarfsanalyse und der Versorgungsauftrag werden vom Freistaat Bayern im Krankenhausplan festgestellt.[109] Somit richtet sich die Erforderlichkeit nach den Feststellungen des Bayerischen Krankenhausplanes. Solange ein Krankenhaus in den Krankenhausplan aufgenommen und es somit erforderlich ist, darf es nicht geschlossen werden.[110]

Sollte demnach der im Krankenhausplan festgestellte Bedarf ohne Krankenhäuser der Gebietskörperschaft Landkreis abgedeckt sein (durch Private, Freigemeinnützige Träger und Nachbarlandkreise), so ist deren Errichtung nicht erforderlich und die Aufgabe kann auch von Privaten erbracht werden. Da Krankenhäuser der Leistungsverwaltung und nicht der Eingriffsverwaltung zuzuordnen sind, ist eine Beleihung nicht erforderlich und deshalb kann die Aufgabe jederzeit durch Private wahrgenommen werden. Sobald Dritte der Aufgabenerfüllung nicht mehr in dem nötigen Umfang nachkommen und im Krankenhausplan ein weiterer, nicht abgedeckter Bedarf festgestellt wird, lebt die Aufgabe bei den Landkreisen wegen der – dann erneut vorhandenen – Erforderlichkeit wieder auf. Diese Gefahr besteht insbesondere in Regionen, in welchen bereits heu-

---

vatisierung besteht darin, dass die Verpflichtung zum eigenen Tätigwerden neu auflebt, sobald die Gewährleistung durch Private nicht mehr gesichert ist.

108 Bloeck in Bauer u.a., Kommunalverwaltung Band B 1, Art. 51. Erl. 4.1.1.; Hölzl/ Hien/ Huber, Art. 51 LKrO, Erl III. 1

109 Vgl. OLG Düsseldorf, Beschluss vom 11.04.2007, AZ VI-Kart 6/05 RN 34, welches im Rahmen einer Zusammenschlusskontrolle über einen Zusammenschluss in Bayern entschieden hat; Bayerisches Staatsministerium für Umwelt und Gesundheit, Krankenhausplan, Teil I, Nr. 3.1.1

110 Vgl. OLG Düsseldorf, Beschluss vom 11.04.2007, AZ VI-Kart 6/05, RN 138, OLGR Düsseldorf 2007, 628 ff

te eine gerade noch ausreichende Versorgung besteht und wo ein Krankenhausträger dominiert. Dann kann bereits die Insolvenz dieses einen Klinikbetreibers zum Wiederaufleben der kommunalen Pflicht zur Aufgabenerfüllung führen.[111] Selbst dann, wenn bei einer Insolvenz eine Klinikgesellschaft fortgeführt wird, kann dies zur Schließung einzelner Häuser führen.

In Gegenden, in welchen heute eine Überversorgung besteht, ist die Gefahr des Wiederauflebens der Aufgabe eher theoretischer Natur. Allerdings kann es auch dort zu einem Engpass kommen, wenn viele benachbarte Krankenhäuser im Eigentum eines einzelnen privaten Trägers stehen und dieser die Aufgabe nicht mehr oder nicht mehr in dem erforderlichen Umfang erfüllt. Aber auch in Gebieten mit Unterversorgung ist es in der Praxis momentan unwahrscheinlich, dass entgegen dem Willen der zuständigen Kommune ein Bedarf festgestellt wird. Seit Jahren wurden in der Krankenhausplanungsbehörde alle Entscheidungen im Einvernehmen mit den Kommunen getroffen.[112]

(2) Vermögensprivatisierung

Unter Vermögensprivatisierung versteht man die Übertragung von Liegenschaften und von Wirtschaftsunternehmen (oder Anteilen daran) an Private.[113] Da die reine Vermögensprivatisierung nicht in Zusammenhang mit der Erfüllung öffentlicher Aufgaben steht, spielt sie für die Privatisierung von Krankenhäusern – durch welche gerade eine öffentliche Aufgabe erfüllt wird – keine Rolle.

(3) Organisationsprivatisierung (formelle Privatisierung)

Im Rahmen einer Organisationsprivatisierung entledigt sich die Öffentliche Hand nicht der Aufgabenerfüllung, sondern sie gründet lediglich eine Eigengesellschaft in einer privaten Rechtsform.[114] Eigengesellschaft bedeutet, dass die Öffentliche Hand alleiniger Eigentümer dieser Gesellschaft bleibt. In der Bayerischen Landkreisordnung ist diese Konstruktion in den Art. 80 ff geregelt. Art.

---

111 Rocke in Das Krankenhaus 2005, 733, 734

112 Stellungnahme des Leiters der Abteilung Krankenhausversorgung im damals zuständigen Staatsministerium für Arbeit und Sozialordnung, Familie, Frauen und Gesundheit an den Sachverständigenrat für die Konzertierte Aktion im Gesundheitswesen zur bedarfsgerechten Versorgung, Über-, Unter- und Fehlversorgung in der GKV

113 Wolff/ Bachof/ Stober, Verwaltungsrecht, Band B 3, vor § 90 RN 12; Schoch, DVBl 1994, 962

114 Ipsen, Jörn, Allgemeines Verwaltungsrecht, RN 268; Ehlers in Erichsen/ Ehlers, Verwaltungsrecht, § 1 RN, 16; Prandl/ Zimmermann/ Büchner, Kommunalrecht, Art. 92 LKrO, Erl. 3; Zippelius/ Würtenberger, Staatsrecht, § 35 RN 10 spricht davon, dass eine privatrechtliche Rechtsform für öffentliche Unternehmen gebraucht wird, ohne dass der Staat den beherrschenden Einfluss auf das Unternehmen verlieren würde.

25 S. 1 BayKrG stellt klar, dass auf die Rechtsformen kommunaler Krankenhäuser die Regelungen der LKrO Anwendung finden.

Da lediglich ein öffentliches Unternehmen in eine private Rechtsform überführt wird, wird diese Privatisierung teilweise auch als „unechte" oder „Scheinprivatisierung" bezeichnet.[115]

Im Rahmen der Gesetze obliegt dem Landkreis aufgrund seiner Organisationshoheit grundsätzlich selbst die Entscheidung über die Rechtsform.[116]Dies gilt auch für den Krankenhausbereich. Dabei muss der Landkreis lediglich einige Vorgaben der Art. 74 ff LKrO, wie beispielsweise die Sicherstellung einer Haftungsbeschränkung des Landkreises, beachten.

(4) Funktionale Privatisierung

(a) Allgemeines

Im Rahmen einer funktionalen Privatisierung zieht die Öffentliche Hand zur Wahrnehmung von Verwaltungsaufgaben private Träger zur Unterstützung heran, um deren Sachkenntnis oder technische Fertigkeiten zu nutzen. Die Öffentliche Hand bleibt aber für die Aufgabe und ihre ordnungsgemäße Erfüllung verantwortlich, auf den Privaten werden lediglich die hierfür notwendigen Realhandlungen übertragen.[117] Die funktionale Privatisierung wird teilweise auch als funktionelle Privatisierung bezeichnet. Der Private, der im Rahmen einer funktionalen Privatisierung tätig wird, wird häufig als Verwaltungshelfer bezeichnet.[118] Die Bezeichnung hat sich inzwischen von der des „unselbständigen Verwaltungshelfers" im Rahmen des Staatshaftungsrechts gelöst.[119]

Zusammenarbeit zwischen Öffentlicher Hand und Privaten gibt es im Krankenhausbereich schon lange. Beispielhaft seien Belegärzte genannt, bei welchen das Krankenhaus die Organisationsstruktur zur Verfügung stellt, die Ärzte jedoch niedergelassen und selbständig sind.

---

115 Wolff/ Bachof/ Stober, Verwaltungsrecht, Band B 3, vor § 90, RN 11; Schoch, Privatisierung von Verwaltungsaufgaben in DVBl 1994, 962, 973; Fabry in Fabry/ Augsten, Handbuch, Teil 3 RN 1

116 Hauth und Schulz in Bauer, Kommunalverwaltung, Band B1, Art. 1 LKrO, Erl. 7.2; Art. 1 GO Erl. 6.2.4.4.; Dreier in Dreier, Grundgesetz, Art. 28, RN 135; Becker in Becker/ Heckmann/ Kempen/ Manssen, Öffentliches Recht, Teil 2, RN 76; Mann/ Püttner, Kommunale Wissenschaft und Praxis, § 11, RN 12

117 Stober in Wolff/ Bachof/ Stober, Verwaltungsrecht, Band 3, vor § 90, RN 16; Schmitz in Stelkens/ Bonk/ Sachs, VwVfG, § 1 RN 134; Burgi in Erichsen/ Ehlers, Verwaltungsrecht, § 9, RN 31 spricht davon, dass dem Privaten „Teilbeiträge durchführenden Charakters" übertragen werden.

118 Burgi in Erichsen/ Ehlers, Verwaltungsrecht, § 9 RN 32; Geis, Kommunalrecht, § 12, RN 105; Schmitz in Stelkens/ Bonk/ Sachs, VwVfG, § 1 RN 134

119 Burgi in Erichsen/ Ehlers, Verwaltungsrecht, § 9, RN 31

(b) ÖPP (PPP) im Krankenhauswesen

PPP (Public-Private-Partnership) ist bereits seit vielen Jahren ein Modewort.[120] Man gewinnt den Eindruck, als würden der Öffentlichen Hand nun großartige neue Möglichkeiten zur Zusammenarbeit eröffnet. Die Diskussion bekam einen zusätzlichen Schub durch das neue ÖPP- Gesetz.[121] Diese Abkürzung steht für Öffentlich-Private-Partnerschaft und beinhaltet eine Übersetzung des bereits gebräuchlichen englischen Begriffs „PPP".

Mit dem Begriff ÖPP wird häufig versucht, die Vorstellung zu wecken, die Öffentliche Hand bekomme privates Know-how, privates Geld ohne ein Darlehen eingehen zu müssen, der Private übernehme alle Risiken und die Öffentliche Hand könne weiterhin unverändert bei der Aufgabenerfüllung mitbestimmen.[122] Die Politik lässt sich auch im Krankenhaus von dieser Begeisterung für ÖPP-Projekte anstecken.[123] Wenn ÖPP auch viele interessante Möglichkeiten zur Zusammenarbeit zwischen Öffentlicher Hand und Privaten eröffnet, so ist es falsch, sie als die einzig sinnvolle Organisationsform für Krankenhäuser zu sehen.

Was tatsächlich hinter dem Begriff steht, lässt sich bereits sehr gut aus dem Wortlaut schließen. Nach dem Wortlaut kann man grundsätzlich immer dann von ÖPP sprechen, wenn eine Zusammenarbeit zwischen der Öffentlichen Hand und Privaten stattfindet. Fasst man die Definition derart weit, so deckt sie sich mit der oben aufgestellten Definition von funktionaler Privatisierung. Die beiden Begriffe müssen trotzdem nicht deckungsgleich sein, auch wenn der Wortlaut „Öffentlich-Private-Partnerschaft" diesen Schluss auf den ersten Blick nahe zu legen scheint.

Unstreitig dürfte sein, dass es sich nicht nur um Berührungspunkte zwischen Öffentlicher Hand und Privaten handeln darf, sondern vielmehr darum, dass beide gemeinsam an der Erfüllung der gleichen Aufgabe arbeiten. Aus dem Begriff der Zusammenarbeit lässt sich das Erfordernis schließen, dass eine gewisse Intensität und auch eine gewisse zeitliche Komponente erforderlich sind, um von

---

120 Tettinger in NWVBl 2005, 1 ff; ders. bereits im Jahr 1996 in DÖV 1996, 764 ff; Bauer in DÖV 1998, 89, FN 1

121 Gesetz zur Beschleunigung der Umsetzung von Öffentlich Privaten Partnerschaften und zur Verbesserung gesetzlicher Rahmenbedingungen für Öffentlich Private Partnerschaften vom 1. September 2005, BGBl 2005, Teil I Nr. 56

122 so beispielsweise www.hochtief-pppsolutions.de/ppp/data/pdf/PPP_infrastruktur.pdf

123 Vgl. beispielsweise die Staatssekretärin beim Bundesminister für Verkehr, Bau und Stadtentwicklung in der Pressemitteilung Nr. 370/2007 des Ministeriums vom 04.12.2007

einer ÖPP zu sprechen.[124] Partnerschaft im Sinne einer ÖPP erfordert, dass neben den eigentlichen Auftrag durch die Öffentliche Hand und eine gewisse Dauer weitere Merkmale treten, welche die Beziehung zwischen den Partnern intensivieren. Zu denken ist beispielsweise an gemeinsame Organisationsstrukturen oder besondere vertragliche Vereinbarungen.somit liegt bei ÖPP eine funktionale Privatisierung vor, jedoch handelt es sich nur um eine – wenngleich auch sehr wichtige – Untergruppe der funktionalen Privatisierung.[125]

ÖPP kann auch bei Krankenhäusern in einer unüberschaubaren Anzahl von Varianten auftreten, auch in Kombination mit formellen, materiellen oder anderen funktionalen Privatisierungen. Für eine Strukturierung der Thematik bietet es sich an, ÖPP in weitere Untergruppen zu unterteilen. Eine einheitliche Terminologie für die Untergruppen hat sich bislang nicht durchgesetzt.[126] Dies ist für die vorliegende Arbeit jedoch nicht von Bedeutung, da mit den einzelnen Fallgruppen auch keine einheitlichen Rechtsfolgen verbunden sind. Die Rechtsfolgen richten sich immer nach der jeweils zu privatisierenden Aufgabe, dem Grad der Privatisierung und den konkreten vertraglichen Regelungen. Um sich jedoch eine Vorstellung von der Bandbreite möglicher ÖPP zu machen, ist die nachfolgende Aufstellung sinnvoll.[127]

i. Betriebsführungsmodell

Die Öffentliche Hand bleibt beim Betriebsführungsmodell Eigentümer der Anlage, der Private wird beauftragt, weisungsgebunden, im Namen und auf Rechnung des Auftraggebers den Betrieb zu führen. Im Außenverhältnis handelt es

---

124 Haarländer (u.a.), PPP, S. 27 spricht von einer „längerfristigen, prozessorientierten Zusammenarbeit" und nennt als Merkmal für eine ÖPP die „Lebenszyklusorientierung" also eine Zusammenarbeit während der ganzen Lebensdauer der Projekts.

125 Wolff/ Bachof/ Stober, Verwaltungsrecht, Band 3, vor § 92, RN 4; Burgi in Isensee/ Kirchhof, Handbuch des Staatsrechts, Band IV, § 75, RN 7; anders Tettinger, NWVBl 2005, 1, 2. Seiner Ansicht nach fällt das gemischt-wirtschaftliche Unternehmen als (nach seiner Meinung) klassischer Fall der ÖPP nicht unter die Definition einer funktionalen Privatisierung. Dies ist so aber nicht richtig. Wenn die öffentliche Hand weiterhin die Aufgabenzuständigkeit hat, kann sie dieser auch in Form eines gemischt-wirtschaftlichen Unternehmens nachkommen. Nur weil ein Privater an einer Gesellschaft beteiligt ist, verliert die öffentliche Hand nicht ihre Zuständigkeit und ihre Verantwortung für die Aufgabe. Je nachdem wie die genaue Konstruktion aussieht, sind aber verschiedene Arten der Privatisierung – insbesondere funktionale und formelle, ggf. aber auch materielle – miteinander kombiniert.

126 Bonk in Stelkens/ Bonk/ Sachs, VwVfG, § 54, RN 43

127 gefolgt wird einer Aufteilung, wie sie auch Stober in Wolff/ Bachof/ Stober, Verwaltungsrecht, Band 3, § 92, RN 25 ff wählt

sich also um Leistungen des öffentlichen Aufgabenträgers.[128]Dieses Modell wird beispielsweise von den Kommunen praktiziert, welche eine private Krankenhausgesellschaft mit Geschäftsführung, Buchhaltung u.ä. beauftragt haben. Die Krankenhausgesellschaften sind an diesem Modell insbesondere deshalb interessiert, um für mögliche weitergehende Privatisierungen einen Wissens- und Vertrauensvorschuss vor Mitbewerbern zu gewinnen.[129]

ii. (unselbständiges) Betreibermodell

Die Rechtsbeziehungen zwischen Öffentlicher Hand, Betreibern und Nutzern entsprechen beim Betreibermodell grundsätzlich denen des Betriebsführungsmodells.[130] Jedoch sind die Kompetenzen des Betreibers stärker. Er erbringt die für Bau bzw. Sanierung erforderlichen Leistungen zwar in Absprache mit dem öffentlichen Träger, jedoch grundsätzlich eigenverantwortlich und er trägt das (Kosten-) Risiko für Bauleistungen und Betrieb.[131] Bei Krankenhäusern bedeutet dies, dass beispielsweise – wie beim Betriebsführungsmodell – eine private Krankenhausgesellschaft beauftragt wird. Auch hier handelt es sich im Außenverhältnis um Leistungen der Kommune, jedoch trägt die Krankenhausgesellschaft das wirtschaftliche Risiko.

iii. Konzessionsmodell

Das Konzessionsmodell bedeutet wohl die intensivste Form einer ÖPP, also diejenige Form, in welcher die Stellung des Privaten am stärksten ausgestaltet ist. Von allen ÖPP-Formen kommt diese einer materiellen Privatisierung am nächsten. Im Rahmen des Konzessionsmodells obliegt dem Privaten nicht nur Bau oder Betrieb der Einrichtung, sondern er tritt auch im Außenverhältnis gegenüber dem Bürger auf und darf beispielsweise im Wege der Beleihung Gebühren eintreiben.[132] Eine Beleihung ist im kommunalen Bereich nicht möglich (s.o.). Bei kommunalen Krankenhäusern bedeutet die Errichtung eines Konzessionsmodells, dass der private Partner die Entgelte für Krankenhausleistungen und sonstige Einnahmen erhält.

---

128 Bonk in Stelkens/ Bonk/ Sachs, VwVfg, § 54, RN 43j; Wolff/ Bachof/ Stober, Verwaltungsrecht, Band 3, § 92 RN 25; Tettinger, NWVBl 2005, 1, 3

129 Thier in Das Krankenhaus 2001, 875

130 Tettinger, NWVBl 2005, 1 (3)

131 Hausmann/ Murschler-Siebert in Weber/ Schäfer/ Hausmann, Praxishandbuch PPP, S. 251; Tettinger, NWVBl 2005, 1 (3); Bauer, DÖV 1998, 89, 91

132 Hausmann/ Mutschler-Siebert in Weber/ Schäfer/ Hausmann, Handbuch PPP, S. 253; Stober in Wolff/ Bachof/ Stober, Verwaltungsrecht, Band 3, § 92, RN 27

iv. Kooperationsmodell

Bei diesem Modell gründen Öffentliche Hand und Privater eine gemeinsame gemischtwirtschaftliche Beteiligungs- oder Besitzgesellschaft.[133] Baumaßnahmen können beispielsweise von der gemischtwirtschaftlichen Besitzgesellschaft durchgeführt werden, mit der tatsächlichen Durchführung der Aufgabe – also mit dem Betrieb des Krankenhauses – wird ein Mitgesellschafter oder Dritter beauftragt.[134] Hinsichtlich der Durchführung der Aufgabe ähnelt es dem Betreibermodell.[135]

v. Leasingmodell

Das Leasingmodell sieht vor, dass eine Leasinggesellschaft Finanzierung und Bau einer Anlage übernimmt.[136] Der öffentlich-rechtliche Auftraggeber wird nicht Eigentümer, sondern bekommt die Anlage gegen Zahlung von Leasingraten zur Nutzung überlassen.[137] Häufig wird zusätzlich vereinbart, dass der öffentliche Träger die Anlage nach einer gewissen Zeit erwerben kann.[138] Auch wenn Erweiterungen oder Umbauten von Krankenhäusern so finanziert werden können, soll im weiteren Verlauf der Arbeit nicht näher auf das Leasingmodell eingegangen werden, da es sich lediglich um eine Finanzierungsvariante handelt, welche keine Auswirkungen auf die Aufgabenerfüllung hat.

b) Rechtliche Legitimation für die Privatisierung von Landkreisaufgaben

Auf der Suche nach der Legitimation von Privatisierungen ist zunächst ein Blick in das Grundgesetz zu werfen. Dort findet sich keine ausdrückliche Regelung hinsichtlich eines Privatisierungsge- oder -verbots.[139] In Art. 28 Abs. 2 S. 1 GG ist jedoch das Selbstverwaltungsrecht der Kommunen garantiert. Ausprägung dieser Selbstverwaltungsgarantie ist unter anderem die Organisationshoheit. Diese Organisationshoheit räumt den Kommunen das Recht ein, selbst zu be-

---

133 Stober in Wolff/ Bachof/ Stober, Verwaltungsrecht, Band 3, § 92, RN 29; Bauer, DÖV 1998, 89, 91; Lübking in Vogelgesang/ Lübking/ Ulbrich, Kommunale Selbstverwaltung, RN 622; Bauer in DÖV 1998, 89, 91

134 Stober in Wolff/ Bachof/ Stober, Verwaltungsrecht, Band 3, § 92, RN 29

135 Bauer, DÖV 1998, 89, 91

136 Stober in Wolff/ Bachof/ Stober, Verwaltungsrecht Band 3, § 92 RN 28; Tettinger, NWVBl 2005, 1, 3; Bonk in Stelkens/ Bonk/ Sachs, VwVfG, § 54, RN 43k

137 Stober in Wolff/ Bachof/ Stober, Verwaltungsrecht Band 3, § 92, RN 28; Bonk in Stelkens/ Bonk/ Sachs, VwVfG, § 54, RN 43j

138 Stober in Wolff/ Bachof/ Stober, Verwaltungsrecht Band 3, § 92, RN 28

139 Schoch in DVBL 1994, 962 (969); Mayen, DÖV 2001, 110, 111; Wolff/ Bachof/ Stober, Verwaltungsrecht Band 3, § 93, RN 7

stimmen, wie und in welcher Organisationsstruktur sie ihre Aufgaben erfüllen wollen.[140] Davon ist auch die Entscheidung für oder gegen privatrechtliche Organisationsformen umfasst.[141] Die Organisationshoheit gilt nicht grenzenlos. Mit der Formulierung „im Rahmen der Gesetze" in Art. 28 Abs. 2 S. 2 GG wurde eine Ausgestaltungsbefugnis des Gesetzgebers aufgenommen, welche wie ein Gesetzesvorbehalt zu verstehen ist und welche Eingriffe in die Selbstverwaltungsgarantie rechtfertigt.[142] Der Begriff „Gesetz" ist hier in einem materiellen Sinn zu verstehen.[143] Möglich sind folglich auch Eingriffe in die Selbstverwaltungsgarantie durch Verordnungen, Raumordnungsprogramme[144] oder Fachplanungen wie beispielsweise Krankenhauspläne. Es muss aber stets ein Kernbereich der Selbstverwaltungsgarantie und speziell auch der Organisationsfreiheit unangetastet bleiben, um die Autonomie kommunalen Handelns zu gewährleisten.[145] Die Entscheidung, wie der Gesetzgeber diese Freiheit ausnutzt, ist in hohem Maße politisch geprägt.

Die einfachgesetzlichen Regelungen des Landesrechts zeigen eine große Offenheit des Gesetzgebers für Privatisierungen. Die Bayerische Landkreisordnung erlaubt den Landkreisen in Art. 74 Nr. 3 grundsätzlich, ihre Unternehmen auch in Privatrechtsform zu führen. Gewisse Einschränkungen und konkrete Ausgestaltungen finden sich in den nachfolgenden Artikeln. Somit sieht das Gesetz ausdrücklich vor, dass Kommunen Aufgaben in privatrechtlicher Rechtsform erfüllen können.

Der Gesetzgeber hat keinen Vorrang einer speziellen Rechtsform normiert. Vielmehr haben die Landkreise freie Wahl zwischen öffentlich-rechtlichen und privaten Rechtsformen – soweit diese den Vorgaben der Landkreisordnung ent-

---

140 Dreier in Dreier, Grundgesetz, Art. 28, RN 135; Mann/ Püttner, Kommunale Wissenschaft und Praxis, § 11, RN 12; Becker in Becker/ Heckmann/ Kempen/ Manssen, Öffentliches Recht, Teil 2, RN 76

141 Dreier in Dreier, Grundgesetz, Art. 28, RN 135; Mann/ Püttner, Kommunale Wissenschaft und Praxis, § 11, RN 12; Prandl/ Zimmermann/ Büchner, Kommunalrecht; Art. 74 LKrO, Erl. 5

142 Dreier in Dreier, Grundgesetz, Art. 28, RN 118; Pieroth in Jarass/ Pieroth, Grundgesetz, Art. 28, RN 20 für die im Wortlaut gleiche Formulierung für die gemeindliche Selbstverwaltungsgarantie in Art. 28 Abs. 2 S. 1 GG

143 Pieroth in Jarass/ Pieroth, Grundgesetz, Art. 28, RN 20; Leisner in Sodan, Grundgesetz, Art. 28, RN 22; Dreier in Dreier, Grundgesetz, Art. 28, RN 118

144 BVerfGE 76, 107, 114

145 BVerfGE 103, 332, 365; Henneke in Schmidt-Bleibtreu/ Hofmann/ Hopfauf, Grundgesetz, Art. 28, RN 78, 84, welcher beispielhaft die Möglichkeit zur teilweisen Einschränkung der Wahlfreiheit zwischen öffentlich-rechtlich und privatrechtlich organisierter Betätigung nennt; Dreier in Dreier, Grundgesetz, Art. 28, RN 133

sprechen.[146] Die Möglichkeit, private Rechtsformen zu wählen, wird von der Öffentlichen Hand in der Praxis auch häufig genutzt. Im Jahr 2006 gab es in Bayern 206 Krankenhäuser in öffentlich-rechtlicher Trägerschaft. Von diesen wurden 68 Häuser – also ein Drittel – in privater Rechtsform betrieben.[147] Kommunale Gesellschaften haben meistens die Rechtsform einer GmbH.[148] Deshalb soll – sowohl bei formellen, als auch bei funktionalen oder materiellen Privatisierungen – im weiteren Verlauf der Arbeit hierauf das Hauptaugenmerk gerichtet werden. Andere Rechtsformen werden an den erforderlichen Stellen mit ihren Besonderheiten angesprochen.

Darüber hinaus räumt der bayerische Gesetzgeber den Landkreisen ebenso die Möglichkeit der Übertragung ihrer Aufgaben auf private Rechtsträger ein. Landkreise werden in Art. 55 Abs. 2 S. 2 LKrO angehalten, die Heranziehung von Dritten oder die Erfüllung durch Dritte zu prüfen. Dies ist zwar kein Privatisierungsgebot,[149] zeigt aber die Offenheit des Gesetzgebers auch gegenüber der Einbeziehung Privater.

---

146 Becker in Becker/ Heckmann/ Kempen/ Manssen, Öffentliches Recht, Teil 2, RN 355; Hölzl/ Hien/ Huber, Gemeindeordnung, Art. 86 GO, Erl. 2; Widtmann/ Grasser/ Glaser, Bayerische Gemeindeordnung, Art. 86 GO, RN 37

147 Bayerisches Landesamt für Statistik und Datenverarbeitung, Krankenhausstatistik, S. 68

148 Lohner/ Zieglmeier, Die Besetzung des Aufsichtsrats einer kommunalen GmbH; Altmeppen, NJW 2003, 2561; Mayen, DÖV 2001, 110, 113

149 Bauer/ Böhle/ Ecker, Bayerische Kommunalgesetze, zum wortlautgleichen Art. 61 GO in RN 19; Widtmann/ Grasser/ Glaser, Bayerische Gemeindeordnung, Art. 86 GO, RN 37, Prandl/ Zimmermann/ Büchner, Kommunalrecht, Art. 61 GO, Erl. 7

C. Strukturen privatisierter Krankenhäuser

Nachfolgend sollen die verschiedenen Rechtsfragen, aber auch politische und praktische Überlegungen, welche bei privatisierten Krankenhäusern eine Rolle spielen, dargestellt werden. Es sollen die Gemeinsamkeiten und Unterschiede zwischen den jeweiligen Privatisierungstypen ebenso aufgezeigt werden wie die Gemeinsamkeiten und Unterschiede zu Krankenhäusern in öffentlich-rechtlicher Rechtsform. Bei privaten Rechtsformen wird ein Schwerpunkt auf die GmbH als der am häufigsten gewählten Rechtsform gelegt.

I. Steuerrecht

Bei der steuerrechtlichen Darstellung soll nicht starr nach der jeweiligen Privatisierungsart unterteilt werden. Allgemeinverbindliche Feststellungen lassen sich hierzu insbesondere wegen der vielen Spielarten der funktionalen Privatisierung nur bedingt und nicht in jedem Detail treffen. Es soll vielmehr grundsätzlich danach differenziert werden, in welcher Rechtsform und in wessen Trägerschaft ein Krankenhaus betrieben wird und geklärt werden, unter welchen Voraussetzungen Gemeinnützigkeit zu bejahen ist.

1. Körperschaftsteuer

Zu prüfen ist, ob sich hinsichtlich der Körperschaftsteuer Unterschiede zwischen öffentlich-rechtlicher und privater Trägerschaft und zwischen den einzelnen Rechtsformen ergeben.

a) Körperschaftsteuer bei Krankenhäusern in öffentlich-rechtlicher Trägerschaft

(1) Öffentlich-rechtliche Rechtsform

Eine unbeschränkte Steuerpflicht juristischer Personen des öffentlichen Rechts besteht nur im Rahmen sog. Betriebe gewerblicher Art.[150] Handelt es sich bei dem Betrieb einer juristischen Person des öffentlichen Rechts um einen Betrieb gewerblicher Art, ergibt sich die Körperschaftsteuerpflicht aus § 1 Abs. 1 Nr. 6 KStG. Die Legaldefinition des Betriebs gewerblicher Art bei juristischen Perso-

---

150 Hüttemann, Gemeinnützigkeitsrecht, § 2, RN 66

nen des öffentlichen Rechts findet sich in § 4 Abs. 1 KStG. Das Vorliegen eines Betriebs gewerblicher Art setzt demnach zunächst voraus, dass sich die jeweilige Einrichtung innerhalb der Gesamtbetätigung eines Landkreises wirtschaftlich heraushebt. Dies bestimmt sich wiederum insbesondere danach, ob ein bestimmter Umsatz erzielt wird, durch welchen die Wettbewerbsneutralität des Staates beeinträchtigt wird.[151] Es wird regelmäßig ein jährlicher Mindestumsatz von 30.000 € als Grenze angesehen,[152] welcher bei Krankenhäusern um ein Vielfaches überschritten wird. § 4 Abs. 2 KStG stellt klar,[153] dass die unbeschränkte Steuerpflicht auch dann gilt, wenn der Betrieb selbst eine Person des öffentlichen Rechts ist. Im Bereich der Landkreise handelt es sich bei Kommunalunternehmen um solche selbständigen Personen des öffentlichen Rechts.[154]

Darüber hinaus ist erforderlich, dass die Einrichtung einer nachhaltigen wirtschaftlichen Tätigkeit zur Erzielung von Einnahmen dient. Es ist somit eine Einnahmenerzielungsabsicht erforderlich.[155] Diese Einnahmenerzielungsabsicht ist streng von einer Gewinnerzielungsabsicht zu unterscheiden, welche gemäß § 4 Abs. 1 S. 2 KStG ausdrücklich nicht erforderlich ist.[156] Auch bei öffentlichen Krankenhäusern hat der Träger die Absicht, nachhaltig Einnahmen, vor allem durch Zahlungen der Krankenkassen und Patienten, zu erzielen, so dass es sich bei einem Krankenhaus um einen Betrieb gewerblicher Art handelt, welcher grundsätzlich gemäß § 1 Abs. 1 Nr. 6 KStG steuerpflichtig ist.

(2) Privatrechtliche Rechtsform

In privater Rechtsform betriebene Krankenhäuser werden, auch wenn sie sich in öffentlich-rechtlicher Trägerschaft befinden, nicht unter den Begriff des Betriebs gewerblicher Art einer juristischen Person des öffentlichen Rechts subsumiert.[157] Jedoch sind Kapitalgesellschaften bereits gemäß § 1 Abs. 1 Nr. 1 KStG körperschaftsteuerpflichtig. Gleiches gilt gemäß § 1 Abs. 1 Nr. 2, Nr. 4, Nr. 5 KStG

---

151 Heger in Gosch, Körperschaftsteuergesetz, § 4, RN 42; Alvermann in Streck, Körperschaftssteuergesetz, § 4, RN 13; Herrmann/ Klempt in Herrmann/ Heuer/ Raupach, Einkommen- und Körperschaftsteuergesetz, § 4 KStG, RN 14

152 Heger in Gosch, Körperschaftsteuergesetz, § 4 RN 43; Herrmann/ Klempt in Herrmann/ Heuer/ Raupach, Einkommen- und Körperschaftsteuergesetz, § 4 KStG, RN 14

153 Heger in Gosch, Körperschaftsteuergesetz, § 4, RN 82;

154 Schulz in Bauer, Kommunalverwaltung, Band B 1, Art. 89 GO, Erl. 1.2.; Knemeyer, Bayerisches Kommunalrecht, RN 346

155 Zenthöfer in Dötsch u.a., Körperschaftsteuer, Seite 26; Sauter/ Bollweg in Erle/Sauter, Körperschaftsteuergesetz, § 4, RN 11

156 Sauter/ Bollweg in Erle/Sauter, Körperschaftsteuergesetz, § 4, RN 11; Heger in Gosch, Körperschaftsteuergesetz, § 4, RN 55

157 Herrmann/ Klempt in Herrmann/ Heuer/ Raupach, Einkommen- und Körperschaftsteuergesetz, § 4, RN 15; Frotscher, Körperschaftsteuer, § 4 RN RN 65

auch für Genossenschaften, Stiftungen und „sonstige juristische Personen des privaten Rechts". Somit sind Krankenhäuser als öffentlich-rechtliche Betriebe gewerblicher Art genauso wie solche in privater Rechtsform unabhängig vom Träger grundsätzlich körperschaftsteuerpflichtig.

(3) Befreiungstatbestand

Krankenhäuser könnten gemäß § 5 Abs. 1 Nr. 9 KStG i.V.m. § 67 AO von der Körperschaftsteuer befreit sein. Der persönliche Anwendungsbereich der Vorschrift deckt sich mit dem des § 1 Abs. 1 KStG, weshalb alle unbeschränkt steuerpflichtigen Körperschaftsteuersubjekte grds. unter die Steuerbefreiung nach § 5 Abs. 1 Nr. 9 KStG fallen können.[158]

Für die Steuerbefreiung ist gemäß §§ 51 ff AO erforderlich, dass ein steuerbegünstigender Zweck vorliegt und dass dieser selbstlos (§ 55 AO), ausschließlich (§ 56 AO) und unmittelbar (§ 57 AO) verfolgt wird. Ob ein steuerbegünstigter Zweckbetrieb vorliegt, bemisst sich nach §§ 65 ff AO, wobei für Krankenhäuser § 67 AO vorrangig anwendbar ist. Als spezielle Regelung geht er den allgemeinen Regelungen über den Zweckbetrieb vor.[159]

Demnach handelt es sich bei einem Krankenhaus um einen Zweckbetrieb, wenn die Voraussetzungen des § 67 AO vorliegen. Zur Bestimmung, ob es sich um einen Zweckbetrieb handelt, knüpft § 67 Abs. 1 AO an die Anwendbarkeit des Krankenhausentgeltgesetzes bzw. der Bundespflegesatzverordnung sowie an den prozentualen Anteil der Entgelte für allgemeine Krankenhausleistungen an den jährlichen Belegungs- oder Berechnungstagen an. Demnach liegt ein Zweckbetrieb vor, wenn mindestens 40% der jährlichen Belegungs- oder Berechnungstage auf Patienten entfallen, für welche Entgelte für allgemeine Krankenhausleistungen nach § 7 KHEntgG bzw. § 10 BPflV berechnet werden. Bei einem Krankenhaus, auf welches das KHEntgG bzw. die BPflV keine Anwendung finden, ist gemäß § 67 Abs. 2 AO Voraussetzung für einen Zweckbetrieb, dass für mindestens 40 % der Patienten kein höheres Entgelt als für allgemeine Krankenhausleistungen berechnet wird.

Neben diesen Voraussetzungen ist insbesondere die Selbstlosigkeit gemäß § 55 AO von Bedeutung. Im konkreten Einzelfall müssen die vielfältigen und heterogenen Kriterien des § 55 AO geprüft werden. Wesentliche Voraussetzung

---

158 Kulosa in Herrmann/ Heuer/ Raupach, Einkommen- und Körperschaftsteuergesetz, § 5 KStG, RN 200; Heger in Gosch, Körperschaftsteuergesetz, § 5, RN 181

159 Koenig in Pahlke/ Koenig, Abgabenordnung, § 67 RN 1; Schauhoff, Handbuch der Gemeinnützigkeit, § 6, RN 90; Knorr/ Klaßmann, Die Besteuerung der Krankenhäuser, S. 145

der Selbstlosigkeit ist, dass die Körperschaft nicht in erster Linie eigenwirtschaftliche Zwecke verfolgt.[160]

Selbständige Nebenbetriebe müssen gesondert betrachtet werden. Gemäß § 5 Abs. 1 Nr. 9 S. 2 KStG gilt die Steuerbefreiung nicht für den Unterhalt wirtschaftlicher Geschäftsbetriebe. Der wirtschaftliche Geschäftsbetrieb des KStG wird durch § 14 S. 1 AO legaldefiniert.[161] Demnach liegt ein wirtschaftlicher Geschäftsbetrieb vor bei einer selbständigen nachhaltigen Tätigkeit, durch die Einnahmen oder andere wirtschaftliche Vorteile erzielt werden und die über den Rahmen einer Vermögensverwaltung hinausgeht. Sachlich selbständige Tätigkeiten sind solche, die sich von der Gesamttätigkeit der Körperschaft wirtschaftlich abheben[162] und bei welcher Leistungen an Dritte erbracht werden.[163] Dies ist beispielsweise bei einer Caféteria der Fall, welche unabhängig vom Betrieb des Krankenhauses betrieben wird.[164] Somit haben auch gemeinnützige Krankenhäuser regelmäßig wirtschaftliche Nebenbetriebe, welche körperschaftsteuerpflichtig sind.[165]

Die Frage der Gemeinnützigkeit ist deshalb im Einzelfall zu klären, wird in der Regel für die Krankenhäuser als solche – anders für einzelne Nebenbetriebe – im Bereich der öffentlichen Rechtsträger positiv zu beantworten sein. Insbesondere wird ein Landkreis mit dem Betrieb eines Krankenhauses keine eigenwirtschaftlichen Ziele verfolgen. Vielmehr wird er ein Krankenhaus vorhalten, weil er gemäß Art. 51 Abs. 3 S. 1 Nr. 1 LKrO zur Errichtung und zum Unterhalt verpflichtet ist bzw. weil er die medizinische Versorgung der Landkreisbürger sicherstellen möchte. Diese Grundregel wird der Arbeit im weiteren Verlauf zugrunde gelegt. Auch wenn die Voraussetzungen der §§ 51 ff AO im Einzelfall zu prüfen sind, bleibt festzuhalten, dass diese Voraussetzungen nicht an die Rechtsform anknüpfen. Deshalb hat die Rechtsform auch keinen Einfluss auf die Körperschaftsteuerpflichtigkeit eines Krankenhauses.

---

160 Leisner/ Egensperger in Hübschmann/ Hepp/ Spitaler, Abgabenordnung, § 55 AO, RN 25; Pahlke/ Koenig, Abgabenordnung, § 55, RN 5

161 Alvermann in Streck, KStG, § 5, RN 10; Kulosa in Herrmann/ Heuer/ Raupach, § 5 KStG, RN 221

162 Kulosa in Herrmann/ Heuer/ Raupach, § 5 KStG, RN 221

163 Gersch in Klein, Abgabenordnung, § 67, RN 9; Krüger in Schwarz, Abgabenordnung, § 67, RN 8

164 Kulosa in Herrmann/ Heuer/ Raupach, § 5 KStG, RN 222; Alvermann in Streck, KStG, § 5, RN 35; Knorr/ Klaßmann, Die Besteuerung der Krankenhäuser, S. 35

165 Bittrolff, Steuerliche Konsequenzen, S. 46

b) Körperschaftsteuer bei Krankenhäusern in privater Trägerschaft

Kapitalgesellschaften sowie Genossenschaften, Stiftungen und sonstige juristische Personen des Privatrechts sind grundsätzlich körperschaftsteuerpflichtig (siehe bei a.). Im Hinblick auf die Steuerbefreiung gemäß § 5 Abs. 1 Nr. 9 KStG i.V.m. §§ 51 ff AO wird nicht nach dem Träger unterschieden, weshalb die Gesellschaft eines privaten Trägers (oder unter Beteiligung eines privaten Trägers) grundsätzlich ebenso steuerbefreit sein kann. Steuerliche Vergünstigungen setzen aber gemäß § 55 AO zwingend die eben erläuterte Selbstlosigkeit voraus.[166] Wesentliche Voraussetzung der Selbstlosigkeit ist, dass die Körperschaft nicht in erster Linie eigenwirtschaftliche Zwecke verfolgt.[167] Gerade darum geht es der Natur der Sache nach jedoch in der Regel einem privaten Betreiber. Der Dienst an der Allgemeinheit ist höchstens ein weiterer Zweck. Deshalb wird eine Befreiung von der Körperschaftsteuerpflicht bei privaten Trägern wegen der fehlenden Selbstlosigkeit häufig nicht erfolgen.[168]

2. Umsatzsteuer

Des Weiteren ist zu prüfen, inwieweit sich Unterschiede hinsichtlich der Umsatzsteuer ergeben. Gemäß § 1 Abs. 1 Nr. 1 UStG unterliegen der Umsatzsteuer Lieferungen und sonstige Leistungen von Unternehmern. Unter den Begriff der „sonstigen Leistungen" sind auch Dienstleistungen zu subsumieren.[169]

a) Umsatzsteuer bei Krankenhäusern in öffentlich-rechtlicher Trägerschaft

(1) Öffentlich-rechtliche Rechtsform

Zunächst ist zu klären, wer als Unternehmer gilt. Die Unternehmereigenschaft bestimmt sich nach § 2 UStG. Gemäß § 2 Abs. 1 S. 1 UStG setzt die Unternehmereigenschaft eine selbständige gewerbliche oder berufliche Tätigkeit voraus. Diese ist gemäß § 2 Abs. 3 S. 1 UStG bei juristischen Personen des öffentlichen

---

166 Leisner/ Egensperger in Hübschmann/ Hepp/ Spitaler, § 55 AO, RN 15; Gersch in Klein, Abgabenordnung, § 55, RN 1

167 Leisner/Egensperger in Hübschmann/ Hepp/ Spitaler, Abgabenordnung, § 55 AO, RN 25; Pahlke/ Koenig, Abgabenordnung, § 55, RN 5; Gersch in Klein, Abgabenordnung, § 55, RN 2

168 Knorr/ Klaßmann, Die Besteuerung der Krankenhäuser, S. 225 spricht von „einer Vielzahl privater Krankenhausträger, die nicht steuerbegünstigt im Sinne der §§ 51 ff AO sind"

169 Stöcker in Peter/ Burhoff/ Stöcker, Umsatzsteuer, § 1 UStG, RN 37; Jakob, Umsatzsteuerrecht, RN 37

Rechts im Rahmen ihrer Betriebe gewerblicher Art i.S.d. §§ 1 Abs. 1 Nr. 6, 4 KStG zu bejahen. Bei Krankenhäusern in öffentlich-rechtlicher Rechtsform handelt es sich – wie bei 1. gezeigt – um Betriebe gewerblicher Art, weshalb diese Unternehmereigenschaft i.S.d. Umsatzsteuergesetzes besitzen. Bei Krankenhäusern ist der Befreiungstatbestand des § 4 Nr. 14 lit. b) UStG zu beachten. Gemäß § 4 Nr. 14 lit. b) UStG sind Umsätze aus Krankenhausbehandlungen und damit eng verbundene Umsätze steuerfrei, wenn die Einrichtung von einer juristischen Person des öffentlichen Rechts betrieben wird. Zu den eng verbundenen Umsätzen zählen nur die Leistungen, die als Nebenleistung zur Krankenhausbehandlung erbracht werden, also beispielsweise die Behandlung ambulanter Patienten und die Fertigung von Gutachten, nicht jedoch die entgeltliche Abgabe von Speisen und Getränken an Besucher oder die Leistungen von Zentralwäschereien.[170]

(2) Privatrechtliche Rechtsform

Der Befreiungstatbestand des § 4 Nr. 14 lit. b) S. 1 UStG setzt voraus, dass das Krankenhaus von einer juristischen Person des öffentlichen Rechts betrieben wird. Krankenhäuser in privater Rechtsform können hingegen gemäß § 4 Nr. 14 lit. b) S. 2 UStG befreit sein. Dies führt zu dem Ergebnis, dass Eigenbetriebe stets nach § 4 Nr. 14 lit) b S. 1 UStG von der Umsatzsteuer befreit sind, Eigengesellschaften nur, wenn sie die Voraussetzungen des § 4 Nr. 14 lit. b S. 2 UStG erfüllen. Ob dies der Fall ist, richtete sich bis 31.12.2008 gemäß § 4 Nr. 16 lit. b UStG nach den Voraussetzungen der § 51 ff AO. Seit 01.01.2009 beurteilt sich die Frage der Steuerbefreiung nach § 4 Nr. 14 lit. b S. 2 UStG n.F. Dieser setzt für eine Steuerbefreiung im Wesentlichen voraus, dass das Krankenhaus eine Zulassung nach § 108 SGB V – also beispielsweise als Plankrankenhaus – hat. Somit sind auch Plankrankenhäuser in privater Rechtsform umsatzsteuerbefreit, wenn es sich bei der Art der erbrachten Leistungen um solche handelt, auf welche sich die Zulassung bezieht.

b) Umsatzsteuer bei Krankenhäusern in privater Trägerschaft

Bei Krankenhausgesellschaften mit privatem Rechtsträger (bzw. mit Beteiligung eines privaten Trägers) hängt die Befreiung von der Umsatzsteuer ebenfalls davon ab, ob im Einzelfall die Voraussetzungen des § 4 Nr. 14 lit. b) S. 2 UStG erfüllt sind. Auf die Ausführungen unter a) (2) darf verwiesen werden.

---

170 Heidner in Bunjes/ Geist, Umsatzsteuergesetz, § 4 NR. 14, RN 64 f

c) Umsatzsteuerliche Besonderheiten im Verhältnis zu Servicegesellschaften

Besonderheiten hinsichtlich der Umsatzsteuer bestehen beim Leistungsaustausch zwischen dem Krankenhaus und einer als Tochterunternehmen gehaltenen Servicegesellschaft. Krankenhäuser sind regelmäßig steuerbefreit, Tochtergesellschaften häufig nicht, wenn sie Leistungen erbringen, welche keine eng mit den Krankenhausleistungen verbundene Umsätze nach § 4 Nr. 14 lit b) UStG darstellen (s.o. bei a).

Besonderheiten gelten jedoch bei einer Organschaft gemäß § 2 Abs. 2 S. 1 Nr. 2 UStG. Der Umsatzsteuer unterliegen gemäß § 1 Abs. 1 Nr. 1 UStG grundsätzlich nur Lieferungen und sonstige Leistungen eines Unternehmers. Gemäß § 2 Abs. 2 S. 1 Nr. 2 UStG wird eine Tätigkeit in Fällen einer Organschaft nicht selbständig i.S.d. Umsatzsteuergesetzes ausgeübt mit der Folge, dass gemäß § 2 Abs. 1 UStG die Unternehmereigenschaft entfällt.[171] Liegt eine Organschaft vor, wird der Leistungsaustausch zwischen Krankenhaus und Servicegesellschaft als nicht steuerbarer Innenumsatz behandelt.[172]

Fraglich ist zunächst, ob das Institut der Organschaft auch auf juristische Personen des öffentlichen Rechts Anwendung findet. In § 2 Abs. 2 S. 1 Nr. 2 UStG wird der Organträger nur als solcher bezeichnet und es wird der Bezug zu seinem Unternehmen hergestellt. Zu möglichen Rechtsformen des Organträgers trifft die Vorschrift keine Aussage. Die öffentliche Hand tritt bei dem Betrieb eines Krankenhauses als Unternehmer auf (siehe oben bei a) (1). Da sich weder aus dem Gesetz, noch aus der Natur der Sache Einschränkungen ergeben, kann somit auch eine Körperschaft des öffentlichen Rechts eine Organgesellschaft beherrschen und mit dieser eine umsatzsteuerliche Organschaft bilden.[173]

Anders ist die Situation bei Organgesellschaften. § 2 Abs. 2 S. 1 Nr. 2 UStG regelt, dass es sich bei der Organgesellschaft um eine juristische Person handeln muss. Damit scheiden Personengesellschaften und Einzelunternehmen aus, jedoch wird keine ausdrückliche Entscheidung gegen juristische Personen des öffentlichen Rechts getroffen. Nach einheitlicher Auffassung wird jedoch ausgeschlossen, dass eine juristische Person des öffentlichen Rechts eine Organgesellschaft sein kann.[174] Grund hierfür ist, dass juristische Personen des öffentlichen

---

171 Klenk in Sölch/ Ringleb, Umsatzsteuergesetz, § 2 RN 85
172 Völkel/Karg, Finanz und Steuern, S. 276; Raudszus in Keller/ Bustorff, § 2 UStG, RN 181; Plückebaum/ Malitzky, Umsatzsteuergesetz, Band II/2, § 2 Abs. 2, RN 260
173 Flückinger in Plückebaum/ Malitzky, Umsatzsteuergesetz, § 2 Abs. 2 RN 272
174 BFH Urteil vom 20.12.1973, V R 87/07 in BStBl 1974 II, 311; Flückinger in Plückebaum/ Malitzky, Umsatzsteuergesetz, § 2 Abs. 2 RN 268; Klenk in Sölch/ Ringleb, Umsatzsteuergesetz, § 2 RN 85; Raudszus in Keller/ Bustorff, Umsatzsteuer, § 2, RN 186

Rechts kraft ihrer Rechtsstellung nicht die erforderliche Unselbständigkeit haben, die für eine Eingliederung in einen Organträger erforderlich ist.[175] Voraussetzung für die Organschaft ist gemäß § 2 Abs. 2 S. 1 Nr. 2 UStG, dass eine finanzielle, wirtschaftliche und organisatorische Eingliederung erfolgt. Ob im Einzelfall eine Organschaft vorliegt, ist aufgrund einer Gesamtschau der drei Eingliederungsmerkmale (finanzielle, wirtschaftliche und organisatorische Eingliederung) zu ermitteln.[176] Es müssen nicht alle Kriterien gleichermaßen ausgeprägt sein.[177] Ist eines der Merkmale schwächer ausgeprägt oder ist zweifelhaft, ob es vorliegt, kann dies durch eine stärkere Ausprägung der anderen Merkmale ausgeglichen werden. Nicht ausreichend ist es, wenn lediglich zwei Merkmale vorliegen.[178]

Unter finanzieller Eingliederung ist der Besitz der entscheidenden Anteilsmehrheit an der eingegliederten Gesellschaft zu verstehen. Dem Organträger muss es möglich sein, Beschlüsse in der eingegliederten Gesellschaft durchzusetzen, was bei Gleichlauf von Beteiligungs- und Stimmrechtsverhältnissen dann der Fall ist, wenn die Beteiligung mindestens 50% beträgt.[179] „Wirtschaftliche Eingliederung bedeutet, dass die Organgesellschaft nach dem Willen des Unternehmers im Rahmen des Gesamtunternehmens, und zwar in engem wirtschaftlichen Zusammenhang mit diesem, es fördernd und ergänzend, wirtschaftlich tätig ist."[180] Eine „Organisatorische Eingliederung liegt vor, wenn der Organträger durch organisatorische Maßnahmen sicherstellt, dass in der Organgesellschaft sein Wille auch tatsächlich ausgeführt wird."[181] Dies kann beispiels-

---

175 Flückinger in Plückebaum/ Malitzky, Umsatzsteuergesetz, § 2 Abs. 2, RN 268

176 Burhoff in Peter/ Burhoff/ Stöcker, Umsatzsteuer, § 2 UStG, RN 128; Klenk in Sölch/ Ringleb, Umsatzsteuergesetz, § 2, RN 105; Deutsches wissenschaftliches Institut der Steuerberater e.v., Handbuch, § 2, RN 71; Diese Merkmale werden auch von den Finanzbehörden angelegt, siehe dazu Bundesministerium der Finanzen, Handausgabe, S. 71

177 Klenk in Sölch/ Ringleb, Umsatzsteuergesetz, § 2, RN 106; Deutsches wissenschaftliches Institut der Steuerberater e.v., Handbuch, § 2, RN 71; Weber, Praxisleitfaden, S. 6

178 BFH, Urteil vom 20.02.1992, AZ V R 80/85 (Juris), RN 20; Raudszus in Keller/ Bustorff, Umsatzsteuer, § 2 UStG, RN 188; Klenk in Sölch/ Ringleb, Umsatzsteuergesetz, § 2, RN 106

179 Burhoff in Peter/ Burhoff/ Stöcker, Umsatzsteuer, § 2 UStG, RN 140; Klenk in Sölch/ Ringleb, Umsatzsteuergesetz, § 2, RN 110; Deutsches wissenschaftliches Institut der Steuerberater e.v., Handbuch, § 2, RN 74

180 BFH, Urteil vom 22.06.1967, Az.: V 164/ 64 in BStBl 1967 III, 715, 716; Burhoff in Peter/ Burhoff/ Stöcker, Umsatzsteuer, § 2 UStG, RN 141; Deutsches wissenschaftliches Institut der Steuerberater e.v., Handbuch, § 2, RN 75

181 Burhoff in Peter/ Burhoff/ Stöcker, Umsatzsteuer, § 2 UStG, RN 143; Deutsches wissenschaftliches Institut der Steuerberater e.v., Handbuch, § 2, RN 76

weise dadurch gewährleistet sein, dass Organträger und Organgesellschaft die gleichen Geschäftsführer haben.[182]

Die Organschaft kann bei einem Krankenhaus daran scheitern, dass die Organgesellschaft mit einem weiteren Partner betrieben wird und dieser maßgeblichen Einfluss hat.[183] Problematisch ist es auch, wenn die Organgesellschaft hauptsächlich an Dritte leistet. Bei Krankenhäusern besteht die Gefahr, dass die wirtschaftliche Eingliederung abgelehnt wird beispielsweise dann, wenn mit einer Tochtergesellschaft eine Küche betrieben wird, welche auch weitere Einrichtungen mit Essen beliefert. Gleiches gilt für Wäschereien, welche ihre Leistungen Dritten anbieten. Das Merkmal der wirtschaftlichen Eingliederung wird von der Rechtsprechung teilweise pauschal verneint, wenn die Leistungen an Dritte im Durchschnitt der Jahre überwiegen.[184] Dies hat zur Folge, dass in diesem Fall eine Organschaft abzulehnen wäre.[185] Dieser Auffassung ist jedoch nicht zu folgen. Eine solche, an einer scharfen 50-Prozent-Grenze ausgerichteten Entscheidung, widerspricht dem – auch vom BFH vertretenen – Prinzip einer Gesamtschau der Eingliederungsmerkmale. Anders als bei der finanziellen Eingliederung, bei welcher die 50%-Grenze unmittelbare Auswirkungen auf den Einfluss des Organträgers hat, lässt sich diese scharfe Grenze bei dem unscharfen Merkmal der wirtschaftlichen Eingliederung nicht vertreten. Sollte aber tatsächlich der Drittabsatz über Jahre hinweg überwiegen, so müssen zur Bejahung der wirtschaftlichen Eingliederung weitere Merkmale hinzutreten.[186] Aufgrund der Rechtsunsicherheit, wie diese weiteren Merkmale gewichtet werden, ist betroffenen Firmen zu empfehlen, die Leistungen an Dritte im Jahresdurchschnitt unter 50% zu halten.

Auch wenn eine Organschaft vorliegt, ist zu beachten, dass bei Leistungen der Servicegesellschaften an Dritte grundsätzlich immer Umsatzsteuer anfällt, da die Servicegesellschaft üblicherweise kein Zweckbetrieb im Sinne des UStG ist.[187]

---

182 BFH, Urteil vom 23.04.1959, V 66/57 in BStBl. 1959, III, 256, 258; Deutsches wissenschaftliches Institut der Steuerberater e.V., Handbuch, § 2, RN 76

183 Eine Organschaft wird dann zu verneinen sein, wenn der Dritte mindestens 50% der Anteile und einen ebenso hohen Anteil der Stimmrechte hat, so Weber, Praxisleitfaden, S. 6

184 So aber Klenk in Sölch/ Ringleb, § 2, RN 120

185 BFH Urteil vom 27.08.1964, V 101/62 U in BStBl 1964 III, 539, 540

186 BFH Urteil vom 15.06.1972, V R 15/69 in BStBl 1972 II, 840; Burhoff in Peter/ Burhoff/ Stöcker; Umsatzsteuer, § 2, RN 142

187 Weber, Praxisleitfaden, S. 6

3. Grundsteuer

Weiterhin könnte für den Krankenhausträger Grundsteuer anfallen. Grundbesitz wird gemäß § 2 GrStG besteuert. Die Gemeinden bestimmen gemäß § 1 GrStG, ob, und wenn ja, in welcher Höhe (§ 25 GrStG) Grundsteuer erhoben wird. Der Ausnahmetatbestand des § 3 Abs. 1 S. 1 Nr. 1 GrStG, wonach der Grundbesitz inländischer juristischer Personen des öffentlichen Rechts freigestellt wird, ist bei Krankenhäusern nicht einschlägig, da gemäß § 3 Abs. 3 GrStG Betriebe gewerblicher Art von § 3 Abs. 1 S. 1 Nr. 1 GrStG nicht umfasst sind. Somit sind Krankenhäuser in allen öffentlich-rechtlichen und privatrechtlichen Rechtsformen grundsätzlich grundsteuerpflichtig. Ob tatsächlich Grundsteuer geschuldet ist oder nicht richtet sich danach, ob der Befreiungstatbestand des § 3 Abs. 1 Nr. 3 GrStG einschlägig ist. Hierfür ist wiederum im Einzelfall das Vorliegen der Voraussetzungen des §§ 51 ff AO zu prüfen, welche rechtsformunabhängig sind (siehe unter 1. a) (3)). Somit hat die Änderung der Rechtsform oder des Trägers als solche keine unmittelbaren Auswirkungen auf die Grundsteuerpflichtigkeit.

4. Gewerbesteuer

Der Betrieb eines Krankenhauses könnte gewerbesteuerpflichtig sein. Gewerbebetriebe unterliegen gemäß § 2 Abs. 1 S. 1 GewStG der Gewerbesteuer. Kapitalgesellschaften gelten gemäß § 2 Abs. 2 S.1 GewStG stets als Gewerbebetrieb. Sonstige juristische Personen des Privatrechts sind gemäß § 2 Abs. 3 GewStG gewerbesteuerpflichtig, wenn sie einen wirtschaftlichen Geschäftsbetrieb unterhalten. Im Übrigen verweist § 2 Abs. 1 S. 2 GewStG für die Definition des Gewerbebetriebs auf die Vorschriften des Einkommensteuergesetzes. Letzteres definiert in § 15 Abs. 2 den Gewerbebetrieb als jede „selbständige, nachhaltige Betätigung, die mit der Absicht, Gewinn zu erzielen, unternommen wird und sich als Beteiligung am allgemeinen wirtschaftlichen Verkehr darstellt", wenn es sich nicht um Land- und Forstwirtschaft oder die Ausübung eines freien Berufes handelt. Bei Krankenhäusern in öffentlich-rechtlicher Trägerschaft wird es regelmäßig am Merkmal der Gewinnerzielungsabsicht fehlen.[188]

Deshalb spielen die Befreiungstatbestände insbesondere bei Kapitalgesellschaften eine Rolle. Gemäß § 3 Nr. 20 lit. a GewStG ist ein Krankenhaus stets von der Gewerbesteuer befreit, wenn es von einer juristischen Person des öffentlichen Rechts betrieben wird. Das Merkmal des Betreibens umfasst nur den un-

---

188 Knorr/ Klaßmann, Die Besteuerung der Krankenhäuser, S. 302; siehe außerdem oben bei 1. a) (3)

mittelbaren Betrieb, weshalb der Befreiungstatbestand bereits bei formell privatisierten Unternehmen ausscheidet.[189] Somit sind nur Krankenhäuser in öffentlich-rechtlicher Rechtsform ohne Vorliegen weiterer Voraussetzungen von der
Gewerbesteuer befreit. Bei Krankenhäusern in privater Rechtsform kann aber
der Befreiungstatbestand des § 3 Nr. 20 lit. b) einschlägig sein. Hierfür ist erforderlich, dass die Voraussetzungen des § 67 AO erfüllt sind, was wiederum im
Einzelfall zu prüfen ist (vgl. hierzu oben, 1. a) (3).

5. Steuerrechtliche Gesamtbetrachtung

Abschließend sollen die steuerrechtlichen Auswirkungen aus gesamtwirt-
schaftlicher Sicht betrachtet werden. Kommunale Träger können – wie bei den
einzelnen Steuerarten näher dargestellt wurde – durch richtige Gestaltung eine
Steuerersparnis erzielen. Gesamtwirtschaftlich gesehen hat die Öffentliche Hand
jedoch keine Vorteile. Jede Steuerersparnis bedeutet zugleich auch geringere
Steuereinnahmen für die Öffentliche Hand, im Falle von Umsatz- und Körperschaftsteuer für Bund und Länder (vgl. Art. 106 Abs. 3 S. 1 GG). Somit können
sich Landkreise bei Ersparnissen von Umsatz- und Körperschaftsteuer auf Kosten von Bund und Ländern Vorteile verschaffen, bei der Grund- und Gewerbesteuer gemäß Art. 106 Abs. 6 GG auch zu Lasten der eigene Gemeinden, welche
über ihre Steuerkraft wiederum den Landkreis finanzieren. Durch eine Steuerersparnis entstehen für die Gesamtheit der öffentlichen Haushalte keine Vorteile.
Dies spielt jedoch bei den Überlegungen kommunaler Entscheidungsträger regelmäßig keine Rolle, da diese den Blick lediglich auf die eigenen Ausgaben
werfen.

II. Weitere Finanzfragen

Nachfolgend soll dargelegt werden, welche Konsequenzen sich durch eine Privatisierung für sonstige Finanzfragen ergeben.

1. Buchführung und Jahresabschluss

Die Art der Privatisierung könnte Auswirkungen auf die Buchführung und auf
die Erstellung des Jahresabschlusses haben. Unabhängig von Trägerschaft,
Rechtsform und Kaufmannseigenschaft haben Krankenhäuser gemäß §§ 3 S. 1

---

189 Lenski/ Steinbert, Gewerbesteuergesetz, § 3, RN 283; Güroff in Glanegger/ Güroff,
      Gewerbesteuergesetz, § 20, RN 208

Hs. 1, 1 Abs. 1 S. 1 KHBV ihre Bücher nach den Regeln der kaufmännischen Buchführung zu führen. Somit können sich Krankenhäuser, gleich welcher Rechtsform, nicht für die Kameralistik entscheiden. Neben der Entscheidung für die kaufmännische Buchführung beinhaltet die KHBV eine Vielzahl von Sondervorschriften, welche den allgemeinen Regelungen des Handelsrechts vorgehen.[190] Die Anwendbarkeit der KHBV ist nur in den Einzelfällen des § 1 Abs. 2 KHBV ausgeschlossen. Die Regelungen des Jahresabschlusses sind gemäß § 4 KHBV ebenfalls vereinheitlicht.

Für kommunale Krankenhäuser, die als Regiebetrieb, Eigenbetrieb oder Kommunalunternehmen geführt werden, gelten gemäß § 1 Abs. 2 S. 1 WkKV die Vorschriften der WkKV. Diese Vorschriften sind gemäß § 1 Abs. 2 S. 2 WkKV nicht anwendbar, wenn das Krankenhaus in einer Rechtsform des Privatrechts geführt wird. Durch die Entscheidung für eine Rechtsform entstehen zwar einzelne, jedoch keine signifikanten Unterschiede hinsichtlich der Buchführungsvorschriften.

2. Rechnungsprüfung

Die Art der Privatisierung könnte auf die Form der Rechnungsprüfung Auswirkungen haben. Neben einer örtlichen Rechnungsprüfung durch den Rechnungsprüfungsausschuss gemäß Art. 89 LKrO hat auch eine externe Prüfung zu erfolgen. Diese wird gemäß Art. 91 LKrO grundsätzlich vom Bayerischen Kommunalen Prüfungsverband (BKPV) durchgeführt. Für Eigenbetriebe und Kommunalunternehmen hat der Gesetzgeber mit Art. 93 LKrO eine Sonderregelung geschaffen. Diese ist wegen der Regelung des § 12 WkKV im Krankenhausbereich auf Kommunalunternehmen beschränkt. Gemäß Art. 93 Abs. 2 LKrO hat der Landkreis ein Wahlrecht, ob er die Rechnungsprüfung seiner Kommunalunternehmen durch den BKPV durchführen lässt oder ob er einen Wirtschaftsprüfer oder eine Wirtschaftsprüfungsgesellschaft prüfen lässt.

Der Jahresabschluss von Kapitalgesellschaften im Eigentum von Landkreisen hat gemäß Art. 82 Abs. 1 S. 1 Nr. 2 LKrO nach den für große Kapitalgesellschaften geltenden Vorschriften des HGB zu erfolgen. Gemäß §§ 316 Abs. 1, 319 Abs. 1 S. 1 HGB hat die Prüfung bei großen Kapitalgesellschaften ein Wirtschaftsprüfer durchzuführen.

Die Prüfung von Kapitalgesellschaften in rein privater Trägerschaft richtet sich ohne den Umweg über die LKrO direkt nach § 316 Abs. 1 S. 1 HGB. Danach sind auch sie durch einen Abschlussprüfer zu prüfen. Die Ausnahme für kleine Kapitalgesellschaften gemäß §§ 316 Abs. 1 S. 1, 267 Abs. 1 HGB spielt

---

190   Munk in Fabry/ Augsten, Handbuch, Teil 7, RN 175

bei Krankenhäusern keine Rolle, da die Mindestkriterien für Bilanzsumme, Umsatzerlöse und Mitarbeiter bei Krankenhäusern überschritten werden. Ob die Prüfung durch einen Wirtschaftsprüfer zu erfolgen hat oder ob ein vereidigter Buchprüfer genügt, richtet sich gemäß § 319 Abs. 1 S. 2 HGB danach, ob es sich um eine mittelgroße oder eine große Kapitalgesellschaft handelt.

Auch wenn ein Landkreis lediglich Anteile an einem privaten Unternehmen hält, so hat er gemäß Art. 82 Abs. 1 S. 1 Nr. 2 LKrO dafür Sorge zu tragen, dass nach den Regelungen für große Kapitalgesellschaften geprüft wird und somit ein Wirtschaftsprüfer bestellt wird.

Im Ergebnis bleibt festzuhalten, dass bei als Eigenbetrieb geführten Krankenhäusern eine Pflicht zur Prüfung durch den BKPV besteht. Bei Kommunalunternehmen besteht eine Wahlfreiheit zwischen der Prüfung durch den BKPV und der Prüfung durch Wirtschaftsprüfer. Bei Häusern in einer Rechtsform des Privatrechts hat die Prüfung regelmäßig nach den Vorschriften für große Kapitalgesellschaften zu erfolgen. Eine Prüfung nach den Vorschriften mittelgroßer Kapitalgesellschaften ist nur denkbar, wenn es sich um ein kleines Haus handelt, welches die Grenze des § 268 Abs. 3 S. 1 HGB nicht überschreitet und welches lediglich in privatem Eigentum steht oder die Kommune sich im Fall einer (Minderheits-) Beteiligung nicht gegenüber den anderen Eigentümern hinsichtlich einer Verankerung einer Prüfung nach den Regeln für große Kapitalgesellschaften in der Satzung durchsetzen kann.

3. Kreditwesen

Fraglich ist, inwieweit Privatisierungen Auswirkungen auf Kredite der Gesellschaften haben. Krankenhäuser haben regelmäßig bei Baumaßnahmen oder der Anschaffung kostenintensiver Geräte erheblichen Kreditbedarf. Als Vorzug der Eigengesellschaft wird häufig angeführt, dass für sie eine Kreditaufnahme deutlich einfacher sei als für einen Eigenbetrieb.[191] Diese Behauptung kann in zweierlei Hinsicht interpretiert werden.

a) Kreditkonditionen

Einfachheit kann dahingehend verstanden werden, dass es für Kapitalgesellschaften leichter ist, günstige Konditionen zu erzielen als für einen Eigenbetrieb. Seit 01.01.2007 wenden die europäischen Kreditinstitute die vom Basler Ausschuss für Bankenaufsicht vorgeschlagenen Eigenkapitalvorschriften (sog. Basel II) an, welche durch die Richtlinien 2006/48/EG und 2006/49/EG im Europa-

---

191 Engellandt 1995, S. 7

recht kodifiziert wurden.[192] Ziel der Richtlinien ist es, die Kapitalanforderungen an die Banken noch stärker als bisher vom wirtschaftlichen Risiko ihrer Tätigkeit, abhängig zu machen.[193] Dies hat unter anderem zur Folge, dass sich die Konditionen eines Kredits noch stärker an den Ausfallrisiken orientieren. Das Risiko wird durch Rating der Darlehensnehmer ermittelt. Unter Rating versteht man die Beurteilung der Zahlungsfähigkeit bzw. Kreditwürdigkeit von Schuldnern.[194] Dieses wird entweder von externen Ratingagenturen vorgenommen (externes Rating) oder auch bankintern (internes Rating) zum Zwecke des Risikomanagements.[195] Es lässt sich grundsätzlich feststellen, dass Kredite umso günstiger sind, je niedriger die Ausfallwahrscheinlichkeit eingeschätzt wird und je besser folglich das Rating ausfällt. Die Ausfallwahrscheinlichkeit von Kommunen wird dabei als sehr gering eingeschätzt.[196] Die geringe Ausfallwahrscheinlichkeit der Kommunen bedeutet, dass diese mindestens ebenso günstige, regelmäßig günstigere Kredite als Private erhalten.[197] Die These, dass für Eigengesellschaften die Kreditaufnahme einfacher ist als für Eigenbetriebe ist unter diesem Aspekt also unzutreffend.

b) Kreditgewährung

Einen zweiten Aspekt stellt die Tatsache dar, dass der Gesetzgeber für Gesellschaften privater Träger oder generell für Kapitalgesellschaften weniger strenge Anforderungen an die Gewährung von Krediten stellt.

Die Aufnahme von Krediten durch den Landkreis ist an kommunalrechtliche Voraussetzungen geknüpft. Zunächst muss gemäß Art. 57 Abs. 2 Nr. 2 LKrO eine Kreditermächtigung in der Haushaltssatzung festgesetzt werden. Die Vorschrift findet auf Eigenbetriebe nicht ausdrücklich Anwendung. Art. 57 Abs. 2 Nr. 2 LKrO ist aber auch auf Eigenbetriebe entsprechend anwendbar,[198] da Kredite des Eigenbetriebs – mangels eigener Rechtspersönlichkeit – solche der

---

192 Fischer in Schimansky/ Bunte/ Lwowski, Bankrechts-Handbuch, § 125, RN 45b und dort FN 5 und FN 6; v. Plehwe in Derleder/ Knops/ Bamberger, Bankrecht, § 19, RN 19
193 Plewe in Derleder/ Knops/ Bamberger, Bankrecht, § 19, RN 19; Brocker in Derleder/ Knops/ Bamberger, Bankrecht, § 65, RN 30
194 Becker, Investition und Finanzierung, S. 160
195 Troberg/ Kolassa in Schminansky/ Bunte/ Lwowski, Bankrechts-Handbuch, § 37, RN 21; Becker, Investition und Finanzierung, S. 160
196 Hoffmann in Derleder/ Knops/ Bamberger, Bankrecht, § 22, RN 28; Fabry/ Augsten, Handbuch, Teil 6, Rn , 2. Faber in Henneke/ Pünder/ Waldhoff, Kommunalfinanzen, § 25, RN 41
197 Uechtritz in Hoppe/ Uechtritz, Handbuch, § 16, RN 62; Matschke/ Hering, Kommunale Finanzierung, S. 158
198 Schulz in Bauer u.a., Kommunalverwaltung, Band B1, Art. 88 GO, Erl. 3

Kommune selbst sind. Bei Kommunalunternehmen sind die notwendigen Kredite gemäß § 18 Abs. 1 Nr. 1 KUV im Vermögensplan, welcher gemäß § 16 Abs. 1 S. 1, 2 KUV Teil des Wirtschaftsplans ist, zu veranschlagen. Die Kreditaufnahme von Kommunen bedarf außerdem gemäß Art. 65 Abs. 2 S. 1 LKrO grundsätzlich einer rechtsaufsichtlichen Genehmigung. Dies gilt gemäß Art. 76 Abs. 5 S. 1 LKrO auch für Eigenbetriebe. Für Kommunalunternehmen gilt dieser Grundsatz mangels entsprechender Verweisung nicht, jedoch können die jeweiligen Unternehmenssatzungen dementsprechende Regelungen vorsehen.[199]

Ergibt sich in der Kernverwaltung – inklusive der Regiebetriebe – im Laufe des Jahres, dass ein Ausgleich des Haushaltes nur durch neue Kredite möglich ist, so ist gemäß Art. 62 LKrO eine Nachtragshaushaltssatzung erforderlich. Mit Änderung der Satzung und des übrigen Haushaltes sowie den erforderlichen Sitzungen des Kreistages ist ein nicht unerheblicher Arbeitsaufwand verbunden. Außerdem versucht man aus politischen Beweggründen einen Nachtragshaushalt zu vermeiden, da bei Erlass eines solchen regelmäßig Kritik dahingehend geäußert wird, dass der Landkreis nicht vorausschauend plane und dass er überraschend in finanzielle Schwierigkeiten gekommen sei. Der Autor hat in der Praxis festgestellt, dass ein Nachtragshaushalt teilweise als Schwächung des Landrates und des Kreistages (bzw. einer Mehrheitsfraktion) empfunden wird, da durch diesen dokumentiert wird, dass bei der ursprünglichen Planung nicht alle (unter Umständen aber nicht abzusehenden) Ausgaben oder Einnahmeausfälle berücksichtigt wurden.

Ergibt sich bei Eigenbetrieben im Laufe des Jahres, dass zusätzliche Kredite erforderlich sind, so ist gemäß § 13 Abs. 2 Nr. 2 EBV der Wirtschaftsplan zu ändern. Da der Wirtschaftsplan Teil des Haushaltes ist, führt dies dazu, dass ein Nachtragshaushalt verabschiedet werden muss. Verantwortlich für Änderungen des Wirtschaftsplans ist demnach der Kreistag.[200] Bei Kommunalunternehmen gilt gemäß § 16 Abs. 2 Nr. 2 KUV eine ähnliche Regelung. Verantwortlich für die Feststellung und somit auch für die Änderung des Wirtschaftsplans ist gemäß Art. 78 Abs. 2 S. 3 Nr. 2 LKrO aber nicht der Kreistag, sondern der Verwaltungsrat.

Anders stellt sich die Situation bei der GmbH dar. Die GmbH wird gemäß § 35 GmbHG durch die Geschäftsführer nach außen vertreten. Dieses Recht ob-

---

199 Prandl/ Zimmermann/ Büchner, Kommunalrecht, Art. 91 GO, Erl. 5; Hölzl/ Hien/ Huber, Gemeindeordnung, Erl. zu Art. 90 GO

200 Bauer u.a. Kommunalverwaltung, Band D 2, Art. 13 EBV, Er. 2; Bauer/ Böhle/ Ecker, Bayerische Kommunalgesetze, Art. 88 GO, RN 37

liegt ihnen uneingeschränkt und uneinschränkbar.[201] Im Innenverhältnis hat der Geschäftsführer grundsätzlich die Befugnis zur umfassenden Geschäftsführung, also zu allen Maßnahmen im Rahmen des gewöhnlichen Geschäftsablaufs des Unternehmens.[202] Gesetzlich ist die Befugnis zum Abschluss von Krediten nicht eingeschränkt. Deshalb kann der Geschäftsführer grundsätzlich über die Aufnahme von Darlehen selbst entscheiden. Dies bedeutet, dass eine solche Entscheidung sehr schnell getroffen werden kann. Eine gesetzliche Verpflichtung zur Genehmigungen der Kredite durch Aufsichtsrat oder Gesellschafter besteht nicht. Jedoch wird regelmäßig, insbesondere bei Beteiligungen der Öffentlichen Hand, in der Satzung geregelt werden, dass ab einem bestimmten Kreditvolumen Aufsichtsrat oder Gesellschafter zu beteiligen sind. Somit hat die Kommune durch die Ausgestaltung der Satzung die Wahl, ob sie die Gesellschaft in diesem Bereich eher flexibel ausgestalten möchte oder ob sie ein größeres Maß an Kontrolle behalten möchte. Eine Genehmigungspflicht der Rechtsaufsichtsbehörde für Kreditaufnahmen besteht bei einer GmbH nicht.[203] Es ist daher eine größere Flexibilität im Bereich der Kreditaufnahme zu konstatieren, wenn ein Krankenhaus in privater Rechtsform betrieben wird.

c) Gewährung von kreditähnlichen Verpflichtungen und Sicherheiten

Fraglich ist, inwieweit die Eingehung von kreditähnlichen Verpflichtungen und die Gewährung von Sicherheiten Restriktionen unterliegen. Die Gewährung von Sicherheiten durch eine Kommune kann beispielsweise bei Bürgschaften für Eigengesellschaften oder bei Fördermittelbürgschaften nach einer materiellen Privatisierung eine Rolle spielen. Unter den Begriff der kreditähnlichen Rechtsgeschäfte fallen beispielsweise Leasingverträge.[204]

Landkreise können Bürgschaften und ähnliche Verpflichtungen nur unter den Voraussetzungen des Art. 66 Abs. 2 S. 1 LKrO übernehmen. Diese Vorschrift setzt für die Bestellung von Sicherheiten voraus, dass diese Bestellung der Erfüllung von Landkreisaufgaben dient. Das Merkmal des „Dienens zur Erfüllung von Landkreisaufgaben" ist bei Gesellschaften, an denen der Landkreis beteiligt ist, regelmäßig erfüllt, da bereits die Beteiligung an einer Gesellschaft gemäß Art. 75 Abs. 1 S. 1 Nr. 1 LKrO einen öffentlichen Zweck erfordert. Die-

---

201 Zöllner/ Noack, in Baumbach/ Hueck, GmbH-Gesetz, § 35, RN 3
202 Koppensteiner in Rowedder/ Schmidt-Leithoff, GmbH-Gesetz, § 37, RN 6; Zöllner/ Noack, in Baumbach/ Hueck, GmbH-Gesetz, § 37, RN 2
203 Cronauge/ Westermann, Kommunale Unternehmen, RN 289
204 Prandl/ Zimmermann/ Büchner, Kommunalrecht, Art. 72 GO, Erl. 1; Bauer u.a., Kommunalverwaltung, Band B1, Art. 72 GO, Er. 1.1. b.; Gruber, Haushalts- und Gemeindewirtschaftsrecht, S. 211

ser Begriff des öffentlichen Zwecks deckt bereits ein wesentliches Element der Aufgaben eines Landkreises ab. Darüber hinaus muss lediglich geprüft werden, ob es sich um eine Aufgabe des Landkreises oder um die Aufgabe einer anderen öffentlichen Körperschaft handelt. Der Betrieb eines Krankenhauses ist ein solcher öffentlicher Zweck und gemäß Art. 51 Abs. 3 Nr. 1 LKrO Aufgabe der Landkreise. Bei Servicegesellschaften ist – abhängig von den ihnen obliegenden Aufgaben – im Einzelfall zu bewerten, ob sie einen öffentlichen Zweck verfolgen.

Werden Sicherheiten bestellt, welche sich nicht im Rahmen der laufenden Verwaltung halten oder werden sie zugunsten Dritter bestellt, so ist gemäß Art. 66 Abs. 2 S. 2 bzw. Abs. 3 LKrO die Genehmigung durch die Rechtsaufsichtsbehörde erforderlich, was wegen der Verweisung in Art. 66 Abs. 4 S. 1 LKrO entsprechend der Genehmigung für Kredite erfolgt.

Art. 66 LKrO findet aufgrund der Verweisung in Art. 76 Abs. 5 LKrO auf Eigenbetriebe Anwendung. Denkbar wäre, die Vorschrift auch auf die Bestellung von Sicherheiten durch Kommunalunternehmen anzuwenden. Die auf Kommunalunternehmen anwendbaren Vorschriften des kommunalen Unternehmensrechts wurden durch Verweisung in Art. 79 Abs. 3 LKrO einbezogen. Eine Verweisung auf Art. 66 LKrO findet sich dort nicht, weshalb es – außer bei anderslautender Unternehmenssatzung – keine Genehmigungspflicht für die Gewährung von Sicherheiten durch Kommunalunternehmen gibt.[205]

Generell gelten für Bürgschaften und andere kreditähnliche Rechtsgeschäfte Ausnahmen von dem Genehmigungserfordernis, wenn die Voraussetzungen des § 3 der Verordnung über die Genehmigungsfreiheit von Rechtsgeschäften des kommunalen Kreditwesens erfüllt sind. Von Interesse sind insbesondere die Obergrenzen der möglichen Einstandspflicht, welche sich gemäß § 3 Nr. 1 i.V.m. § 1 Abs. 2 der Verordnung nach der Einwohnerzahl der Gebietskörperschaft richten. Die Bayerischen Landkreise fallen alle in die Größenordnung zwischen 50.000 und 300.000 Einwohner,[206] weshalb für Bürgschaften keine Genehmigung erforderlich ist, wenn diese 1 Mio. Euro für das Rechtsgeschäft nicht überschreitet und der Gesamtbestand derartiger Verpflichtungen 2 Mio. Euro im laufenden Haushaltsjahr und der Gesamtbestand derartiger Verpflichtungen insgesamt 8 Mio. Euro nicht übersteigt.

Eine Bestellung von Sicherheiten ist auch im Laufe eines Jahres ohne einen Nachtragshaushalt möglich, da die Bestellung von Sicherheiten nicht durch oder

205 Bauer/ Böhle/ Ecker, Bayerische Kommunalgesetze, Art. 91 GO, RN 4; Bauer, Kommunalverwaltung, Band B 1, Art. 72 GO, Erl. 5
206 Bayerisches Landesamt für Statistik und Datenverarbeitung, Bevölkerungsstand, S. 3 ff

aufgrund Festsetzung im Haushalt erfolgt.[207] Somit kann die Bereitstellung von Sicherheiten auch während des Jahres ohne großen Aufwand durch den Kreistag beschlossen werden und muss bei Überschreiten der oben dargestellten Grenzwerte nur die Hürde der rechtsaufsichtlichen Genehmigung überspringen. Die Stellung einer Sicherheit mag auch aus politischer Sicht als weniger problematisch erachtet werden als die Aufstellung eines Nachtragshaushaltes.

d) Zusammenfassung

Zusammenfassend kann festgestellt werden, dass die Vergabe von Krediten an Eigengesellschaften im Verhältnis zu anderen Organisationsformen der geringsten Kontrolle unterliegt. Im Einzelfall kann eine individuelle Betrachtung zu einem anderen Ergebnis führen, insbesondere vor dem Hintergrund der jeweiligen Satzung, der Vermögensverhältnissen und der vorhandenen Sicherheiten.

Bei Eigengesellschaften überprüfen Banken die Sicherheit von Investitionen weniger genau, weil die Öffentliche Hand regelmäßig Sicherheiten stellt. Kredite an Krankenhäuser in privater Rechtsform werden von Seiten der Organe der Gesellschaft bzw. der Öffentlichen Hand nicht so intensiv überprüft. Im Vergleich dazu werden Kredite an Krankenhäuser in öffentlich-rechtlicher Rechtsform stärker durch eigene Organe und öffentliche Stellen überprüft, Gesellschaften privater Träger mit weniger Sicherheiten unterliegen hingegen einer stärkeren Kontrolle durch die Banken.

Relativiert wird die Flexibilität von Eigengesellschaften dann, wenn diese von der Kommune Sicherheiten benötigen und aufgrund der Höhe der Sicherheit eine Genehmigung der Rechtsaufsichtsbehörde erforderlich ist oder wenn wegen dementsprechender Regelungen in der Satzung Gesellschafter oder Aufsichtsräte zu beteiligen sind.

e) Wettbewerbsverzerrung und EU-Beihilferecht

Um überhaupt ein Darlehen zu erhalten, bzw. um einen günstigeren Zinssatz auszuhandeln, verbürgen sich Kommunen regelmäßig für die Darlehen ihrer Eigengesellschaften.[208] Dadurch erhalten diese Gesellschaften häufig Darlehen zu besseren Konditionen als Krankenhäuser in privater Trägerschaft. Unter dem Aspekt eines fairen Wettbewerbs zwischen öffentlichen und privaten Einrichtungen ist dies problematisch und kann gegen Europarecht verstoßen.

---

207 Prandl/ Zimmermann/ Büchner, Kommunalrecht, Art. 72 GO, Erl. 2; Bauer, Kommunalverwaltung, Band B 1, Art. 72 GO Erl. 2.3.1.
208 Stock in Fabry/ Augsten, Handbuch, Teil 6, RN 8

(1) Notifizierungspflicht

Im Vertrag über die Arbeitsweise der Europäischen Union (AEUV)[209] finden sich in Art. 107 ff[210] Regelungen für staatliche und aus staatlichen Mitteln gewährte Beihilfen. Art. 107 Abs. 1 AEUV[211] stellt Beihilfen, welche den Wettbewerb verfälschen oder zu verfälschen drohen, unter ein grundsätzliches Verbot mit Erlaubnisvorbehalt.[212]

Unter staatliche bzw. aus staatlichen Mitteln gewährte Beihilfen sind auch solche der Kommunen zu subsumieren.[213] Der Begriff „staatlich" ist hier mit dem der „Öffentlichen Hand" gleichzusetzen. Unter Unternehmen im Sinn des AEUV ist „jede eine wirtschaftliche Tätigkeit ausübende Einheit" zu verstehen, unabhängig von ihrer Rechtsform.[214]Dies kann auch aus Art. 106 Abs. 1 AEUV geschlossen werden. Dieser enthält eine Verpflichtung der Mitgliedstaaten, in Bezug auf öffentliche Unternehmen keine den Art. 101 bis 109 AEUV widersprechenden Maßnahmen zu treffen oder beizubehalten. Somit knüpft das Europarecht zur Bestimmung des Unternehmensbegriffs an das Merkmal der wirtschaftlichen Einheit an und nicht an einen formellen Unternehmensbegriff. Unternehmen im Sinne des EU-Beihilferechts können folglich auch rechtlich unselbständige Teile der Kommune sein, wie Regie- oder Eigenbetriebe. Auch die Frage der Gewinnerzielungsabsicht spielt keine Rolle, weshalb auch gemeinnützige Unternehmen unter das Beihilferecht fallen.[215] Der Begriff der Beihilfe umfasst nicht nur direkte finanzielle Zuschüsse, sondern jede wirtschaftliche Vergünstigung oder geldwerten Vorteil, das begünstigte Unternehmen unter normalen Marktbedingungen nicht erhalten hätte.[216] Darunter fallen beispielsweise

---

209 Der EG-Vertrag wurde durch Artikel 2 des Vertrags von Lissabon mit Wirkung zum 01.12.2009 in Vertrag über die Arbeitsweise der Europäischen Union umbenannt.

210 Ehemals Art. 87 ff EG

211 Ehemals Art. 87 Abs. 1 EG

212 König/ Kühling in Streinz, EUV/EGV, Art. 87 EGV, RN 4; Bär-Bouyssière in Schwarze u.a., EU-Kommentar, Art. 87 EGV, RN 2

213 Cremer in Calliess/ Ruffert, EUV/EGV, Art. 87 EGV, RN 19; v. Wallenberg in Grabitz/ Hilf, Das Recht der Europäischen Union, Art. 87 EGV, RN 38

214 EuGH, Rs. C-244/94, Slg. 1995, I-4022, RN 14; Weiß in Calliess/ Ruffert, EUV/EGV, Art. 81 EGV, RN 25; v. Wallenberg in Grabitz/ Hilf, Das Recht der Europäischen Union, Art. 87 EGV, RN 43

215 EuGH, RS. C-244/94, Slg. 1995, I-4022, RN 21; Weiß in Calliess/ Ruffert, EUV/EGV, Art. 81 EGV, RN 81; v. Wallenberg in Grabitz/ Hilf, Das Recht der Europäischen Union, Art. 87 EGV, RN 43

216 Heidenhain in Heidenhain, Beihilfenrecht, § 4, RN 2; Kilian, Europäisches Wirtschaftsrecht, RN 231

auch Bürgschaften oder Darlehen zu einem geringeren als dem marktüblichen Zinssatz.[217]

Für öffentliche Beihilfen ist grundsätzlich das Notifizierungsverfahren des Art. 108 Abs. 3 AEUV[218] durchzuführen, wonach die Kommission über die Rechtmäßigkeit der Beihilfe zu entscheiden hat.

(2) Ausnahmen nach der Altmark-Trans-Rechtsprechung und dem Monti-Paket

Gemäß Art. 106 Abs. 2 AEUV[219] gelten die Vorschriften des AEUV nicht für Unternehmen, welche mit Dienstleistungen von allgemeinem wirtschaftlichen Interesse betraut sind, wenn dadurch die Erfüllung der ihnen übertragenen besonderen Aufgabe rechtlich oder tatsächlich verhindert würde.

Der Begriff der „Dienstleistung von allgemeinem wirtschaftlichen Interesse" ist unscharf und bedarf deshalb einer weiteren Konkretisierung.[220] Der EuGH stellte in der Altmark-Trans-Entscheidung folgende vier Kriterien auf, bei deren Vorliegen ein Ausgleich für die Erbringung von Dienstleistungen im allgemeinem wirtschaftlichen Interesse keine Beihilfe im Sinne von Artikel 107 AEUV darstellt:[221] „Erstens muss das begünstigte Unternehmen tatsächlich mit der Erfüllung gemeinwirtschaftlicher Verpflichtungen betraut sein und diese Verpflichtungen müssen klar definiert sein." „Zweitens sind die Parameter, anhand deren der Ausgleich berechnet wird, zuvor objektiv und transparent festzulegen." „Drittens darf der Ausgleich nicht über das (erforderliche) Maß hinausgehen (…). Viertens darf die Höhe des Ausgleichs – außer wenn eine Ausschreibung vorausgeht – nicht über die Kosten hinausgehen, die ein durchschnittliches, gut geführtes Unternehmen hätte."

Die Kommission knüpfte 2005 mit einem aufgrund Art. 86 Abs. 3 EG[222] erlassenen Maßnahmenpaket – dem sogenannten „Monti-Paket" – an der Altmark-Trans-Entscheidung an.[223] Dieses Paket setzt sich zusammen aus einer „Freistellungsentscheidung" (2005/842/EG), einem „Gemeinschaftsrahmen" für staatliche Beihilfen (2005/C 297/04) und der „Änderung der Transparenzrichtlinie (Richtlinie 2005/81/EG zur Änderung der Richtlinie 80/723/EWG). Es konkreti-

---

217 Heidenhain in Heidenhain, Beihilfenrecht, § 4, RN 2; Kilian, Europäisches Wirtschaftsrecht, RN 231
218 Ehemals Art. 88 Abs. 3 EG
219 Ehemals Art. 86 Abs. 2 EG
220 Voet van Vormizeele in Schwarze u.a., EU-Kommentar, Art. 86 EG, RN 61
221 Altmark-Trans-Urteil, RS C-280/00; Slg. 2003 I 7810
222 Dem heutigen Art. 106 AEUV
223 Entscheidung 2005/842 EG, Erwägungen 4 ff; RL 2005/C 297/04, Erwägungen 1 ff; Götz/ Martinez in Dauses, EU-Wirtschaftsrecht, H III, RN 109

siert die durch die Rechtsprechung des EuGH aufgestellten Kriterien für Ausgleichszahlungen an Unternehmen von allgemeinem wirtschaftlichem Interesse. Krankenhäuser dienen nicht den Interessen einzelner, sondern denen der Allgemeinheit und sie erfüllen einen öffentlichen Auftrag, welcher für Kreiskrankenhäuser in Art. 51 Abs. 3 S. 1 Nr. 1 LKrO niedergelegt ist. Sie sind somit von allgemeinem wirtschaftlichen Interesse, weshalb das Monti-Paket auf Krankenhäuser Anwendung findet und grds. eine Möglichkeit zum Defizitausgleich nach den Vorgaben des Monti-Pakets besteht.[224] Bei den konkreten Beihilfen haben die Landkreise die im Altmark-Trans-Urteil und im Monti-Paket aufgestellten Kriterien einzuhalten. Zu beachten ist insbesondere, dass kein „übermäßiger Ausgleich" erfolgt und dass zwischen Leistungen im Rahmen des öffentlichen Auftrags – also solchen im allgemeinem wirtschaftliche Interesse – und sonstigen Krankenhausleistungen differenziert wird. Die Abgrenzung zwischen Leistungen im öffentlichen Auftrag und sonstigen Leistungen wird in der Praxis häufig Probleme aufwerfen. Entwarnung für die Landkreise kann aber insoweit gegeben werden, als dass der Prüfungsmaßstab der Kommission auf eine Missbrauchskontrolle beschränkt ist.[225]

(3) Ausnahmen nach der De-minimis-Verordnung

Die Feststellung, ob eine Maßnahme nach dem Monti-Paket zulässig ist, kann sich im Einzelfall als schwierig erweisen. Unabhängig von der Frage, ob es sich im Einzelfall um eine im Sinn des Monti-Pakets privilegierte Leistung handelt, ist eine Beihilfe jedoch dann zulässig und notifizierungsfrei, wenn sie die Vorgaben der De-minimis-Verordnung[226] einhält. Ziel der Verordnung war es, mit einer Verfahrensvereinfachung den Mitgliedstaaten bei einfach gelagerten Fällen die Möglichkeit zu geben, schneller tätig zu werden.[227] Dem liegt die Überlegung zugrunde, dass Beihilfen, wenn sie einen bestimmten Schwellenwert nicht übersteigen, nicht alle der in Art. 107 Abs. 1 AEUV aufgestellten Erfordernisse erfüllen.[228] Ob bei den Beihilfen unter dem Schwellenwert das Merk-

---

224 Rundschreiben 650/2006 des Deutschen Landkreistages, S. 2; bislang steht noch ein Urteil des EuGH zu dieser Frage aus, für den Rettungsdienst hat er bereits entschieden, dass es sich um eine Tätigkeit im allg. wirtschaftlichen Interesse handelt, vgl. EugH Rs. C 276/99, Slg. 2001 I-8155

225 Voet van Vormizeele in Schwarze u.a., EU-Kommentar, Art. 86 EG, RN 61; Montag/Leibenath in Heidenhain, Beihilfenrecht, § 30, RN 39

226 Verordnung (EG) Nr. 1998/2006 der Kommission

227 v. Wallenberg in Grabitz/ Hilf, Das Recht der Europäischen Union, Art. 87 EGV, RN 51

228 Vgl. Erwägung 1 und Art. 2 Abs. 1 VO EG 1998/2006

mal der „Beeinträchtigung des Handels zwischen den Mitgliedstaaten"[229] oder das Merkmal der „Wettbewerbsverfälschung"[230] entfällt, ist insoweit ohne Bedeutung.

Art. 2 Nr. 1, Nr. 2 der De-minimis-Verordnung regeln, dass Beihilfen, welche innerhalb von drei Steuerjahren den Betrag von 200.000 Euro nicht übersteigen, als Maßnahmen gelten, die nicht alle Tatbestandsmerkmale von Art. 107 Abs. 1 AEUV erfüllen und somit keine mit dem gemeinsamen Markt unvereinbare Maßnahme darstellen. Damit sind Beihilfen unterhalb dieser Bagatellgrenze jederzeit zulässig.

Art. 2 Abs. 4 De-minimis-Verordnung setzt jedoch voraus, dass es sich um eine „transparente Beihilfe" handelt. Sog. „Ad-hoc-Einzelbürgschaften", also solche, die auf einer Einzelfallentscheidung der Kommune ohne Risikobewertung im Voraus erfolgen, sind nicht möglich. Im Ergebnis müssen Kommunen deshalb eine Bürgschaftsregelung erlassen, auf deren Grundlage Einzelbürgschaften notifizierungsfrei vergeben werden dürfen. Der Schwellenwert von 200.000 Euro ist gemäß Art. 2 Abs. 4 De-minimis-Verordnung nur bei Barzuwendungen als absoluter Betrag zu sehen, bei anderen Formen der Beihilfengewährung richtet sich der Wert nach dem „Bruttosubventionsäquivalent" der Beihilfe.[231] Bei Bürgschaften bedeutet dies beispielsweise, dass entweder der Fixbetrag von 1,5 Mio. Euro gemäß § 2 Abs. 4 lit. d) (der auf einer Nettoausfallquote von 13% basiert) heranzuziehen ist oder ein auf Grundlage des im Einzelfall ermittelten Wertes der Nettoausfallquote. Der Wert der Nettoausfallquote – in Prozent ausgedrückt – in das Verhältnis zur Bürgschaftssumme gesetzt – darf 200.000 Euro nicht übersteigen.

f) Finanzielle Transparenz

Mit der formellen Privatisierung eines Krankenhauses können auch Schulden der Kommune „privatisiert" werden. Dies kann Auswirkungen auf die Transparenz der finanziellen Risiken der Öffentlichen Hand haben.

(1) Landkreisinterne finanzielle Transparenz

Ein Nachteil von Privatisierungen könnte darin bestehen, dass dem Landkreis zuzuordnende Verbindlichkeiten nicht mehr als solche erkennbar sind. Dann kann unter der Privatisierung die landkreisinterne Transparenz leiden. Dabei ist

---

229 so Repplinger-Hach in Heidenhain, Beihilfenrecht, § 5, RN 1 f
230 so Wolfgang Cremer in Callies/ Ruffert, EUV/EGV, Art. 87 EGV, RN 21; Koenig/ Kühling in Streinz EUV/EGV, Art. 87 EGV, RN 56
231 Götz/ Martinez in Dauses, EU-Wirtschaftsrecht, H III, RN 79; Repplinger-Hach in Heidenhain, Beihilfenrecht, § 5, RN 9

insbesondere die Transparenz der Haushaltsplanung von Bedeutung. Die Transparenz ist zum einen maßgeblich für die demokratische Legitimation der Haushaltsplanung.[232] Zum anderen benötigen Kreisräte als Entscheidungsgrundlage einen klaren Überblick über Verbindlichkeiten und finanzielle Risiken des Landkreises als Basis für künftige Entscheidungen. Nur so ist zu gewährleisten, dass eine verantwortliche Mittelverwendung erfolgt. Zu dieser Entscheidungsgrundlage gehören die aktuellen Verbindlichkeiten des Landkreises, der anstehende Investitionsbedarf, aber auch die Verbindlichkeiten Dritter, für welche der Landkreis Sicherheiten, beispielsweise Bürgschaften, übernommen hat.

Die Kreditermächtigungen und Verpflichtungsermächtigungen des Eigenbetriebs werden gemäß Art. 57 Abs. 2 S. 1 Nr. 2, 3, S. 2 LKrO in der Haushaltssatzung ausgewiesen. Dies gilt gemäß § 2 Abs. 2 WkKV, § 2 Abs. 2 WkPV, NR. 1 VV-Mu-KommHV auch für kommunale Krankenhäuser. Die Kreditermächtigungen und Verpflichtungsermächtigungen für Kommunalunternehmen und Unternehmen in privater Rechtsform werden nicht in die Haushaltssatzung aufgenommen, da diese eigene Rechtspersönlichkeiten haben und auch keine dementsprechende gesetzliche Grundlage besteht.[233] Regelungen über die in Art. 57 Abs. 2 S. 1, 3 LKrO genannten hinaus dürfen auch nicht in die Haushaltssatzung aufgenommen werden.[234] Gemäß Art. 59 Abs. 3 S. 1 LKrO ist die Haushaltssatzung mit ihren genehmigungspflichtigen Bestandteilen amtlich bekannt zu machen. Dies gilt nicht für den Haushaltsplan und dessen Anlagen, da diese nicht genehmigungspflichtig sind.[235]

Bei Eigenbetrieben und Kommunalunternehmen ist der Jahresabschluss mit Lagebericht gemäß § 25 Abs. 4 EBV bzw. § 27 Abs. 3 KUV öffentlich auszulegen. Für Unternehmen in Privatrechtsform hat der Landkreis gemäß Art. 82 Abs. 3 S. 1 LKrO jährlich einen Beteiligungsbericht zu erstellen. Gemäß Art. 82 Abs. 3 S. 2 LKrO soll dieser Bericht auch Angaben über die Ertragslage und die Kreditaufnahme enthalten. Der Landkreis hat gemäß Art. 94 Abs. 3 S. 5 LKrO darauf hinzuweisen, dass jeder Einsicht in den Bericht nehmen kann. Dieser Beteiligungsbericht hat den Zweck, die Transparenz für Kommune und Bürger zu gewährleisten.[236]

---

232 Pünder in Henneke/ Pünder/ Waldhoff, Kommunalfinanzen, § 27, RN 12

233 Bauer (u.a.), Kommunalverwaltung, Band B 1, Art. 63 GO, Erl. 4

234 Prandl/ Zimmermann/ Büchner, Kommunalrecht, Art. 63 GO, Erl. 3, Bauer (u.a.), Kommunalverwaltung, Band B 1, Art. 63 GO, Erl. 4

235 Prandl/ Zimmermann/ Büchner, Kommunalrecht, Art. 65 GO, Erl. 5; Bauer (u.a.), Kommunalverwaltung, Band B 1, Art. 65 GO, Erl. 5

236 Widtmann/ Grasser/ Glaser, Bayerische Gemeindeordnung, Art. 94 GO, RN 9; Bauer (u.a.), Kommunalverwaltung Band B 1, Art 94 GO, Erl. 4

Zur landkreisinternen finanziellen Transparenz kann zusammenfassend festgestellt werden, dass die Landkreisordnung auch bei Unternehmen in Privatrechtsform, an welchen der Landkreis beteiligt ist, gewährleistet, dass die wesentlichen finanziellen Zahlen offen gelegt werden. Der Autor weiß jedoch aus eigener Erfahrung, dass Kreisräte in der Praxis dazu neigen, bei Eigengesellschaften bzw. bei Beteiligungen an Gesellschaften auch die Verbindlichkeiten als ausgegliedert zu betrachten und eventuell vorhandene Bürgschaften nicht als Bedrohung wahrzunehmen. Dies mag unter Umständen auch darin begründet sein, dass die Verbindlichkeiten von Kommunalunternehmen und privaten Gesellschaften nicht in die Haushaltssatzung – welche einen schnellen Überblick über die wichtigsten Kennzahlen ermöglicht – aufgenommen werden und somit auch nicht amtlich bekanntgemacht werden. Werden dann neben dem Krankenhaus noch weitere Gesellschaften, beispielsweise Servicegesellschaften, gegründet und erfolgen Privatisierungen auch in anderen Bereichen, so verlieren Kreisräte schnell den Überblick, was mangelhafte Entscheidungen nach sich ziehen kann.

(2) Finanzielle Transparenz im interkommunalen Vergleich

Das Problem der eingeschränkten Transparenz setzt sich bei interkommunalen Vergleichen fort. Der Schuldenstand der einzelnen Landkreise – wie auch der Gemeinden und Bezirke – wird zentral vom Bayerischen Landesamt für Statistik und Datenverarbeitung erfasst und als „Staats- und Kommunalschulden Bayerns" veröffentlicht.[237] Dieser Bericht soll helfen, den jeweiligen Schuldenstand der einzelnen Kommunen miteinander zu vergleichen. Dem Vergleich der Pro-Kopf-Verschuldung wird in der Öffentlichkeit große Bedeutung beigemessen.[238] Medien, Politik und Bürger greifen den Vergleich regelmäßig auf und führen ihn als scheinbaren Beweis für gutes oder schlechtes Haushalten an.

Der Bericht erfasst die Schulden der Gebietskörperschaften inklusive ihrer Eigenbetriebe. Die auf die Krankenhäuser entfallenden Schulden werden gesondert ausgewiesen. Als Schulden werden aber nur diejenigen Verbindlichkeiten eingestellt, welche solche der Kommune inklusive eines ihrer Eigenbetriebe sind. Verbindlichkeiten, welche für ein Krankenhaus begründet werden, gehen nur dann in den Vergleich ein, wenn sie die Kommune selbst aufnimmt. Sobald Verbindlichkeiten von rechtlich selbständigen Einheiten, also Kommunalunternehmen, Eigengesellschaften o.ä. begründet werden, tauchen diese nicht in dem Vergleich der Schuldenstände auf. Sicherheiten der Gebietskörperschaften für

---

237 Bayerisches Landesamt für Statistik und Datenbearbeitung, Staats- und Kommunalschulden

238 Schwarting, Kommunaler Haushalt, RN 437; Bayerischer Kommunaler Prüfungsverband, Mitteilungen 2/2002, RN 12

diese ausgegliederten Einheiten – in der Regel Bürgschaften für Eigengesellschaften – werden nicht untergliedert für die einzelnen Landkreise dargestellt, sondern lediglich auf Bezirks- und Landesebene. Eine Differenzierung nach der Ausfallwahrscheinlichkeit wird nicht vorgenommen.

Die statistische Erfassung der Verschuldung – sowohl absolut als auch im Verhältnis zur Einwohnerzahl – muss daher kritisch hinterfragt werden. Sie liefert Argumente für die politische Diskussion und für das Standortmarketing. Eine Vergleichbarkeit ist jedoch nur bedingt gegeben, da hinter den Zahlen der einzelnen Kommunen unterschiedliche Sachverhalte stehen und beispielsweise nicht klar ist, in welcher Höhe Schulden „ausgegliedert wurden".[239] Im Übrigen erfasst die Statistik auch weitere wesentliche Informationen, die im Zusammenhang mit der Verschuldung gesehen werden müssen – wie beispielsweise einen Investitionsstau – nicht.

Durch die Ausgliederung bzw. Privatisierungen wird eine wirksame Kontrolle durch die Aufsichtsbehörden und den Bürger weiter erschwert. Da die Vergleichszahlen bereits durch eine erhebliche Anzahl nicht bestimmbarer Faktoren beeinflusst werden, vergrößert sich die Schwierigkeit eines Vergleichs durch Ausgliederungen und Privatisierungen noch. Und auch für Politik und Landkreisverwaltung selbst gibt es weniger Orientierungsmöglichkeiten und Vergleiche zu anderen Landkreisen. Der Vergleich mit anderen Kommunen birgt eine gewisse Gefahr für Entscheidungsträger in Kommunen. Diese können sich falschen Vorstellungen über den Stand der Verschuldung und andere finanzielle Risiken ihres Landkreises im Vergleich zu anderen Landkreisen hingeben. Dies kann unter Umständen dazu führen, dass aufgrund scheinbar positiver Zahlen erforderliches Handeln unterbleibt, weil eine Notwendigkeit hierfür nicht gesehen wird.

Da ein Vergleich trotz Gegenüberstellung der Zahlen bereits heute nicht mehr möglich ist und sich aus der Höhe der Verschuldung auch keine Konsequenzen für die Zuweisung von Finanzausgleichsmitteln und von anderen Förderungen ergeben, soll die schlechte Vergleichbarkeit nicht gegen eine Privatisierung im Einzelfall sprechen. Als Gesamtentwicklung sind Privatisierungen in dieser Hinsicht aber problematisch, da sie einen Vergleich zwischen einzelnen Kommunen noch erschweren.

4. Staatliche Zuwendungen und Förderungen

Eine Privatisierung kann Auswirkungen auf staatliche Zuwendungen und Förderungen haben. Krankenhäuser werden seit 1972 in Deutschland nach dem dualen

---

239 Schwarting, Kommunaler Haushalt, RN 434

System finanziert.[240] Dieses System findet seine gesetzliche Grundlage in § 4 KHG. Demnach werden Investitionen durch öffentliche Förderungen finanziert, die laufenden Betriebskosten müssen von den Krankenkassen und Patienten finanziert werden.

Bei den Investitionskosten ist wiederum nach Einzelförderungen gemäß Art. 11 BayKrG i.V.m. §§ 1 ff DVBayKrG und Pauschalförderungen gemäß Art. 12 BayKrG i.V.m. §§ 6 ff DVBayKrG zu unterscheiden (sowie weiteren Sonderförderungen gemäß §§ 13 ff BayKrG).

Die pauschalen Fördermittel werden gemäß § 6 DVBayKrG zu 60% leistungsbezogen und zu 40 % aufgabenbezogen verteilt. Für das leistungsbezogene Element sind die – nach der durchschnittlichen Fallschwere – gewichteten Fallzahlen entscheidend. Das aufgabenbezogene Element bestimmt sich nach den im Krankenhausplan ausgewiesenen Behandlungsplätzen (Betten).

Sowohl bei der Investitionsförderung, als auch bei der Deckung der laufenden Betriebskosten wird weder nach dem Träger, noch nach der Rechtsform differenziert. Gemäß § 8 KHG richtet sich die Förderung der Investitionskosten nach der Aufnahme in den Krankenhausplan und nicht nach der Rechtsform oder dem Träger. Die Höhe der Deckung der Betriebskosten vereinbaren die einzelnen Krankenhäuser mit den Krankenkassen.[241] Dabei wird ebenfalls nicht nach der Rechtsform unterschieden. Insoweit sind bei einer Privatisierung für den Bereich der Fördermittel keine Änderungen zu erwarten. Die Frage – welche Auswirkungen die Beantragung von Fördermitteln auf das Vergaberecht hat, wird weiter unten (VI. 1. a) (3))erläutert.

Probleme ergeben sich jedoch, wenn Investitionen von einer grundbesitzenden Gesellschaft vorgenommen werden, eine andere Gesellschaft hingegen Betreiber des Krankenhauses ist. Beispielhaft seien diejenigen ÖPP Modelle genannt, bei welchen ein Privater Eigentümer des Krankenhausgebäudes ist und der Landkreis oder eine in seinem Eigentum stehende Gesellschaft den Betrieb des Hauses übernimmt.

Fördergelder werden gemäß Art. 9 Abs. 3 S. 1 BayKrG dem Krankenhausträger gewährt. Träger ist gemäß Art. 9 Abs. 3 S. 2 BayKrG, wer das Krankenhaus betreibt. Mit Fördergeldern für Einzelmaßnahmen werden gemäß Art. 11 BayKrG grundsätzlich nur Investitionskosten gefördert, also nur die Errichtung von Krankenhäusern sowie Wieder- und Ergänzungsbeschaffungen von Anlagegütern. Sind also Eigentümer und Betreiber personenverschieden und investiert der Betreiber nicht selbst, kann er deshalb auch keine Investitionskostenerstat-

---

240 Quaas/ Zuck, Medizinrecht, § 25, RN 10; Haubrock/ Schär, Betriebswirtschaft und Management, S. 410); Simon, Gesundheitssystem, S. 25; Nagel, Gesundheitswesen, S. 149;
241 http://www.stmugv.bayern.de/krankenhaus/finanzierung/verguet.htm

tung gemäß Art. 11 Abs. 1 BayKrG verlangen. Der Investor hingegen kann keine Fördergelder beantragen, da er das Krankenhaus nicht betreibt.

In diesem Fall könnte Art. 13 Abs. 1 S. 1 BayKrG weiterhelfen, wonach auch Entgelte für die Nutzung von Anlagegütern gefördert werden können. Voraussetzung hierfür ist jedoch, dass die Errichtung durch den Träger selbst unmöglich oder weniger wirtschaftlich ist. Die Wirtschaftlichkeit bestimmt sich nach § 14 DVBayKrG. Bei diesen ÖPP Modellen wird es regelmäßig schwierig sein, einen langfristigen wirtschaftlichen Vorteil gegenüber anderen Modellen zu erreichen und dies auch bei Antragstellung nachzuweisen. Somit ist eine Förderung durch den Freistaat fraglich.[242] Sollten vor Abschluss der Verträge für eine ÖPP bekannt sein, welche Investitionen künftig getätigt werden sollen, so sollte frühzeitig mit dem Umweltministerium abgeklärt werden, ob Förderungen auch in der neuen Konstellation gewährt werden.

Auch für die Kostenübernahme durch die Krankenkassen ist die Aufnahme in den Krankenhausplan von Bedeutung. Gemäß § 108 SGB V dürfen die Krankenkassen Krankenhausleistungen nur durch Plankrankenhäuser, Unikliniken und solche Krankenhäuser erbringen lassen, mit welchen die Verbände der Krankenkassen Versorgungsverträge abgeschlossen haben.

5. Verkaufsgewinne, sonstige Erlöse oder finanzielle Entlastungen

Die Idee, ein Krankenhaus zu privatisieren, kann von der Hoffnung getragen sein, beim Verkauf Veräußerungsgewinne zu erzielen oder – wenn ein privater Betreiber gefunden wird, der Landkreis aber Eigentümer des Grundstücks bleibt – Einnahmen durch Pacht oder Erbbauzins zu erzielen.

Es ist legitim, diese Überlegungen anzustellen. Dabei darf aber nicht übersehen werden, dass in der Praxis vor allem dann über Privatisierungen nachgedacht wird, wenn entweder ein laufendes Defizit erwirtschaftet wird oder wenn größere Investitionen anstehen.[243]

In diesen Fällen wird häufig kein Gewinn erzielt werden können. Außerdem hat sich der Markt in den letzten Jahren zu einem Käufermarkt – also zu einer Stärkung möglicher Kaufinteressenten – gewandelt.[244] Dies erhöht die Schwierigkeit, einen Veräußerungserlös zu erzielen.

---

242 Knorr, Das Krankenhaus, 2007, 743, 746
243 Scholz, Staatsaufgabenkritik in Berlin in Eberle/ Ibler/ Lorenz, FS. Brohm; Schoch, DVBl. 1994, 962, 967; Landsberg in Fettig/ Späth, Privatisierung kommunaler Aufgaben, S. 30; Uechtritz in Hoppe/ Uechtritz, Handbuch, § 16, RN 4
244 Hildebrandt/ Bischoff-Everding/ Zühlke, Der Landkreis 2004, 655 ff

Sollte trotzdem ein Veräußerungsgewinn zu erzielen sein, so kann dies grundsätzlich mit dem Nachteil verbunden sein, dass zukünftig keine Erlöse aus dem laufenden Geschäft mehr erzielt werden können. Dieser Nachteil kann bei öffentlichen Häusern außer Betracht bleiben, da diese regelmäßig ohne Gewinnerzielungsabsicht betrieben werden und eventuell vorhandene Überschüsse alleine aus Gründen der Gemeinnützigkeit wieder in das Krankenhaus investiert werden.

Erhofft sich ein Landkreis von einer Privatisierung finanzielle Entlastung von Investitions- oder Betriebskosten und eine Risikoübernahme durch den Privaten (beispielsweise des Finanzierungsrisikos oder der Haftung), so ist darauf zu achten, welche Belastungen nach einer Privatisierung fortbestehen. Bei einer rein formellen Privatisierung entledigt sich der Landkreis dieser Belastungen nicht. Vielmehr bestehen sie in vielfältiger Weise – beispielsweise durch Bürgschaften, Nachschusspflichten, Zuschüssen u.ä. – fort.

Auch bei einer materiellen Privatisierung und bei ÖPP ist darauf zu achten, dass die Belastungen und Risiken – beispielsweise bei Zusicherung einer Verlustübernahme oder bei Bürgschaften – für den Landkreis nicht dieselben bleiben bei gleichzeitigem Verlust von Einflussmöglichkeiten im Vergleich zu Eigenbetrieben, Kommunalunternehmen und Eigengesellschaften.

III. Politische Fragen

Die Entscheidung über eine Privatisierung ist auch stark von politischen Fragen geprägt. Allgemeingültige Aussagen hierüber sind nicht möglich, da das politische Klima zwischen einzelnen Kommunen sehr stark differiert. Insbesondere die Frage, wie gut die unterschiedlichen politischen Lager zusammenarbeiten, ist sehr von den örtlichen Verhältnissen abhängig. Es können jedoch Problemfelder aufgezeigt werden, deren Relevanz im Rahmen einer Privatisierungsentscheidung überprüft werden sollte. Dabei handelt es sich in weiten Teilen um Problembereiche, welche dem Autor aus seiner eigenen kommunalpolitischen Erfahrung bekannt sind.

1. Kompetenz und Zeitaufwand

Der Autor hat in der Praxis festgestellt, dass viele Kreisräte wenig Vorbildung im Hinblick auf die wirtschaftliche oder fachliche Führung von Krankenhäusern haben. Hinzu kommt, dass sich viele Bürgermeister, Gemeinde- und Stadträte nur oder auch deshalb in den Kreistag wählen lassen, um dort die Interessen ihrer Gemeinden zu vertreten. So kommt es nicht selten vor, dass sich Kreisräte bei Abstimmungen im Wesentlichen von den Interessen ihrer jeweiligen Heimatgemeinde leiten lassen.

Wie oben dargestellt, ist die Kreisumlage die wesentliche Einnahmequelle der Landkreise, weshalb viele Kreisräte ihre Aufgabe zumindest auch darin sehen, die Belastung für ihre Gemeinde möglichst niedrig zu halten. Vor diesem Hintergrund kann es ein Problem darstellen, qualifiziertes und engagiertes Kontrollpersonal für Krankenhausausschüsse oder Aufsichtsräte zu finden.[245] Dieses Defizit kann ausgeglichen werden, wenn private Partner externe Kompetenz mit einbringen, wenn der Betrieb in die Hand eines privaten Partners gelegt wird oder das Haus ganz privatisiert wird. Eine andere Möglichkeit besteht darin, lediglich formell zu privatisieren und externen Sachverstand in Form von Aufsichtsräten einzubinden.

Gerade die geringe Fachkenntnis birgt aber auch die Gefahr, dass bei den Privatisierungstypen, bei welchen der Landkreis weiterhin ein Mitspracherecht hat, ein zu starkes Vertrauen auf Private den Kreistag jeglicher Möglichkeit beraubt, öffentliche Interessen weiter durchzusetzen bzw. diese langfristig abzusichern.

2. Reaktionsgeschwindigkeit der Gremien

Die Reaktionsgeschwindigkeit der Gremien einer Kommune bzw. der Organe einer Gesellschaft ist insbesondere von der Größe und der Anzahl der Gremien und Organe abhängig. Die wesentlichen Entscheidungen in der Gebietskörperschaft Landkreis werden durch den Kreistag (Art. 23 ff LKrO) und den Kreisausschuss (Art. 26 ff LKrO) getroffen. Ein Kreistag besteht bereits in kleinen Landkreisen gemäß Art. 24 Abs. 2 S. 1 LKrO aus mindestens 50 Mitgliedern, ein Kreisausschuss gemäß Art. 27 Abs. 1 S. 2 LKrO aus mindestens 10 Mitgliedern. Durch die Anzahl der Mitglieder und durch die Reibungen aufgrund der unterschiedlichen politischen Couleur sind diese Gremien häufig nicht in der Lage, schnelle Entscheidungen zu treffen. Regelmäßig wird dasselbe Thema in mehreren Gremien bearbeitet. Zuerst findet ein Entscheidungsprozess in der Klinik statt, anschließend wird das Thema im Krankenhausausschuss, dem Kreisausschuss und dem Kreistag behandelt.

Für eine schnellere und effektivere Ergebnisfindung können zum einen privatrechtliche Strukturen helfen. Ein Vorteil kann sich bei privatisierten Gesell-

---

245 Kumanoff/ Schwarzkopf/ Fröse, Die Einführung von Risikomanagementsystemen in BayVbl. 2001, 225, 227 sprechen ganz allgemein als Defizit kommunaler Vertreter in Beschlussgremien an, dass diese „nicht notwendigerweise fachlich versiert und qualifiziert" seien.

schaften dadurch ergeben, dass ein Aufsichtsrat nur eine gesetzlich festgeschriebene Mindestmitgliederzahl von nur drei Personen hat, §§ 52 Abs. 1 GmbHG, 95 S. 1 AktG.

Aber auch in öffentlich-rechtlichen Einrichtungen ist es möglich, durch entsprechende Gestaltung der Geschäftsordnung möglichst viele Entscheidungen vom Kreistag weg auf den Kreisausschuss oder womöglich auch auf die Fachausschüsse zu verlagern. Eine Übertragung ist durch Regelung in der Geschäftsordnung oder durch einfachen Kreistagsbeschluss möglich.[246] Insoweit kann zwar in der flexibleren Handlungsfähigkeit ein Vorteil bei privaten Rechtsformen bzw. privaten Trägern liegen. Das Problem der geringeren Reaktionsgeschwindigkeit in öffentlich-rechtlichen Strukturen kann durch entsprechende Gestaltungen jedoch relativiert werden.

Auf der anderen Seite besteht bei großen Konzernen die Gefahr, dass die Klinikleitung vor Ort einzelne Entscheidungen nicht selbst treffen kann, sondern hierfür die Zentrale des Konzerns zuständig ist. In diesem Fall können kommunale Gremien, welche näher am Geschehen sind und welche ein gewünschtes Ergebnis auch bei Bedenken durch eine politische Entscheidung herbeiführen können, ggf. deutlich schneller entscheiden als nationale oder internationale Konzerne. Innerhalb der privaten Klinikbetreiber zeigen sich deshalb Stärken dezentral organisierter Konzerne.

3. Indiskretionen

Der Autor hat bei öffentlichen Gremien regelmäßig erlebt, dass Geschäftsgeheimnisse der kommunalen Unternehmen in die Öffentlichkeit getragen werden. Diese Indiskretionen können zum einen durch die Größe der Gremien, zum anderen durch ein fehlendes Problembewusstsein der Mandatsträger bedingt sein. Ein weiterer Grund für Indiskretionen kann aber auch sein, dass bewusst versucht wird, dem politischen Gegner durch vorzeitige, bzw. selektive, also unvollständige Information der Medien und somit der Öffentlichkeit zu schaden.

Dieses Problem wird nicht automatisch bei jeder Form der Privatisierung behoben. Wenn im Rahmen einer formellen Privatisierung der Aufsichtsrat weiter mit Kommunalpolitikern besetzt wird, so wird durch die Straftatbestände des Gesellschaftsrechts (beispielsweise § 404 AktG) zwar eine gewisse Hemmschwelle gesetzt. Doch auch dieses Schwert bleibt dann stumpf, wenn Beteiligte eine politische Profilierung wollen und die Gefahr der Aufdeckung als gering eingestuft wird. Aber auch bei materiell privatisierten Häusern sind diese Prob-

---

246 Prandl/ Zimmermann/ Büchner, Kommunalrecht, Art. 26 LKrO, Erl. 3; Widtmann/ Grasser/ Glaser, Bayerische Gemeindeordnung, Art. 26 LKrO, RN 3

leme nicht ausgeschlossen. Insbesondere dann, wenn innerhalb der Gesellschaft persönliche Spannungen bestehen oder wenn Aufsichtsräte mit Personen besetzt sind, welche die Informationen aufgrund der Abhängigkeit zu anderen Unternehmen preisgeben.

Ein wesentlicher Unterschied bei Unternehmen in öffentlich-rechtlicher Trägerschaft ist neben der üblicherweise größeren Anzahl der beteiligten Personen die Tatsache, dass sich diese Personen nicht zur Erreichung eines gemeinsamen Ziels zusammengefunden haben, sondern dass sie aufgrund der unterschiedlichen Parteizugehörigkeit oft eine gewisse Gegnerschaft ausleben, was tendenziell zu Indiskretionen führt.

4. Transparenz der Entscheidungen

Die im Unternehmensinteresse grundsätzlich als positiv zu bewertende Diskretion kann den Nachteil haben, dass in den Gremien dieser Unternehmen getroffene Entscheidungen für den Bürger weniger transparent sind. In privaten Gesellschaften sind Sitzungen der Organe regelmäßig nichtöffentlich (siehe beispielsweise § 109 Abs. 1 S. 1 AktG), die des Kreistages und seiner Ausschüsse hingegen wegen Art. 46 Abs. 2 LKrO in der Regel öffentlich. Die Gründe für eine Nichtöffentlichkeit sind hier begrenzt auf Rechte Einzelner und die Rücksicht auf das Wohl der Allgemeinheit.

Eine geringere Transparenz kann aus zwei Gründen problematisch sein: Zum einen spielt Transparenz aus demokratischen Gesichtspunkten eine große Rolle. Politische Entscheidungen sollen für den Bürger nachvollziehbar sind. Das Bundesverfassungsgericht führte hierzu aus: *„Die parlamentarische Demokratie basiert auf dem Vertrauen des Volkes; Vertrauen ohne Transparenz, die erlaubt zu verfolgen, was politisch geschieht, ist nicht möglich.“*[247] Bei nichttransparenten Entscheidungen wird dem Bürger eine objektive Entscheidungsgrundlage für seine Wahlentscheidung genommen. Dies kann dazu führen, dass der Wähler unter Umständen einer Person oder einer Gruppierung seine Stimme gibt, die, wenn er um ihr tatsächliches Handeln wüsste, das Vertrauen entzogen hätte. Die fehlende Transparenz kann aber auch dazu führen, dass der Wähler das Gefühl hat, durch die mangelnde Öffnung wollten Politiker eigenes Fehlverhalten vertuschen, was zu einer allgemeinen Wahlverdrossenheit oder zu einem irrationalen Wahlverhalten führen kann.

---

247 BVerfGE 40, 296, 327

Weiterhin birgt fehlende Transparenz auch die Gefahr steigender Korrupti-on.[248] Zwar gibt es auch in privaten Gesellschaftsformen Kontrollmechanismen, jedoch fällt die wichtige zusätzliche Kontrollfunktion der Öffentlichkeit weg.

5. Beeinflussung durch Wahlen

Eine Privatisierung kann dazu führen, dass Unternehmensentscheidungen weniger durch Wahlkämpfe beeinflusst werden. Kreisräte und Landräte werden gemäß Art. 24 Abs. 1, 42 Abs. 1 S. 1 GLKrWG alle 6 Jahre neu gewählt. In der Kommunalpolitik ist ein Denken in diesen 6-Jahres-Perioden festzustellen. Dies kann zum einen zur Folge haben, dass Entscheidungen durch Wahlkämpfe beeinflusst werden und weniger durch das Wohl des jeweiligen Unternehmens. Eine Vernachlässigung des Unternehmensinteresses kann zu einer Gefährdung der langfristigen Entwicklung zugunsten kurzfristiger Wahlerfolge führen. Zum anderen entspricht die Entscheidung zugunsten des mutmaßlichen Wählerwillens dem Demokratieprinzip, welches Einflussmöglichkeiten der Bürger auf die Politik – auch im Hinblick auf Entscheidungen, die kommunale Unternehmen betreffen – vorsieht, ebenso eine Kontrolle der getroffenen Entscheidungen und eine Sanktion durch die folgende Wahl. Das Demokratieprinzip erfordert insoweit eine ununterbrochene Legitimationskette vom Volk zu den Organen und Amtswaltern, welche mit den öffentlichen Aufgaben betraut sind.[249]

In privaten Gesellschaften sind regelmäßig noch kürzere Zyklen feststellbar. Insbesondere dann, wenn es bei Aktiengesellschaften um die Beeinflussung des Aktienkurses geht oder – was bei jeder Rechtsform Auswirkungen haben kann – um die Verlängerung von Geschäftsführer- oder Vorstandsverträgen. Dies zeigt, dass in keiner Rechtsform frei von gesellschaftsfremden Einflussfaktoren gehandelt werden kann. Welche Einflüsse für das jeweilige Haus weniger schädlich sind, muss im Einzelfall betrachtet werden.

6. Beeinflussung durch unternehmensfremde Erwägungen

Die Politik legt neben den rein betriebswirtschaftlichen Kriterien gesellschafts-politische, strukturpolitische und sonstige Kriterien an. Diese mögen oft dem Wohl der Landkreisbevölkerung dienen, nicht jedoch auch zwingend dem Wohl

---

248 VG Regensburg, Urteil vom 02.02.2005, AZ RN 3 K 04.01408 in LKV 2005, 365, 370
249 Zieglmeier, LKV 2005, 338

des Krankenhauses. Diese Erwägungen werden teilweise als „sachfremde Erwägungen" bezeichnet.[250]

Materiell privatisierte Unternehmen orientieren sich daran, wie sich optimal Gewinne erwirtschaften lassen. Dies mag auf den ersten Blick eine nicht der Allgemeinheit dienende Sicht sein. Jedoch muss beachtet werden, dass sich Gewinne nur dann erwirtschaften lassen, wenn das Krankenhaus gute Qualität liefert und deshalb von der Bevölkerung angenommen wird. Wenn die Qualität leidet, unterliegen öffentliche und private Häuser gleichermaßen den Gesetzen des Marktes und werden Patienten verlieren. Ob an ein Krankenhaus über die Erbringung von Krankenhausdienstleistungen hinaus weitere Anforderungen gestellt werden sollen – beispielsweise die Versorgung anderer Einrichtungen über die Kantine des Krankenhauses – muss ebenso von den beteiligten Gremien bzw. Personen entschieden werden wie die Frage, welchen medizinischen Leistungsumfang ein Krankenhaus anbieten soll. Aus Sicht der Kommune muss aber unstreitig sein, dass die Krankenhäuser im Landkreis im Sinne der Versorgungssicherheit nicht nur die Leistungen anbieten dürfen, die eine möglichst große Rendite versprechen. Vielmehr muss vor dem Hintergrund des Art. 51 Abs. 3 S. 1 Nr. 1 LKrO eine flächendeckende Grundversorgung sichergestellt sein. Ist dies nicht mehr der Fall, so lebt für den Landkreis die Pflicht zur Aufgabenerfüllung wieder auf (siehe oben bei 2. a) (1) (b) iii).

Wenn sich ein Landkreis für eine Privatisierung, welche über die rein formelle Privatisierung hinausgeht, entscheidet, sollte sie den Privaten vertraglich zur Sicherung der Grundversorgung verpflichten. Eine solche Vereinbarung kann beispielsweise vorsehen, dass Stationen erhalten oder Betten nicht abgebaut werden dürfen. Um für die Zukunft Flexibilität zu erhalten, kann man einige – vorher genau bezeichnete – Entscheidungen der privaten Krankenhausträger vom Zustimmungserfordernis des Landkreises abhängig machen und unter Umständen hierzu einen mit Kommunalpolitikern besetzten Beirat einrichten.

7. Bürgerfreundlichkeit

Wenn man das Schlagwort „Schlanker Staat" weiter als „Schlanke Öffentliche Hand" oder noch allgemeiner als „Schlanke Leistungserbringer für den Bürger" auslegt, liegt ein Problem der Privatisierung darin, dass nicht mehr die Kompetenz aller bisherigen Landkreisaufgaben in der Person des Landkreises bzw. beim Landratsamt oder Kreistag gebündelt ist, sondern dass sie auf viele unterschiedliche Träger verlagert wird. Wird beispielsweise ein Krankenhaus in eine private Betriebs- und in eine öffentliche Besitzgesellschaft aufgeteilt, ist für den

---

250 Uechtritz in Hoppe/ Uechtritz, Handbuch, § 16, RN 15

Bürger oft nur schwer erkennbar, wer für sein konkretes Problem zuständig ist. Dadurch, dass Bürger nicht mehr einen einzelnen Ansprechpartner haben, geht ggf. nicht nur Bürgerfreundlichkeit verloren, sondern es kann auch einen Standortnachteil bedeuten.

8. Kenntnis der neuen Struktur

Politiker müssen die Strukturen der jeweils privatisierten Gesellschaften und ihre Befugnisse und Pflichten in diesen Strukturen kennen. Ein Großteil der Kreisräte ist bereits seit vielen Jahren in kommunalen Ehrenämtern tätig, teilweise sind es hauptamtliche Politiker. Dadurch kennen sie vor allem die öffentlich-rechtlichen Strukturen.

Bei Privatisierungen besteht die Gefahr, dass Kommunalpolitiker versuchen, die Befugnisse öffentlich-rechtlicher Organe auf privatrechtliche Gesellschaften anzuwenden. Insoweit ist es wichtig, vor einem Wechsel der Rechtsformen bzw. vor der Zusammenarbeit mit Privaten die Politik auf das Wesen der neuen Strukturen hinzuweisen. So muss den Beteiligten vermittelt werden, welche Einflussmöglichkeiten ihnen verbleiben, welche die Aufgaben und Befugnisse der einzelnen Organe sind und welche Verantwortung Aufsichtsräten zukommt.

Den als Aufsichtsräten tätigen Kommunalpolitikern ist beispielsweise regelmäßig nicht bewusst, dass ihnen eine Holschuld bezüglich der zur Kontrolle nötigen Informationen obliegt. Aus den Gremien der Gemeinderäte und des Kreistages sind es viele gewohnt, dass ihnen die entsprechenden Informationen aufbereitet werden. Inwieweit einzelne Kreisräte im Kreistag oder den Ausschüssen Eigeninitiative entwickeln, bleibt diesen selbst überlassen. Werden die Aufsichtsräte nicht auf diese Unterschiede hingewiesen, handeln sie häufig wie in kommunalen Gremien.

IV. Konsequenzen für Bürgerentscheide

Die Privatisierung hat nicht nur Auswirkungen auf die Einwirkungsmöglichkeiten der Kommunalpolitiker sondern auch auf die direkten Beteiligungsmöglichkeiten der Bürger in Form von Bürgerbegehren und Bürgerentscheiden. Bürgerbegehren und –entscheide können gemäß Art. 12 a Abs. 1 LKrO Angelegenheiten des eigenen Wirkungskreises zum Gegenstand haben. Einige Einschränkungen finden sich in Art. 12 a Abs. 3 LKrO.

Errichtung und Unterhaltung von Krankenhäusern sind Teil des eigenen Wirkungskreises der Landkreise und können somit gemäß Art. 12 a Abs. 1, 2

LKrO auch Gegenstand eines Bürgerbegehrens bzw. -entscheides auf Landkreisebene sein. Das Krankenhauswesen ist auf Landkreisebene einer der Bereiche, in welchen die häufigsten Bürgerbegehren und –entscheide durchgeführt werden.[251] Insofern haben Einschränkungen dieser Rechte durch Privatisierung erhebliche praktische Bedeutung.

Ein Bürgerentscheid hat gemäß Art. 12 a Abs. 12 S. 1 LKrO die Wirkung eines Beschlusses des Kreistages. Der Landrat hat den Bürgerentscheid wie einen Kreistagsbeschluss entsprechend Art. 32 S. 2 LKrO zu vollziehen.[252] Das Aufgeben von Einflussmöglichkeiten durch den Landkreis bedeutet automatisch auch geringeren Einfluss des Bürgers auf durch Bürgerentscheid zu beantwortende Fragen. Wenn eine Aufgabe vollständig materiell privatisiert wurde, können weder der Kreistag noch ein Bürgerentscheid dahingehend Einfluss nehmen.

Hat der Landkreis weiterhin Einfluss auf formell oder anderweitig (teil-) privatisierte Unternehmen, durch die Gesellschafterversammlung, einen Aufsichtsrat oder einen Beirat, so können durch einen Bürgerentscheid auch hier Entscheidungen anstelle des Kreistages getroffen werden.[253] Zu denken ist beispielsweise an ein Krankenhaus, das von dem alleinigen Gesellschafter Landkreis in einer privaten Rechtsform geführt wird. In diesen Fällen kann der Landrat angewiesen werden, in dem jeweiligen Gremium entsprechende Beschlüsse herbeizuführen.

Problematisch wird eine Weisung durch Bürgerentscheid in den Fällen gesehen, in denen der Vertreter des Landkreises ohne die Zustimmung Dritter keinen Beschluss herbeiführen kann, beispielsweise weil ein Privater bei einer gemischten Gesellschaft im Rahmen einer ÖPP in der Gesellschafterversammlung die Stimmenmehrheit oder eine Sperrminorität inne hat. Insofern könnte die Zulässigkeit eines Bürgerentscheides mit der Begründung abgelehnt werden, dass die Entscheidung nicht in der (alleinigen) Kompetenz der Kommune liege. Richtig ist jedoch, auch in diesen Fällen ein auf Verpflichtung eines bestimmten Abstimmungsverhaltens oder eines Verhandlungsauftrages gerichtetes Bürgerbegehren zur Durchführung eines Bürgerentscheides zuzulassen.[254] Auch der

251 Prandl/ Zimmermann/ Büchner, Kommunalrecht, Art. 12 a LKrO, Erl. 3; Hauth in Bauer (u.a.) Kommunalverwaltung Band B 1, Art. 12 a LKrO, Erl. 2

252 Bauer/ Böhle/ Ecker, Bayerische Kommunalgesetze, Art. 12 a LKrO, RN 26; Prandl/ Zimmermann/ Büchner, Kommunalrecht, Art. 12 a LKrO, Erl. 23;

253 So geschehen in VG Regensburg, Urteil vom 02.02.2005, AZ 3 K 04.01408 in LKV 2005, 365 ff bzw. BayVGH, Urteil vom 8.5.2006, Az 4 BV 05.756, in BayVBl 2006, 534 ff

254 So im Ergebnis in VG Regensburg, Urteil vom 02.02.2005, AZ 3 K 04.01408 in LKV 2005, 365 ff, bei welchem auch über eine Gesellschaft mit einem privaten Minderheitsgesellschafter entschieden wurde.

Kreistag kann den Landrat zu Verhandlungen oder zu einem bestimmten Abstimmungsverhalten in einer Gesellschafterversammlung verpflichten.[255] Werden die Regelung des Art. 12 Abs. 1 S. 1 LKrO, dass der Bürgerentscheid die Wirkung eines Kreistagsbeschlusses hat, und der Gedanke des Gleichlaufs der Befugnisse konsequent umgesetzt, so besteht auch dann eine Regelungsbefugnis bei Bürgerentscheiden, wenn der Landkreis ohne die Mitwirkung eines Dritten keinen entsprechenden Beschluss herbeiführen kann.

V. Gesellschaftsrecht und kommunales Unternehmensrecht

Unter diesem Punkt sollen Fragestellungen aufgeworfen werden, die bei Krankenhäusern privater Rechtsform unter Beibehaltung einer (zumindest teilweisen) Trägerschaft des Landkreises entstehen. Bei einer vollständigen materiellen Privatisierung ergeben sich diese Probleme nicht.

1. Organe der Gesellschaften

Zunächst sollen die (möglichen) Organe von GmbH und Aktiengesellschaft dargestellt werden, um eine Vergleichbarkeit mit öffentlich-rechtlichen Organen herstellen zu können.

a) Zum Vergleich: Organe eines Eigenbetriebs

Bei einem Eigenbetrieb treten neben die allgemeinen Organe eines Landkreises, also Kreistag (Art. 23 ff LKrO) und Landrat (Art. 31 ff LKrO), die besonderen Organe
Werkausschuss und Werkleitung (Art. 76 LKrO).[256]

---

255 Prandl/ Zimmermann/ Büchner, Kommunalrecht, Art. 18 a GO, Erl. 4; Schulz in Bauer (u.a.), Kommunalverwaltung, Band B 1, Art. 93 GO, Erl. 2; Bauer/ Böhle/ Ecker, Bayerische Kommunalgesetze, Art. 81 LKrO, RN 12; Hölzl/ Hien/ Huber, Gemeindeordnung, Art. 93 GO, Erl. 2

256 Widtmann/ Grasser/ Glaser, Gemeindeordnung, Art. 88 GO, Erl. 3; Prandl/ Zimmermann/ Büchner, Kommunalrecht, Art. 88 GO, Erl. 2; Hölzl/ Hien/ Huber, Gemeindeordnung, Art. 88 GO, Erl. 4

b) Organe einer GmbH

Eine Kapitalgesellschaft zeichnet sich durch weniger Organe aus als beispielsweise ein Eigenbetrieb. Bei einer GmbH sind grundsätzlich nur die Gesellschafterversammlung (§ 48 GmbHG) und die Geschäftsführung zwingend vorgeschrieben.[257] Die Geschäftsführung besteht aus einem oder mehreren Geschäftsführern (§ 6 GmbHG). Die Einrichtung eines Aufsichtsrates hingegen ist fakultativ, es sei denn, es findet sich in den Mitbestimmungsgesetzen – beispielsweise im BetrVG oder DrittelbG – eine gegenteilige Regelung.[258] Gemäß § 1 Abs. 1 Nr. 3 DrittelbG muss beispielsweise ein Aufsichtsrat eingeführt werden, wenn eine GmbH mehr als 500 Arbeitnehmer beschäftigt. Dies trifft nur auf einen Teil der Krankenhäuser zu. Erst ab einer Größe von über 300 Betten haben die Krankenhäuser in Bayern im Schnitt mehr als 500 Beschäftigte.[259] Die Durchschnittswerte schließen aber nicht aus, dass einzelne Krankenhäuser mit weniger Betten auch mehr als 500 Beschäftigte haben.

Zu beachten ist außerdem die Sonderregelung des § 1 Abs. 2 Nr. 2. a) DrittelbG, welche dem § 1 Abs. 4 S. 1 MitbestG bis auf dessen Einschränkung „unmittelbar und überwiegend" und § 118 Abs. 1 S. 1 BetrVG bis auf dessen Relativklausel entspricht. Demnach findet dass DrittelbG auf Unternehmen, die karitativen Bestimmungen dienen – sogenannten Tendenzunternehmen – keine Anwendung. Ein Unternehmen dient nach ständiger Rechtsprechung des BAG karitativen Bestimmungen, wenn „es sich den sozialen Dienst am körperlich oder seelisch leidenden Menschen zum Ziel gesetzt hat, sofern diese Betätigung ohne die Absicht der Gewinnerzielung erfolgt und das Unternehmen selbst nicht von Gesetzes wegen unmittelbar zur derartiger Hilfeleistung verpflichtet ist."[260] Krankenhäuser haben sich den sozialen Dienst am körperlich leidenden Menschen zum Ziel gesetzt. Sie sind dann unter den Begriff „karitativ" zu subsumieren, wenn sie keine Gewinnerzielungsabsicht haben und wenn keine unmittelbare gesetzliche Verpflichtung zu ihrem Betrieb besteht.[261]

---

257 Riemenschneider/ Freitag in Priester/ Mayer, GmbH, § 6, RN 1; Eisenhardt, Gesellschaftsrecht, RN 703; Hüffner, Gesellschaftsrecht, § 34, RN 31

258 Zöllner/ Noack, in Baumbach/ Hueck, GmbH-Gesetz, § 52, RN 1 f; Priester/ Mayer, GmbH, § 6, RN 1; Hüffner, Gesellschaftsrecht, § 34, RN 31

259 Bayerisches Landesamt für Statistik und Datenverarbeitung, Krankenhausstatistik, S. 27

260 BAGE 59, 120 = NZA 1989, 431; BAG, Beschluss vom 24.05.1995 in NZA 1996, 444 ff

261 Vgl. zur Definition des Begriffs karitativ Kania in Müller-Glöge/ Preis/ Schmidt, Erfurter Kommentar, § 118 BetrVG, RN 11; Koberski in Wlotzke/ Wißmann/ Koberski/ Kleinsorge, Mitbestimmungsrecht, § 1 MitbestG, RN 46; Richardi, Betriebsverfassungsgesetz, § 118 BetrVG, RN 59

Die fehlende Gewinnerzielungsabsicht richtet sich nach dem steuerrechtlichen Gemeinnützigkeitsstatus. Ist der Gesellschaftszweck auf den Betrieb eines Krankenhauses ohne Gewinnerzielungsabsicht gerichtet und ist das Krankenhaus deshalb als gemeinnützig i.s.d. Abgabenordnung anerkannt, so gilt es als Tendenzbetrieb im Sinne des § 1 Abs. 2 Nr. 2 a) DrittelbG.[262]

Die Einordnung als karitatives Unternehmen könnte dadurch revidiert werden, dass eine unmittelbare Verpflichtung zum Betrieb besteht. Da es sich bei der Versorgung mit Krankenhausleistungen um eine Pflichtaufgabe der Landkreise gemäß Art. 51 Abs. 3 Nr. 1 LKrO handelt, könnte daran gedacht werden, eine unmittelbare Verpflichtung zur Leistungserbringung zu bejahen. Eine unmittelbare Verpflichtung scheitert aber bereits daran, dass alle Gesellschaften in privater Rechtsform selbständig und damit von dem, durch die LKrO verpflichteten, Landkreis personenverschieden sind.[263] Eine Verpflichtung könnte auch darin gesehen werden, dass das Krankenhaus durch Aufnahme in den Krankenhausplan zur Krankenversorgung verpflichtet wird. Aber auch dadurch wird keine unmittelbare Verpflichtung begründet, da sich die Gesellschafter der Krankenhausgesellschaft freiwillig zur Erbringung der Krankenhausdienstleistungen entschieden haben, ohne zu dieser Entscheidung gesetzlich gezwungen worden zu sein.[264]

Auch wenn die Gemeinnützigkeit im Einzelfall zu prüfen ist, wird hier, wie im Rahmen der steuerrechtlichen Beurteilung dargelegt, bei Eigengesellschaften von einem grundsätzlichen Vorliegen der Voraussetzungen der §§ 51 ff AO ausgegangen (siehe unter I. 1. a) (3)). Folglich besteht grundsätzlich keine Verpflichtung nach den Vorschriften des DrittelbG zur Errichtung eines Aufsichtsrates.

Auch Art. 81 Abs. 2 S. 1 LKrO beinhaltet keine Verpflichtung zur Errichtung eines Aufsichtsrates. Dort ist lediglich geregelt, dass der Landkreis auf die Entsendung eigener Aufsichtsratsmitglieder hinwirken soll, wenn ein solches Gremium besteht.[265] Hat eine Gesellschaft keinen Aufsichtsrat, so kann der Landkreis seinen Einfluss über die Gesellschafterversammlung ausüben. In der

---

262 Thier, Das Krankenhaus 2001, 875 (877)

263 BAG Beschluss vom 24.05.1995 in NZA 1996, 444 ff; Gamillscheg, Kollektives Arbeitsrecht, S. 1165; kritisch: Kania in Müller-Glöge/ Preis/ Schmidt, Erfurter Kommentar, § 118 BetrVG, RN 11

264 BAG, Beschluss vom 22.11.1995 in NZA 1996, 1056 ff; Thüsing in Richardi, Betriebsverfassungsgesetz, § 118 BetrVG RN 59

265 Bauer/ Böhle/ Ecker, Bayerische Kommunalgesetze, Art. 81 LKrO, RN 14; Widtmann/ Grasser/ Glaser, Gemeindeordnung, Art. 93 GO, RN 9

Praxis besteht bei kommunalen Gesellschaften aber meist ein Aufsichtsrat und dieser wird häufig zum stärksten Organ ausgebaut.[266]

Durch die geringere Anzahl an Organen wird deutlich, dass die Struktur einer GmbH schlanker ist, als die eines Eigenbetriebs und somit auch weniger Abstimmung zwischen den einzelnen Gremien erforderlich ist.

c) Organe einer Aktiengesellschaft

Die Aktiengesellschaft hat drei Organe: Vorstand (§ 76 ff AktG), Aufsichtsrat (§§ 95 ff AktG) und Hauptversammlung (§§ 118 ff AktG).[267] Somit schreibt das Gesetz bei der Aktiengesellschaft ein Organ mehr vor, als im Regelfall der GmbH. Die Aktiengesellschaft hat damit aber immer noch ein Organ weniger, als ein Eigenbetrieb.

2. Besetzung der Organe

Unterschiede im Vergleich zum Eigenbetrieb ergeben sich nicht nur im Hinblick auf die Anzahl der Organe, sondern auch hinsichtlich der Besetzung.

a) Zum Vergleich: Besetzung der Organe eines Eigenbetriebs

Die Organe Kreistag und Landrat sind bereits begriffsnotwendig mit Mandatsträgern besetzt. In einem Ausschuss können gem. Art. 76 Abs. 4 S. 2, 29 Abs. 1 S. 3 i.V.m. Art. 27 Abs. 2 S. 1 LKrO nur Kreisräte bestellt werden, es sei denn, dass Spezialgesetze Sonderregelungen treffen. Gemäß Art. 29 Abs. 1 S. 3 i.V.m. Art. 27 Abs. 2 S. 1 LKrO können nur der Landrat und die Kreisräte Mitglieder des Werkausschusses sein.[268] Somit sind alle Organe des Eigenbetriebs – mit Ausnahme der Werkleitung – komplett mit kommunalen Mandatsträgern, also Landrat und Kreisräten, zu besetzen. Mitarbeiter des Krankenhauses oder andere Personen können nicht Mitglied des Werkausschusses sein.

Bei der Ausschussbesetzung hat sich wegen Art. 29 Abs. 1 S. 3, 27 Abs. 2 S. 2 LKrO das Stärkeverhältnis der einzelnen Gruppierungen des Kreistages widerzuspiegeln. Das Gesetz schreibt kein konkretes Verfahren zur Errechnung der

---

266 Lohner/ Zieglmeier, Die Besetzung des Aufsichtsrats einer kommunalen GmbH in BayVBl 2007, 581

267 Spindler in Goette/ Habersack, Münchener Kommentar, vor § 76, RN 1; Wiesner in Hoffmann-Becking, Aktiengesellschaft, § 19, RN 1

268 Hölz/ Hien/ Huber, Gemeindeordnung, Art. 29 LKrO, Erl. 1; Bauer/ Böhle/ Ecker, Bayerische Kommunalgesetze, Art. 29 LKrO, Erl. 3

Sitze vor, jedoch muss eines der gängigen und anerkannten Verfahren gewählt werden, um die Spiegelbildlichkeit zu gewährleisten.[269] In Frage kommen die Verfahren nach d'Hondt, Hare-Niemeyer und Sainte Laguë/ Schepers.[270]

b) Geschäftsführung einer GmbH

Geschäftsführer einer GmbH können gemäß § 6 Abs. 2 S. 1 GmbHG nur natürliche, unbeschränkt geschäftsfähige Personen sein. Wegen Art. 24 Abs. 3 S. 1 Nr. 2 LKrO können Kreisräte diese Aufgabe nicht wahrnehmen. Diese Einschränkung umfasst nicht den Landrat, weshalb dieser als Nebentätigkeit das Amt eines Geschäftsführers ausüben darf. Wegen der Größe von Krankenhäusern und der Komplexität der damit verbundenen Aufgaben wird ein Landrat diesen Posten wohl nicht – zumindest nicht auf Dauer – übernehmen, weshalb diese Möglichkeit eher theoretischer Natur ist.

Die Geschäftsführer können bereits durch Regelung in den Gesellschaftsverträgen bestellt werden, § 6 Abs. 3 S. 2 Alt. 1 GmbHG, oder aber durch Beschluss der Gesellschafterversammlung gemäß §§ 46 Nr. 5 Alt. 1, 48 GmbHG. Die Gesellschafterversammlung hat gemäß §§ 46 Nr. 5 Alt. 2 GmbHG auch die Befugnis zur Abberufung der Geschäftsführer.

c) Gesellschafterversammlung einer GmbH

Grundsätzlich vertritt der Landrat den Landkreis gemäß Art. 35 Abs. 1 LKrO nach außen. Diese Vorschrift wird für die Vertretung in der Gesellschafterversammlung in Art. 81 Abs. 1 S. 1 LKrO konkretisiert, welche ebenfalls eine Vertretung durch den Landrat vorsieht.

Von diesem Grundsatz kann aber gemäß Art. 81 Abs. 1 S. 2 LKrO mit Zustimmung des Landrats und seines gewählten Stellvertreters durch Kreistagsbeschluss abgewichen werden. Die Bestellung einer anderen Person beschränkt sich seit der Gesetzesänderung vom 24.7.1998[271]nicht mehr nur auf Kreisräte. Nun können auch sonstige Personen, beispielsweise ein Beteiligungsmanager oder ein anderer Bediensteter des Landkreises, die Vertretung in der Gesell-

269 Bloeck in Bauer (u.a.), Kommunalverwaltung Band B1, Art. 27 LKrO, Erl. 2.2.1.; Hölzl/ Hien/ Huber, Gemeindeordnung, Art. 27 LKrO, Erl. 2; Widtmann/ Grasser/ Glaser, Gemeindeordnung, Art. 27 LKrO, RN 8

270 Bloeck in Bauer (u.a.), Kommunalverwaltung Band B1, Art. 27 LKrO, Erl. 2.2.1.; Hölzl/ Hien/ Huber, Gemeindeordnung, Art. 33 GO, Erl. 1.2.2.; Widtmann/ Grasser/ Glaser, Gemeindeordnung, Art. 27 LKrO, RN 9

271 Gesetz- und Verordnungsblatt für den Freistaat Bayern 1998, S. 424

schafterversammlung übernehmen.[272] Bei Krankenhäusern ist es sinnvoll, eine Person mit medizinischem, juristischem und/ oder wirtschaftlichem Sachverstand zu bestellen.

Es ist grundsätzlich der Landrat als Vertreter bestimmt, ist er jedoch verhindert, so gelten die allgemeinen Stellvertretungsregelungen.[273] Wurde eine andere Person bestimmt, so sind die allgemeinen Stellvertretungsregelungen der LKrO nicht anwendbar und es muss eine gesonderte Stellvertretungsregelung getroffen werden.[274]

d) Aufsichtsrat einer GmbH

Hinsichtlich der Besetzung eines Aufsichtsrates ist Art. 81 Abs. 2 LKrO bewusst weit gefasst. Die Vorschrift verwendet weder die Formulierung „Landrat" noch „Kreisräte", woraus geschlossen werden muss, dass auch andere Personen als Aufsichtsräte – also auch sogenannte „sachverständige Dritte" – bestellt werden können.[275]

Die Möglichkeit der Entsendung von Dritten – also anderen Personen als Kreisräten – sollte nicht außer Acht gelassen werden. Sie bietet für den Landkreis eine Chance, sachverständige Personen einzubinden. Eine Entsendung Dritter wird unter Umständen sogar erforderlich, wenn sich im Kreistag nicht genügend Personen mit dem nötigen Fachwissen finden. Dies ist bei komplexen Einrichtungen wie Krankenhäusern im Hinblick auf wirtschaftliches, medizinisches und rechtliches Fachwissen nicht unwahrscheinlich. Die Rechtsprechung verlangt von Aufsichtsräten Mindestkenntnisse wirtschaftlicher, organisatorischer und rechtlicher Art, welche sie für erforderlich hält, um alle normalerweise anfallenden Geschäftsvorgänge auch ohne fremde Hilfe verstehen und sachgerecht beurteilen zu können.[276]

Das Gesellschaftsrecht steht dem Entsenderecht des Landkreises in den Aufsichtsrat solange nicht entgegen, wie der Landkreis eine Mehrheit in der Haupt-

---

272 Prandl/ Zimmermann/ Büchner, Kommunalrecht, Art. 93 GO, Erl 3; Bauer/ Böhle/ Ecker, Bayerische Kommunalgesetze, Art. 93 GO RN 10

273 Prandl/ Zimmermann/ Büchner, Kommunalrecht, Art. 93 GO, Erl. 1; Schultz in Bauer (u.a.), Kommunalverwaltung, Band B 1, Art. 93 GO, Erl. 2, Bauer/ Böhle/ Ecker, Bayerische Kommunalgesetze, Art. 93 GO, RN 7

274 Prandl/ Zimmermann/ Büchner, Kommunalrecht, Art. 93 GO, Erl. 1; Schultz in Bauer (u.a.), Kommunalverwaltung, Band B 1 , Art. 93 GO, Erl. 2 ; Schulz in Schulz/ Wachmuth/ Zwick, Kommunalverfassungsrecht, Art. 93 GO, Erl. 2

275 Bauer/ Böhle/ Ecker, Bayerische Kommunalgesetze, Art. 81 LKrO, RN 9; Widtmann/ Grasser/ Glaser, Gemeindeordnung, Art. 93 GO, RN 9; Prandl/ Zimmermann/ Büchner, Kommunalrecht, Art. 93 GO, Erl. 3; Lohner/ Zieglmeier, BayVBl. 2007, 581, 582

276 BGHZ 85, 293, 295f

versammlung bzw. der Gesellschafterversammlung hat, da alle Aufsichtsräte – mit wenigen Ausnahmen wie dem Mitbestimmungsrecht – von der Gesellschafterversammlung bestimmt werden (§ 52 Abs. 1 GmbHG i.V.m. § 101 Abs. 1 AktG). Ist der Landkreis lediglich Minderheitsgesellschafter, so muss er sich ein entsprechendes Entsenderecht in der Satzung zusichern lassen, was jedoch bei einer Aktiengesellschaft und bei einer GmbH mit obligatorischem Aufsichtsrat nur eingeschränkt möglich ist.[277]

Außerdem ist zu beachten, dass sich anders als beim Eigenbetrieb die Besetzung eines Aufsichtsrates nicht nach den Stärkeverhältnissen der Gruppierungen im Kreistag richtet, da der Wortlaut des Art. 27 Abs. 2 S. 2 LKrO nur Ausschüsse umfasst und hinsichtlich privatrechtlicher Gesellschaften eine dem Art. 27 Abs. 2 S. 2 LKrO entsprechende Regelung fehlt.[278] Dies ist unter dem Blickwinkel des Demokratieprinzips nicht unproblematisch, jedoch ist insoweit die Entscheidung des Gesetzgebers zu respektieren. Eine analoge Anwendung des Art. 27 Abs. 2 S. 2 LKrO auf die Besetzung von Aufsichtsräten ist nicht möglich. Insoweit fehlt es bereits an einem vergleichbaren Sachverhalt, da es bei Ausschüssen um die innergemeindliche Mitwirkung geht und bei Aufsichtsräten um die Kontrolle gegenüber einer anderen juristischen Person.[279] Außerdem ist fraglich, ob es sich um eine unbewusste Regelungslücke handelt, nachdem Art. 81 LKrO im Jahr 1998[280] eingeführt wurde und der Gesetzgeber seither keine Änderung im Hinblick auf die Spiegelbildlichkeit vorgenommen hat.

Ferner hat ein Aufsichtsratsmitglied auch keinen Anspruch darauf, für eine ganze Wahlperiode dieses Amt auszuüben. Vielmehr kann es durch die Gesellschafterversammlung abberufen werden.[281] Bei einem obligatorischen Aufsichtsrat ist wegen § 111 Abs. 5 AktG keine Stellvertretung möglich. Bei einem fakultativen Aufsichtsrat gilt diese Vorschrift nicht, weshalb hier im Gesellschaftsvertrag die Bestellung von Stellvertretern vorgesehen werden kann.[282]

---

277 Siehe hierzu Bauer/ Böhle/ Ecker, Bayerische Kommunalgesetze, Art. 81 LKrO, RN 17; Raiser/ Heermann in Ulmer/ Habersack/ Winter, GmbHG, § 52, RN 186

278 BayVGH, Urteil vom 02.02.2000, Az. 4 B99.1377 in BayVBl 2000, 309 ff; GO, Hölzl/ Hien/ Huber, Gemeindeordnung, Art. 93 GO, Erl. 2; Bauer/ Böhle/ Ecker, Bayerische Kommunalgesetze, Art. 93 GO, RN 19; Prandl/ Zimmermann/ Büchner, Kommunalrecht, Art. 93 GO, Erl. 3; Lohner/ Zieglmeier, BayVBl. 2007, 581, 584

279 Lohner/ Zieglmeier, BayVBl. 2007, 581, 584

280 Gesetz- und Verordnungsblatt für den Freistaat Bayern 1998, 424

281 OVG Münster, NWVBl 2002, 434; Prandl/ Zimmermann/ Büchner, Kommunalrecht, Art. 93 GO Erl. 3; Lohner/ Zieglmeier, BayVBl. 2007, 581, 586 f

282 Prandl/ Zimmermann/ Büchner, Kommunalrecht, Art. 93 GO Erl. 3; Zöllner/ Noack in Baumbach/ Hueck, GmbHG, § 52, RN 44; Schneider in Scholz, GmbH-Gesetz, § 52, RN 325

e) Zusammenfassung

Zusammenfassend ist festzustellen, dass beim Eigenbetrieb alle Organe mit Ausnahme der Werkleitung mit kommunalen Mandatsträgern zu besetzen sind. Bei der GmbH und anderen Kapitalgesellschaften müssen neben den Geschäftsführern – welche nicht Kreisräte sein dürfen - auch die anderen Organe nicht zwingend mit Mandatsträgern besetzt werden. Inwieweit dies sinnvoll ist, ist keine Frage der rechtlichen Möglichkeit. Es ist vielmehr abhängig von den Gegebenheiten – insbesondere auch den personellen Möglichkeiten – vor Ort. Außerdem muss bei der Besetzung des Aufsichtsrates nicht das Prinzip der Spiegelbildlichkeit beachtet werden. Daraus wird ersichtlich, dass bei der Besetzung der Organe einer Gesellschaft deutlich mehr Freiheiten bestehen als bei der Besetzung der Organe eines Eigenbetriebs.

3. Befugnisse der Organe

Vor der Privatisierung eines Krankenhauses sollten sich die Beteiligten darüber im Klaren sein, welchen Organen welche Befugnisse zustehen bzw. zustehen sollen. Hierfür ist es hilfreich, die gesetzlichen und möglichen dispositiven Befugnisse im Vergleich zum Eigenbetrieb zu betrachten. Die Befugnisse der Organe von Kapitalgesellschaften sollen hier wieder am Beispiel der GmbH dargestellt werden.

a) Zum Vergleich: Befugnisse der Organe eines Eigenbetriebs

Um die Befugnisse der Organe von Eigengesellschaften besser mit öffentlich-rechtlichen Strukturen vergleichen zu können, sollen zunächst die Befugnisse der Organe eines Eigenbetriebs dargelegt werden.

(1) Befugnisse der Werkleitung

Der Werkleitung eines Eigenbetriebs obliegen, gemäß Art. 76 Abs. 3 S. 1 LKrO, die „laufenden Geschäfte". Der Begriff ist dem in Art. 34 Abs. 1 Nr. 1 LKrO genannten Begriff der „laufenden Angelegenheiten" ähnlich. Die laufenden Angelegenheiten in Art. 34 LKrO sind diejenigen Aufgaben, welche dem Landrat in eigener Zuständigkeit obliegen. Es könnte aus der „operativen Stellung", welche sowohl Landrat als auch Werkausschuss obliegen, sowie aus dem ähnlichen Wortlaut geschlossen werden, dass die Begriffe den gleichen oder zumindest einen ähnlichen Inhalt haben.[283]

---

283 Bauer/ Böhle/ Ecker, Bayerische Kommunalgesetze, Art. 88 GO, RN 20

Dagegen spricht aber, dass der Gesetzgeber wohl nicht innerhalb des gleichen Gesetzes die gleiche Befugnis unterschiedlich bezeichnen wird. Bereits wegen dieses Wortlautarguments ist davon auszugehen, dass beide Begriffe nicht inhaltsgleich sind. Des Weiteren ist zu berücksichtigen, dass ein Eigenbetrieb deutlich stärker verselbständigt ist als beispielsweise ein Regiebetrieb.[284] Diese Verselbständigung findet unter anderem ihren Ausdruck in einer umfassenden eigenverantwortlichen Wahrnehmung der laufenden Geschäfte durch die Werkleitung.[285] Deshalb ist der Begriff der laufenden Geschäfte allein dadurch gekennzeichnet, dass es sich um Angelegenheiten handelt, welche regelmäßig wiederkehren.[286] Eine weitergehende Einschränkung hinsichtlich einer untergeordneten Bedeutung – wie bei laufenden Angelegenheiten – findet nicht statt.

Die Werkleitung ist gemäß Art. 76 Abs. 3 S. 3 LKrO Dienstvorgesetzter und führt die Dienstaufsicht. Für die Ernennung und Entlassung von Beamten sowie die Einstellung und Entlassung von Angestellten und Arbeitern ist grundsätzlich der Kreistag zuständig, wenn er diese Befugnis nicht gemäß Art. 76 Abs. 3 S. 2 i.V.m. Art. 38 Abs. 2 LKrO an die Werkleitung delegiert. Die Werkleitung ist im Rahmen der laufenden Geschäfte zur Vertretung nach außen befugt, Art. 76 Abs. 3 S. 2 Hs. 1 LKrO. Weitergehende Vertretungsbefugnisse können der Werkleitung durch den Kreistag gemäß Art. 76 Abs. 3 S. 2 Hs. 2 LKrO übertragen werden. Dies kann aber nicht soweit gehen, dass eine vollumfängliche Vertretungsmacht durch Satzung eingeräumt wird, da dies nicht der Rolle der Werkleitung entspricht.[287]

Bei einem Krankenhaus bedeutet dies, dass zum Beispiel Behandlungsverträge mit Patienten selbständig durch die Werkleitung abgeschlossen werden können. Verträge mit externen Dienstleistern (beispielsweise Catering) oder der Kauf eines Computertomographen werden häufig nicht in den Verantwortungsbereich der Klinikleitung fallen, weshalb sie für solche Geschäfte stets eines Beschlusses des Werkausschusses bedürfen.

---

284 Lissack, Bayerisches Kommunalrecht, § 7, RN 6; Bauer/ Böhle/ Ecker, Bayerische Kommunalgesetze, Art. 88 GO, RN 1; Hölzl/ Hien/ Huber, Gemeindeordnung, Art. 88 GO, RN 1

285 Knemeyer, Bayerisches Kommunalrecht, RN 342; Scholz/ Pitschas, Gemeindewirtschaft, S. 37

286 Prandl/ Zimmermann/ Büchner, Kommunalrecht, Art. 76 LKrO Erl. 5, Art. 88 GO, Erl. 5; Bauer (u.a.), Praxis der Kommunalverwaltung, Band D 2, Art. 1 EBV, Erl. 6.3

287 Prandl/ Zimmermann/ Büchner, Kommunalrecht, Art. 76 LKrO, Erl. 7

(2) Befugnisse des Kreistages und des Werkausschusses

Sowohl Kreistag als auch Werkausschuss haben keine Befugnis zur Führung der laufenden Geschäfte des Eigenbetriebs, welche gemäß Art. 76 Abs. 3 S. 1 LKrO der Werkleitung vorbehalten bleibt. Ansonsten schränkt das Gesetz die Befugnisse des Kreistages und des Werkausschusses gegenüber seinem Eigenbetrieb nicht ein. Vielmehr können sich Kreistag und Werkausschuss grundsätzlich mit allen Fragen des Eigenbetriebs befassen und entsprechende Beschlüsse herbeiführen. Der Kreistag entscheidet über die konkreten Befugnisse des Werkausschusses, er kann sich eine Entscheidung allgemein vorbehalten oder im Einzelfall an sich ziehen, Art. 76 Abs. 4 S. 1 LKrO. Einige wenige grundlegende Entscheidungen verbleiben kraft Gesetzes beim Kreistag.[288] Zu nennen ist hier beispielsweise die Bestellung von Werkleiter und Werkausschuss gemäß Art. 76 Abs. 2 LKrO.

(3) Befugnisse des Landrates

Dem Landrat stehen beim Eigenbetrieb neben seinem Vorsitz im Werkausschuss eine Vielzahl weiterer Befugnisse zu wie beispielsweise die Vertretung des Eigenbetriebs außerhalb der laufenden Geschäfte, die Dienstaufsicht über die Werkleitung sowie der Erlass von Eilentscheidungen.[289]

b) Befugnisse der Geschäftsführung einer GmbH

Die GmbH wird gemäß § 35 GmbHG durch die Geschäftsführer vertreten. Dieses Recht obliegt den Geschäftsführern uneingeschränkt und uneinschränkbar.[290] Im Innenverhältnis hat der Geschäftsführer grundsätzlich die Befugnis zur umfassenden Geschäftsführung, also zu allen Maßnahmen, welche zur Verfolgung des Gesellschaftszwecks erforderlich sind.[291] Anders als ein Werkleiter ist der Gesellschafter einer Krankenhausgesellschaft somit grundsätzlich auch dann zum Vertragsabschluss mit externen Dienstleistern oder zum Kauf von medizi-

---

288 Prandl/ Zimmermann/ Büchner, Kommunalrecht, Art. 76 LKrO, Erl. 12; Bauer/ Böhle/ Ecker, Bayerische Kommunalgesetze, Art. 88 GO, RN 27

289 siehe hierzu die Übersicht der entsprechenden Befugnisse des Bürgermeisters bei Schulz in Bauer u.a., Kommunalverwaltung, Band B1, Art. 88 GO, Erl. 2.4 oder bei Hölzl/ Hien/ Huber, Gemeindeordnung, Art. 88 GO, RN 14

290 Paefgen in Ulmer/ Habersack/ Winter, GmbHG, § 35, RN 38; Schneider in Scholz, GmbHG, § 35, RN 13; Zöllner/ Noack, in Baumbach/ Hueck, GmbH-Gesetz, § 35, RN 4

291 Axhausen in Müller/ Winkeljohann, Handbuch der GmbH, § 5, RN 131; Zöllner/ Noack, in Baumbach/ Hueck, GmbH-Gesetz, § 37, RN 2

nischem Gerät befugt, wenn dies über den Umfang der „laufenden Geschäfte" hinausgeht. Dieses Recht zur umfassenden Geschäftsführung ist kraft Satzung oder Gesellschafterbeschluss einschränkbar. Regelungen hierfür finden sich in § 37 GmbHG, welcher entgegen seines Wortlauts in erster Linie nicht die Vertretungsbefugnis, sondern die Geschäftsführungsbefugnis betrifft,[292] sich also auf die Rechtsbeziehungen im Innenverhältnis der GmbH bezieht. Den Geschäftsführern dürfen die Befugnisse in einigen besonders geschützten Bereichen nicht entzogen werden (beispielsweise im Hinblick auf Buchführungspflichten, Erstellung des Jahresabschlusses, Stellung eines erforderlichen Insolvenzantrages).[293] Strittig ist, ob darüber hinaus den Geschäftsführern immer ein Kernbereich an Geschäftsführungsaufgaben verbleiben muss. Eine Ansicht bejaht dies mit dem Hinweis darauf, dass Geschäftsführer nicht zur bloßen „Vertretungsmarionette" degradiert werden dürfen.[294] Diese Ansicht ist jedoch abzulehnen, da sie keine gesetzliche Grundlage findet, zu nicht lösbaren Abgrenzungsproblemen führt und nicht berücksichtigt, dass die Gesellschafter – anders als bei der Aktiengesellschaft – die Herren der Gesellschaft sind.[295] Bei Krankenhausgesellschaften ist zum Beispiel daran zu denken, die Befugnis zur Besetzung eines Direktoriums der Klinik, die Schließung von Abteilungen, Einstellungen von Chefärzten oder Investitionen ab einer bestimmten Größenordnung dem Aufsichtsrat zu übertragen oder seinem Zustimmungsvorbehalt zu unterwerfen.

c) Befugnisse der Gesellschafterversammlung

Der (bzw. die) Vertreter in der Gesellschafterversammlung einer GmbH nehmen dort die Interessen der Gesellschafter wahr.Die primären Rechte der Gesellschafterversammlung ergeben sich aus§ 46 GmbHG sowie einigen auf das GmbHG verteilte Zuständigkeiten (beispielsweise § 53 Abs. 1 GmbHG).[296] Darüberhinaus haben die Gesellschafter jedoch eine allgemeine (sekundäre) Kompetenz bezüglich aller Gesellschaftsangelegenheiten.[297] Bezüglich dieser sekun-

---

292 Axhausen in Müller/ Winkeljohann, Handbuch der GmbH, § 5, RN 131; Zöllner/ Noack, in Baumbach/ Hueck, GmbH-Gesetz, § 37, RN 1
293 Paefgen in Ulmer/ Habersack/ Winter, GmbHG, § 37, RN 12; Zöllner/ Noack in Baumbach/ Hueck, GmbH-Gesetz, § 37, RN 16
294 Zöllner/ Noack, in Baumbach/ Hueck, GmbH-Gesetz, § 37, RN 16 f
295 Paefgen in Ulmer/ Habersack/ Winter, GmbHG, § 37, RN 14; Koppensteiner in Rowedder/ Schmidt-Leithoff, GmbH-Gesetz, § 37, RN 22
296 Eine Übersicht der einzelnen Rechte findet sich bei Koppensteiner in Rowedder/ Schmidt-Leithoff, GmbH-Gesetz, § 45, RN 4
297 Hüffer in Ulmer/ Habersack/ Winter, GmbHG, § 46, RN 120; Schmidt in Scholz, GmbH-Gesetz, § 46, RN 1; Zöllner in Baumbach/ Hueck, GmbHG, § 46, RN 5

dären Kompetenzen bleiben andere Organe zuständig, solange die Gesellschafterversammlung von ihrem Recht keinen Gebrauch gemacht hat.[298] Im Gesellschaftsvertrag kann eine andere Kompetenzverteilung geregelt werden.[299]

d) Befugnisse des Aufsichtsrats

Aufsichtsräte sind dem Gesellschaftsinteresse verpflichtet und müssen somit bei ihrer Tätigkeit das Wohl der Gesellschaft im Blick haben und erst nachrangig die Interessen des oder der Gesellschafter.[300] Der Autor weiß aus eigener Erfahrung, dass dieser Umstand in der Praxis kommunaler Gesellschaften weitgehend unbekannt ist bzw. dass er häufig bewusst nicht beachtet wird.

Der Aufsichtsrat ist in erster Linie ein Beratungs- und Kontrollorgan.[301] Seine Aufgabe ist insbesondere die Überwachung der Geschäftsführung (§§ 52 Abs. 1 GmbHG, 111 Abs. 1 AktG), also die Überprüfung von Rechtmäßigkeit, Ordnungsmäßigkeit, Zweckmäßigkeit und Wirtschaftlichkeit.[302] Hierzu zählen gemäß § 52 Abs. 1 GmbHG i.V.m. § 171 AktG zwingend die Prüfung des Jahresabschlusses, des Lageberichts und des Gewinnverwendungsvorschlages.[303]

Durch Gesellschaftsvertrag können einem fakultativen Aufsichtsrat einzelne Funktionen der Geschäftsführung übertragen werden oder Zustimmungsvorbehalte bezüglich unternehmensleitender Maßnahmen eingeräumt werden.[304] Zu den Einzelheiten siehe oben bei b).

Um ihre Aufgaben wahrnehmen zu können, stehen dem Aufsichtsrat Informationsrechte gegenüber der Geschäftsführung zu. Diese ergeben sich aus § 52

---

298 Hüffer in Ulmer/ Habersack/ Winter, GmbHG, § 46, RN 120

299 Zöllner in Baumbach/ Hueck, GmbHG, § 46, 6, Schmidt in Scholz, GmbH-Gesetz, § 46, RN 2

300 BGHZ 36, 296, 306 = BGH NJW 1962, 864; Altmeppen in Roth/Altmeppen, GmbHG, § 52, RN 27; Schmidt-Leithoff in Rowedder/ Schmidt-Leithoff, GmbHG, Einleitung, RN 188; Schneider in Scholz, GmbH-Gesetz, § 52, RN 328; Kropf in Kropf (u.a.), Aktiengesetz, § 394, RN 84

301 Schneider in Scholz, GmbH-Gesetz, § 52 RN 56; Zöllner/ Noack in Baumbach/ Hueck, GmbHG, § 52, RN 100

302 Koppensteiner, in Rowedder/ Schmidt-Leithoff, GmbH-Gesetz, § 52, RN 11; Schneider in Scholz, GmbH-Gesetz, § 52, RN 95; Raiser/ Heermann in Ulmer/ Habersack/ Winter, GmbHG, § 52, RN 87

303 Müller in Müller/ Winkeljohann, Handbuch der GmbH, § 6, RN 88; Raiser/ Heermann in Ulmer/ Habersack/ Winter, GmbHG, § 52, RN 97 ff

304 Schneider in Scholz, GmbH-Gesetz, § 52, RN 130 und 161; Raiser/ Heermann in Ulmer/ Habersack/ Winter, GmbHG, § 52, RN 110 und § 37, RN 16

Abs. 1 GmbHG i.V.m. § 90 Abs. 3 AktG.[305] Über die Antwort auf die Frage, ob eine anlassbezogene Berichtspflicht unabhängig von konkreten Nachfragen besteht, herrscht Uneinigkeit. Eine Berichtspflicht der Geschäftsführung, unabhängig von einem Auskunftsverlangen wird teilweise abgelehnt, da § 52 Abs. 1 GmbHG nicht auf die § 90 Abs. 1 und 2 AktG – welche eine solche Berichtspflicht regeln – verweist.[306] Aber auch ohne einen Verweis auf die entsprechenden Regelungen des AktG ist eine Informationspflicht der Geschäftsführung an den Aufsichtsrat zu bejahen, wenn Anlass zu einer Information besteht. Dies kann aus § 43 Abs. 1 GmbHG abgeleitet werden, wonach die Geschäftsführer die Sorgfalt eines ordentlichen Geschäftsmannes anzuwenden haben.[307] Um die Rechtsunsicherheit zu vermeiden, sollten die Geschäftsführer in der Satzung verpflichtet werden, von sich aus entsprechend § 90 Abs. 1 und Abs. 2 AktG den Aufsichtsrat zu informieren. Zu denken ist bei Kreiskrankenhäusern an Quartalsberichte oder außerordentliche Berichte, welche den Aufsichtsrat beispielsweise hinsichtlich der Belegungstage des Krankenhauses, des Nutzungsgrades der Betten, anstehender Gesetzesänderungen oder des Standes von Pflegesatzverhandlungen auf dem Laufenden halten.

Probleme bei der Kontrolle können sich dadurch ergeben, dass durch die formelle Privatisierung auch ein Kompetenzverlust in der Landkreisverwaltung eintritt. Nach der Privatisierung werden in der Verwaltung regelmäßig keine Mitarbeiter mehr beschäftigt, die Fachwissen bezüglich der privatisierten Gesellschaften haben. Dies gilt bei Krankenhäusern insbesondere im Hinblick auf die Beurteilung der medizinischen Qualität und im Hinblick auf die Finanzierung. Die Mitarbeiter des Landkreises, welche vor der Privatisierung mit der Thematik der Krankenhäuser befasst waren, sind nach der Privatisierung meist Mitarbeiter der Gesellschaft. Mit der Ausgliederung wird somit auch das Fachwissen ausgegliedert.[308] Eine wirksame Kontrolle scheitert dann oft daran, dass – zumindest bei einer Besetzung ohne tatsächlich sachverständige Aufsichtsräte – weder Aufsichtsräte noch die dem Gesellschafter Landkreis zuarbeitende Landkreisverwaltung über das für die Kontrolle erforderliche Wissen verfügen.

305 Raiser/ Heermann in Ulmer/ Habersack/ Winter, GmbHG, § 52, RN 115, Zöllner/ Noack in Baumbach/ Hueck, GmbHG, § 52, RN 132 ff
306 Zöllner/ Noack in Baumbach/ Hueck, GmbHG, § 52, RN 121
307 Raiser/ Heermann in Ulmer/ Habersack/ Winter, GmbHG, § 52, RN 115; Koppensteiner in Rowedder/ Schmidt-Leithoff, GmbHG, § 52, RN 11
308 Schoch, DÖV 1993, 377, 382

4. Weisungsrechte des Kreistages

In der Praxis ist festzustellen, dass Kreisräte, welche nicht Mitglied der Organe von Landkreisgesellschaften sind, häufig die Mitglieder dieser Organe zu einem bestimmten Verhalten verpflichten wollen. Dieser Abschnitt soll darlegen, inwieweit dies möglich ist. Vor der Privatisierung eines Krankenhauses sollte genau überlegt werden, ob die dadurch eintretenden Folgen für die Einflussnahmemöglichkeiten tatsächlich gewollt sind.

a) Weisungsrechte des Kreistages gegenüber dem Vertreter in der Gesellschafterversammlung

Fraglich ist zunächst, ob der Vertreter des Landkreises in der Gesellschafterversammlung eigenverantwortlich handeln kann, oder ob er für die Beschlüsse in der Gesellschafterversammlung einer vorherigen Zustimmung durch die Gremien des Landkreises bedarf. In der Gesellschafterversammlung vertritt der Landrat (bzw. sein Vertreter) den Landkreis nach außen, also gegenüber der Gesellschaft. Inwieweit der Vertreter des Landkreises dabei Weisungen anderer Landkreisorgane unterliegt, richtet sich nach den allgemeinen Regelungen des Kommunalrechts.[309]

Der Landrat darf nur in den gesetzlich bestimmten Fällen des Art. 34 Abs. 1 S.1 LKrO in eigener Zuständigkeit, also ohne vorangegangenen Beschluss des Kreistages, handeln oder aber, wenn ihm vom Kreistag durch die Geschäftsordnung weitere Angelegenheiten zur selbständigen Erledigung übertragen worden sind (Art. 34 Abs. 2 S. 1 LKrO). Art. 34 Abs. 1 S. 1 Nr. 2 LKrO wird in der Regel für die Rolle als Gesellschafter bedeutungslos sein. Aber auch Art. 34 Abs. 1 S. 1 Nr. 1 LKrO wird in der Regel nicht einschlägig sein, da es sich bei den von einer Gesellschafterversammlung zu treffenden Entscheidung nur ausnahmsweise um laufende Angelegenheiten eines Landkreises handelt.[310] Somit ist für eine wirksame Stimmabgabe des Landrates in der Gesellschafterversammlung entweder eine Regelung in der Geschäftsordnung des Kreistages-

---

309 Schulz in Schulz/ Wachsmuth/ Zwick, Kommunalverfassungsrecht, Art. 93 GO, Erl. 2; Hölzl/ Hien/ Huber, Art. 93 GO, RN 12

310 Schulz in Schulz/ Wachsmuth/ Zwick, Kommunalverfassungsrecht, Art. 93 GO, Erl. 2; Bauer/ Böhle/ Ecker, Bayerische Kommunalgesetze, Art. 81 LKrO, RN 12; Prandl/ Zimmermann/ Büchner, Art. 93 GO, Erl. 1; Hölzl/ Hien/ Huber, Gemeindeordnung, Art. 93 GO, Erl. 2; Schulz in Bauer (u.a.), Kommunalverwaltung, Band B 1, Art. 93 GO, Erl. 2; Lohner/ Zieglmeier, BayVBl. 2007, 581, 583

oder ein vorangegangener wirksamer Beschluss des Kreistages oder des zuständigen Ausschusses erforderlich.[311] Handelt der Vertreter in der Gesellschafterversammlung, ohne hierzu befugt zu sein – weil ein erforderlicher Kreistags- bzw. Ausschussbeschluss fehlt oder weil der Vertreter durch den Beschluss zu einem anderen Abstimmverhalten verpflichtet war – so tritt er als Vertreter ohne Vertretungsmacht auf. Die Folgen richten sich nach §§ 177 ff BGB.[312] Sollte anstelle des Landrates eine andere Person in die Gesellschafterversammlung entsandt werden, so beurteilten sich deren Kompetenzen nach denselben Maßstäben.[313] Dies bedeutet, dass der Kreistag gegenüber dem Vertreter in der Gesellschafterversammlung weisungsbefugt ist, was auch der Haftungsfreistellungsregelung des Art. 81 Abs. 3 S. 2 LKrO zugrunde liegt.

Soll dem Vertreter eine größere Kompetenz in der Gesellschafterversammlung eingeräumt werden, so ist dies durch eine Regelung in der Geschäftsordnung des Kreistages unter den Voraussetzungen des Art. 34 Abs. 2 LKrO möglich. Da sich die Kompetenzen eines sonstigen Vertreters – also desjenigen, welcher anstelle des Landrates zum Vertreter in der Gesellschafterversammlung bestimmt wurde – nach denselben Maßstäben richten, wirkt die Erweiterung der Kompetenzen auch in diesem Fall. Sollte im Rahmen der Privatisierung des Krankenhauses eine solche Anpassung der Geschäftsordnung des Kreistages übersehen worden sein, so kann dies auch nach der Privatisierung jederzeit nachgeholt werden, da dies eine Angelegenheit des Landkreises ist, welche im Gesellschaftsvertrag keinen Niederschlag findet.

b) Weisungsrechte des Kreistages gegenüber Aufsichtsräten

Soweit zulässig, hat sich der Landkreis gemäß Art. 81 Abs. 2 S. 3 LKrO im Gesellschaftsvertrag oder der Satzung Weisungsrechte gegenüber den von ihm entsandten Aufsichtsräten einräumen zu lassen. Diese Regelung findet aber ihre Grenze in den Bestimmungen des Bundesrechts, speziell des AktG und des

---

311 Bauer/ Böhle/ Ecker, Bayerische Kommunalgesetze, Art. 81 LKrO, RN 12; Hölzl/ Hien/ Huber, Gemeindeordnung, Art. 93 GO, Erl. 2; Schulz in Bauer (u.a.), Kommunalverwaltung, Band B 1, Art. 93 GO, Erl. 2; Schulz in Schulz/ Wachsmuth/ Zwick, Kommunalverfassungsrecht, Art. 93 GO, Erl. 2

312 Schulz in Bauer u.a., Kommunalverwaltung, Band B1, Art. 93 GO, Erl. 2; Prandl/ Zimmermann/ Büchner, Art. 38 GO, Erl. 1.1; Bauer/ Böhle/ Ecker, Bayerische Kommunalgesetze, Art. 38 GO, RN 4

313 Schulz in Bauer u.a., Kommunalverwaltung, Band B1, Art. 93 GO, Erl. 2; Widtmann/ Grasser/ Glaser, Gemeindeordnung, Art. 93 GO, Erl. 4. e); Schulz in Schulz/ Wachsmuth/ Zwick, Kommunalverfassungsrecht, Art. 93 GO, Erl. 2

GmbHG.[314] Von der gesellschaftsrechtlichen Literatur werden Weisungsrechte von Gesellschaftern teilweise pauschal unter Hinweis auf die Unabhängigkeit der Aufsichtsräte abgelehnt.[315] Richtig ist es jedoch zu differenzieren.

Gemäß § 52 Abs. 1 GmbHG gelten die Vorschriften des Aktiengesetzes hinsichtlich des Aufsichtsrates auch bei obligatorischen Aufsichtsräten einer GmbH. Nach seiner Organisationsstruktur sieht das Aktienrecht keinerlei Weisungsrechte gegenüber Aufsichtsräten vor (Arg. § 79, 119 Abs. 2, 84, 91, 116 AktG),[316] so dass ein Weisungsrecht auch bei obligatorischen Aufsichtsräten abzulehnen ist.[317]

Bei einem fakultativen Aufsichtsrat kann § 52 Abs. 1 GmbHG, der die Verweisung ins Aktienrecht darstellt, im Gesellschaftsvertrag abbedungen werden. Daraus ist zu folgern, dass dem Kreistag durch Regelung im Gesellschaftsvertrag auch ein Weisungsrecht gegenüber dem Aufsichtsrat eingeräumt werden kann.[318] Ein solches Weisungsrecht kann geregelt werden, soweit es die Aufgaben betrifft, welche dem Aufsichtsrat über den Kern seiner Überwachungsaufgaben hinaus übertragen worden sind.[319] Sähe der Gesellschaftsvertrag auch ein Weisungsrecht bezüglich der Kernaufgaben vor, so widerspräche dies den Erwartungen sowohl der Gesellschafter als auch Außenstehender.[320] In diesem Fall müsste auf die Bezeichnung „Aufsichtsrat" wegen des Vertrauensschutzes des Rechtsverkehrs verzichtet werden.[321]

---

314   OVG Münster, Beschluss vom 12.12.2006 – 15 B 2625/06 in NVwZ 2007, 609; Bauer/ Böhle/ Ecker, Bayerische Kommunalgesetze, Art. 93 GO, Erl. 21; Prandl/ Zimmermann/ Büchner, Art. 93 GO, Erl. 5

315   Schneider in Scholz, GmbH-Gesetz, § 52, RN 327

316   Raiser/ Heermann in Ulmer/ Habersack/ Winter, GmbHG, § 52, RN 147; Altmeppen, NJW 2003, 2561, 2564; Bauer/ Böhle/ Ecker, Bayerische Kommunalgesetze, Art. 93 GO, RN 21

317   Prandl/ Zimmermann/ Büchner, Art. 93 GO, Erl. 5; Widtmann/ Grasser/ Glaser, Bayerische Gemeindeordnung, Art. 93 GO, RN 18

318   Bauer/ Böhle/ Ecker, Bayerische Kommunalgesetze, Art. 93 GO, RN 21; Schulz in Bauer u.a., Kommunalverwaltung, Band B1, Art. 93 GO, Erl. 3.3; Raiser/ Heermann in Ulmer/ Habersack/ Winter, GmbHG, § 52, RN 147; Prandl/ Zimmermann/ Büchner, Art. 93 GO, RN 5

319   Bauer/ Böhle/ Ecker, Art. 93 GO, RN 22; Raiser/ Heermann in Ulmer/ Habersack/ Winter, GmbHG, § 52, RN 147

320   Raiser/ Heermann in Ulmer/ Habersack/ Winter, GmbHG, § 52, RN 147; Baumbach/ Hueck, GmbHG, § 52, RN 27 f

321   Widtmann/ Grasser/ Glaser, Bayerische Gemeindeordnung, Art. 93 GO, RN 18; Zöllner/ Noack, in Baumbach/ Hueck, GmbH-Gesetz § 52, RN 27, 28

5. Auskunftsrechte des Kreistages

In Kreistagen wird oft die schlechte Information über Entscheidungen und Entwicklungen in Gesellschaften des Landkreises bemängelt. Diese Beschwerden tauchen regelmäßig dann auf, wenn – wie bei Krankenhäusern nicht unüblich – der Landkreis für größere Verluste oder nicht geplante Investitionen aufkommen muss. Der folgende Abschnitt soll klären, inwieweit dem Kreistag und auch einzelnen Kreisräten Informationsrechte gegenüber dem Aufsichtsrat und dem Vertreter in der Gesellschafterversammlung zustehen.

a) Auskunftsrechte des Kreistages gegenüber dem Vertreter in der Gesellschafterversammlung

Eine explizite Regelung, inwieweit der Vertreter des Landkreises in der Gesellschafterversammlung den Kreistag zu informieren hat, findet sich in der LKrO nicht. Oben (Ziff. 4.a) wurde dargestellt, dass der Landrat für einen Großteil der Gesellschafterbeschlüsse eines vorherigen Beschlusses des Kreistages oder eines seiner Ausschüsse bedarf. Der Kreistag kann jedoch nur dann Beschlüsse fassen, wenn er vorher umfassend informiert wurde. Außerdem ist der Landrat dem Kreistag als dem obersten Organ umfassend zur Auskunft verpflichtet.[322] Somit muss der Landrat – oder der statt seiner entsandte Vertreter – den Kreistag über die Inhalte der Gesellschafterversammlungen informieren, sowohl vor einer Abstimmung, als auch anschließend über deren Ausgang. Gleiches gilt für vom Kreistag erbetene Auskünfte.Eine Grenze stellt neben den allgemeinen Beschränkungen des angemessenen Arbeitsaufwandes lediglich § 51 a Abs. 2 GmbHG dar, wonach eine Auskunft durch die Gesellschaft zu verweigern ist, wenn zu besorgen ist, dass die Informationen zu gesellschaftsfremden Zwecken verwendet werden sollen. Hierzu ist gemäß § 51 a Abs. 2 S. 2 GmbHG ein Beschluss der Gesellschafterversammlung erforderlich.

---

322 Altmeppen, Die Einflussrechte der Gemeindeorgane in einer kommunalen GmbH, NJW 2003, 2561, 2566; Bloeck in Schulz/ Wachsmuth/ Zwick, Kommunalverfassungsrecht, Art. 23 LKrO, Erl. 3; Bauer/ Böhle/ Ecker, Bayerische Kommunalgesetze, Art. 23 LKrO, Erl. 3

b) Auskunftsrechte des Kreistages gegenüber dem Aufsichtsrat

(1) Auskunftsrechte bei einer Aktiengesellschaft

Aufsichtsräte von Aktiengesellschaften unterliegen gemäß §§ 116, 93 Abs. 1 S. 2 AktG besonderen Verschwiegenheitspflichten, welche sogar strafbewehrt sind (§ 404 AktG).

Grundsätzlich gilt die Verschwiegenheitspflicht auch gegenüber den Aktionären.[323] Die Verschwiegenheitspflicht wird durch § 394 AktG für Aufsichtsratsmitglieder relativiert, welche auf Veranlassung einer Gebietskörperschaft in den Aufsichtsrat entsandt worden sind. Diese unterliegen hinsichtlich der Berichte, welche sie gegenüber der Gebietskörperschaft zu erstatten haben, keiner Verschwiegenheitsverpflichtung. Eine solche Berichtpflicht als solche, welche aber unter dem Vorbehalt anderslautender Vorschriften steht, ergibt sich für den Landkreis aus Art. 81 Abs. 2 S. 2 LKrO.

Weder Art. 81 LKrO noch § 394 AktG äußern sich dazu, gegenüber welchen Vertretern der Gebietskörperschaft die Verschwiegenheitspflicht entfällt. Die Überschrift zu §§ 394, 395 AktG bezeichnet diese Normen ausdrücklich als Sondervorschriften. Als solche sind sie restriktiv auszulegen. Demnach dürfen vertrauliche Angaben an die Gebietskörperschaft nur dann weitergegeben werden, wenn dort die Vertraulichkeit gewährleistet ist und auch nur an die Personen, welche mit der Verwaltung und Prüfung der Gesellschaft für die Gebietskörperschaft betraut sind.[324] Dies sind bei Krankenhäusern in privater Rechtsform wegen Art. 92 Abs. 2, Abs. 4 LKrO insbesondere die Mitglieder des Rechnungsprüfungsausschusses.

Probleme ergeben sich bei Ausschüssen von Kreistagen bereits aus der Größe der Gremien sowie den politischen Differenzen, welche einen fruchtbaren Boden für Indiskretionen bieten. Deshalb ist eine Weitergabe der Informationen an Ausschüsse im Einzelfall zu prüfen und sehr restriktiv zu handhaben, die Weitergabe an Kreistage wegen ihrer Zahl von 50 oder mehr Kreisräten[325] ist abzulehnen.[326]

---

323 Habersack in Goette/ Habersack, Münchener Kommentar, Art. 116 AktG, RN 55; Spindler in Spindler/ Stilz, AktG, § 116, RN 83; Hoffmann-Becking, Aktiengesellschaft, § 33, RN 46;

324 Kropff in Kropff (u.a.), Aktiengesetz, §§ 394, 395, RN 71; Hüffer, Aktiengesetz, § 394, RN 43; Schwintowski, NJW 1990, 1009, 1014

325 vgl. Art. 24 Abs. 2 S. 1 LKrO

326 Kropff in Kropff (u.a.) Aktiengesetz, §§ 394, 395, RN 71 f: Hüffer, Aktiengesetz, § 394, RN 43; Raiser/ Heermann in Ulmer/ Habersack/ Winter, GmbHG, § 52, RN 141; Schwintowski, NJW 1990, 1009, 1014

Dieses Ergebnis wird auch nicht durch bayerisches Kommunalrecht relativiert. Art. 81 Abs. 2 S. 2 LKrO regelt ausdrücklich, dass die Berichts- und Auskunftspflicht der Aufsichtsratsmitglieder unter dem Vorbehalt entgegenstehender gesetzlicher Vorschriften steht. Dieser Vorrang des Gesellschaftsrechts steht in Einklang mit der Vorgabe des Art. 31 GG, welcher den Vorrang des Bundesrechts vor dem Landesrecht statuiert.[327]

(2) Auskunftsrechte bei einer GmbH

Beim Aufsichtsrat einer GmbH finden die Vorschriften der §§ 93 Abs. 1 S. 2, 116 AktG wegen der Verweisung in § 52 GmbHG grundsätzlich Anwendung. Von der Verschwiegenheitspflicht ist die Information der Gesellschafterversammlung durch den Aufsichtsrat weitestgehend ausgenommen, da grundsätzlich keine Schweigpflicht innerhalb der Organe und zwischen den Organen besteht.[328] Das Nichtvorliegen einer Schweigepflicht gegenüber anderen Gesellschaftsorganen bedeutet aber nicht, dass Aufsichtsräte Auskunft an einzelne Gesellschafter - außer es handelt sich um einen Alleingesellschafter – oder an Organe eines einzelnen Gesellschafters geben können. Letztere sind keine Organe der Gesellschaft, weshalb ihnen gegenüber grundsätzlich eine Schweigepflicht besteht.[329]

Im Übrigen ist bei einer GmbH danach zu differenzieren, ob ein obligatorischer Aufsichtsrat besteht bzw. ob aktienrechtliche Vorschriften zum Aufsichtsrat gemäß § 52 Abs. 1 GmbHG anzuwenden sind, oder ob die Anwendbarkeit gemäß § 52 Abs. 1 letzter Hs. GmbHG für einen fakultativen Aufsichtsrat – ganz oder teilweise – ausgeschlossen ist.

In ersterem Fall verweist § 52 GmbHG auf die Verschwiegenheitspflicht der Aufsichtsräte. Zwar wird nicht ausdrücklich auf §§ 394, 395 AktG verwiesen, jedoch sind diese Normen wegen des engen Zusammenhangs mit den anderen Regelungen des Aktiengesetzes zur Verschwiegenheit – auf welche ausdrücklich verwiesen wird – mit anzuwenden.[330] Deshalb gilt das zur Aktiengesellschaft Gesagte beim obligatorischen Aufsichtsrat entsprechend.

---

327 Geis, Kommunalrecht, § 12, RN 123; Schwintowski, NJW 1995, 1316, 1317f

328 BGHZ 135, 48, 56; Blocck in Schulz/ Wachsmuth/ Zwick, Kommunalverfassungsrecht, Art. 81 LKrO, S. 3; Raiser/ Heermann in Ulmer/ Habersack/ Winter, GmbHG, § 52, RN 143; Schneider in Scholz (u.a.), GmbHG, § 52, RN 495

329 Schneider in Scholz (u.a.), GmbHG, § 52, RN 495; Zöllner/ Noack in Baumbach/ Hueck, GmbHG, § 52, RN 65; aA Schulz/ Wachsmuth/ Zwick, Kommunalverfassungsrecht, Art. 81 LKrO, S. 4

330 Kropff in Kropff (u.a.) Aktiengesetz, §§ 394, 395, RN 10; Raiser/ Heermann in Ulmer/ Habersack/ Winter, GmbHG, § 52, RN 140f

Etwas anderes gilt jedoch bei einem fakultativen Aufsichtsrat, wenn die Anwendbarkeit der Verweisungen des § 52 Abs. 1 GmbHG gemäß § 52 Abs. 1 letzter Hs. – ganz oder zumindest hinsichtlich §§ 116, 93 AktG – ausgeschlossen wurde oder wenn im Gesellschaftsvertrag explizit bestimmt wird, wem welche Auskunftsrechte gegenüber dem Aufsichtsrat zustehen. Bei einem fakultativen Aufsichtsrat, insbesondere dem einer Eigengesellschaft, bei dem keine Rechte anderer Gesellschafter gewahrt werden müssen, kann durch Gesellschaftsvertrag von den Einschränkungen der Informationsweitergabe abgewichen werden.[331] Dies ergibt sich bereits aus dem Wortlaut des § 52 Abs. 1 GmbHG und entspricht auch der Grundidee eines fakultativen Aufsichtsrates. Wenn es schon im Belieben der Gesellschafter liegt zu entscheiden, ob überhaupt ein fakultativer Aufsichtsrat eingerichtet wird, so obliegt ihnen auch die Entscheidung darüber, wem dieser zu berichten hat. Aus der Organstellung der Aufsichtsräte ergibt sich jedoch eine allgemeine Sorgfalts- und Treuepflicht gegenüber der Gesellschaft, welche die Grenze auch für Lockerungen im Gesellschaftsvertrag darstellt.[332] Die Verschwiegenheit muss sich dabei weiter auf die Bereiche erstrecken, die zum Wohl der Gesellschaft der Geheimhaltung bedürfen.[333]

6. Teilnahmerechte einzelner Kreisräte und der Öffentlichkeit

Durch die Teilnahme von Kreisräten und der Öffentlichkeit an Sitzungen von Gremien einer Gesellschaft können diese ihren Informationsbedarf decken. Gleichzeitig hat die Gesellschaft ein Interesse an der Wahrung der Vertraulichkeit. Vor diesem Hintergrund sollen nachfolgend die Teilnahmerechte von Öffentlichkeit und Kreisräten an Sitzungen innerhalb der Gesellschaft näher beleuchtet werden.

a) Teilnahmerechte einzelner Kreisräte und der Öffentlichkeit an der Gesellschafterversammlung

Ist eine juristische Person Gesellschafter, so kann – zumindest wenn, wie bei einem Landkreis, eine Person einzelvertretungsberechtigt ist – nur ein Vertreter

---

331 Raiser/ Heermann in Ulmer/ Habersack/ Winter, GmbHG, § 52, RN 144; Altmeppen in Roth/ Altmeppen, GmbHG, § 52, RN 29; Bartl (u.a.), GmbH-Recht, § 52 GmbHG, RN 18; Heyder in Michalsky, GmbH-Gesetz, § 52, RN 188

332 Heyder in Michalsky, GmbH-Gesetz, § 52, RN 183

333 BayVGH, Urteil vom 8.5.2006, Az 4 BV 05.756, in BayVBl 2006, 534, 536; Schulz in Schulz/ Wachsmuth/ Zwick, Art. 93 GO, Erl. 3.2.2.

an der Gesellschafterversammlung teilnehmen.[334] In der Satzung kann jedoch der Teilnehmerkreis erweitert werden,[335] so dass auch Kreisräte oder sogar die Öffentlichkeit inklusive Pressevertretern teilnehmen können. Die Grenze ist wiederum – entsprechend Art. 46 Abs. 2 S. 1 LKrO – dort zu ziehen, wo das Wohl der Allgemeinheit oder berechtigte Interessen Einzelner entgegenstehen.

b) Teilnahmerechte einzelner Kreisräte und der Öffentlichkeit an Aufsichtsratssitzungen

Um zu prüfen, ob ein Teilnahmerecht von Kreisräten bzw. der Öffentlichkeit an Aufsichtsratssitzungen besteht, könnte man eine Parallelbetrachtung zu Teilnahmerechten ausschussfremder Personen in Ausschüssen des Landkreises ziehen. Gemäß Art. 46 Abs. 2 S. 1, 49 LKrO sind die Sitzungen aller Ausschüsse grundsätzlich öffentlich. Nichtöffentlichkeit kann gemäß Art. 46 Abs. 2 S. 1 LKrO nur hergestellt werden, wenn das Wohl der Allgemeinheit oder berechtigte Interessen der Allgemeinheit entgegenstehen. Ausschussfremde Kreisräte, also solche, die dem konkreten Ausschuss nicht angehören, werden nicht der Öffentlichkeit i.S.d. Art. 46 LKrO zugerechnet. Sämtliche Kreisräte haben somit bei allen Ausschusssitzungen ein Anwesenheitsrecht.[336] Eine Ausnahme gilt nur bei persönlicher Beteiligung gemäß Art. 43 Abs. 1 LKrO.

Für Aufsichtsratssitzungen von Aktiengesellschaften findet sich eine ausdrückliche Regelung in § 109 AktG, wonach aufsichtsrats- und vorstandsfremde Personen nicht an den Sitzungen teilnehmen sollen. Für fakultative Aufsichtsräte fehlt ein ausdrücklicher Verweis des GmbHG auf diese Norm. Trotzdem wird allgemein auch beim fakultativen Aufsichtsrat einer GmbH der Gedanke des § 109 AktG angewandt.[337] Es ist jedoch (beim fakultativen Aufsichtsrat) eine anderweitige Regelung durch Satzung oder Geschäftsordnung möglich.[338]

---

334 Zöllner in Baumbach/ Hueck, GmbHG, § 48, RN 10; Römermann in Michalsky, GmbH-Gesetz, § 48, RN 44 ff; Schmidt/ Seibt in Scholz, GmbHG, § 48, RN 15

335 Römermann in Michalsky, GmbH-Gesetz, § 48, RN 44ff; Zöllner in Baumbach/ Hueck, GmbHG, § 48, RN 12; Fischer/Gerber in Müller/ Winkeljohann, Handbuch der GmbH, § 4, RN 46

336 Bloeck in Schulz/ Wachsmuth/ Zwick, Art. 49 LKrO, S. 1; Bauer/ Böhle/ Ecker, Bayerische Kommunalgesetze, Art. 49 LKrO, RN 2; Prandl/ Zimmermann/ Büchner, Art. 55 GO, Erl. 2

337 Raiser/ Heermann in Ulmer/ Habersack/ Winter, GmbHG, § 52, RN 68; Schneider in Scholz, GmbHG, § 52, RN 397; Heyder in Michalsky, GmbH-Gesetz, § 52, RN 341

338 Heyder in Michalsky, GmbH-Gesetz, § 52, RN 341; Zöllner/ Noack in Baumbach/ Hueck, GmbHG, § 52, RN 84

Eine extreme Ansicht führt dazu aus, dass sogar die Öffentlichkeit zu Aufsichtsratssitzungen zuzulassen sei und begründet dies damit, dass damit lediglich ein vom Gesetzgeber eröffneter Spielraum ausgefüllt werde.[339] In diese Richtung scheint zunächst auch die richtungsweisende Entscheidung des VGH im sog. Transparenzurteil[340], nach welcher die Verschwiegenheitspflicht von Aufsichtsräten auch gegenüber der Öffentlichkeit gelockert werden kann, zu gehen. Dieses Urteil kann aber hierzu nicht als Beleg herangezogen werden.[341] Tatsächlich stellt das Urteil gerade klar, dass durch den zugrundeliegenden Bürgerentscheid die Nichtöffentlichkeit von Aufsichtsratssitzungen gerade nicht „unterlaufen" werden solle.[342] Die o.g. weitgehende Ansicht ist somit abzulehnen. Aufsichtsräte sind auf gegenseitigem Vertrauen und auf Homogenität gegründet.[343] Eine Teilnahme der Öffentlichkeit oder auch „nur" aller Kreisräte an Aufsichtsratssitzungen lässt sich mit dem Wesen eines Aufsichtsrates somit nicht vereinbaren.[344]

7. Haftung

Die Frage, wie sich Haftungsrisiken bei einer Privatisierung verändern, sollte vor einer Privatisierungsentscheidung beleuchtet werden. Zum einen stellt sich die Frage, inwieweit der Landkreis gegenüber Dritten für Schäden haftet, die durch den Betrieb bzw. durch die Gesellschaft verursacht wurden. Zum anderen ist die Problematik zu erläutern, inwieweit der Landkreis oder die Gesellschaft bei Fehlverhalten des Landrates, von Kreisräten oder Aufsichtsräten hinsichtlich des dabei entstandenen Schadens bei diesen Personen Rückgriff nehmen können.

339   Bauer/ Böhle/ Ecker, Bayerische Kommunalgesetze, Art. 93 GO, RN 20; Meiski, Die Nichtöffentlichkeit der Aufsichtsratssitzung einer kommunalen GmbH und das Öffentlichkeitsprinzip der kommunalen Selbstverwaltung in NVwZ 2007, 1355, 1358

340   BayVGH, Urteil vom 8.5.2006, Az 4 BV 05.756, in BayVBl 2006, 534 ff

341   Anders aber Bauer/ Böhle/ Ecker, Bayerische Kommunalgesetze, Art. 93 GO, RN 20

342   BayVGH, Urteil vom 8.5.2006, Az 4 BV 05.756, in BayVBl 2006, 534, 536

343   Raiser/ Heermann in Ulmer/ Habersack/ Winter, GmbHG, § 52, RN 69

344   Prandl/ Zimmermann/ Büchner, Art. 93 GO, Erl. 4; Widtmann/ Grasser/ Glaser, Bayerische Gemeindeordnung, Art. 93 GO, Erl. 2. c; Raiser/ Heermann in Ulmer/ Habersack/ Winter, GmbHG, § 52, RN 69

a) Haftung des Landkreises

Eigenbetriebe sind rechtlich unselbständig.[345] Deshalb haften Landkreise für diese unbeschränkt.[346] Bei Unternehmen in Privatrechtsform ist die Haftung des Landkreises immer beschränkt, da gemäß Art. 80 Abs. 1 S. 1 Nr. 3 LKrO nur diejenigen Gesellschaftsformen zulässig sind, bei denen die Haftung des Landkreises auf einen – seiner Leistungsfähigkeit angemessenen – Betrag begrenzt wird. Bei der GmbH beschränkt sich die Haftung gemäß § 13 Abs. 2 GmbHG auf das Gesellschaftsvermögen.

Die Gesellschafter haften grundsätzlich nur in Höhe ihrer Einlage.[347] Wenn die erforderlichen Einlagen geleistet sind, ist eine spätere Haftung für die Gesellschaft nicht mehr zu befürchten. Eine Ausnahme besteht dann, wenn im Gesellschaftsvertrag gemäß § 26 GmbH eine Nachschusspflicht vereinbart wurde oder wenn der Landkreis für Verbindlichkeiten der Gesellschaft bürgt oder andere Sicherheiten leistet.

Bei einer Veräußerung der Gesellschaft (oder Anteilen daran) oder bei der Veräußerung des Krankenhauses im Rahmen eines Asset-Deals[348] ist zu berücksichtigen, dass gegebenenfalls eine Haftung des Gesellschafters Landkreis gegenüber dem Erwerber besteht. Zu denken ist beispielsweise an Altlasten im Boden oder nicht realisierte Zusicherungen im Rahmen der Veräußerung.

b) Haftung der Kreisräte und des Landrats bei Tätigkeit im Kreistag

Landräte und Kreisräte haften grundsätzlich für ihr Handeln. Die Haftung von Landräten und gewählten Stellvertretern richtet sich nach Art. 49 Abs. 1 Nr. 2 KWBG. Die Haftung von Kreisräten ist in Art. 14 Abs. 4 S. 2 LKrO geregelt, welche auf die für Landräte geltenden Vorschriften verweist. Eine Haftung setzt Vorsatz oder grobe Fahrlässigkeit voraus. Im Rahmen der Tätigkeit eines Kreisrates ist auch eine Schadensverursachung durch ein bestimmtes Abstimmungsverhalten denkbar. Die Haftung im Rahmen von Abstimmungen richtet sich nach Art. 45 Abs. 2 LKrO.[349] In Art. 45 Abs. 2 S. 2 LKrO ist die Haftung von Kreisräten auf vorsätzliche Pflichtverletzungen beschränkt. Auch wenn der Wortlaut der Vorschrift ausdrücklich nur Kreisräte nennt, ist die Vorschrift nach

345 Bauer/ Böhle/ Ecker, Bayerische Kommunalgesetze, Art. 88 GO, RN 6; Prandl/ Zimmermann/ Büchner, Kommunalrecht. Art. 88 GO, Erl. 1; Widtmann/ Grasser/ Glaser, Bayerische Gemeindeordnung, Art. 88 GO, RN 1

346 Schulz in Bauer u.a., Kommunalverwaltung, B1, Art. 86 GO, Erl. 2.2

347 Lutter/ Hommelhoff in Luther/ Hommelhoff, GmbHG, § 13, RN 5; Erle/ Berberich in Müller/ Winkeljohann, Handbuch der GmbH, § 1, RN 17

348 Zur genaueren Erl. des Begriffs „Asset-Deal" siehe unten bei D III. 2. b (1) (a)

349 so Bauer/ Böhle/ Ecker, Bayerische Kommunalgesetze, Art. 51 GO, RN 5

ihrem Sinn und Zweck auch auf Landräte anzuwenden.[350] Der Landrat nimmt bei Abstimmung im Kreistag, welchem er gemäß Art. 24 Abs. 1 LKrO genauso angehört wir Kreisräte, die gleiche Aufgabe wahr, wie diese. Aufgrund dieser Haftungsbeschränkungen bleibt nur wenig Raum für die persönliche Haftung von Mandatsträgern.

c) Haftung der Aufsichtsräte

Gemäß §§ 116, 93 Abs. 1, 2 AktG, welche gemäß § 52 Abs. 1 GmbHG grundsätzlich auch für die GmbH Anwendung finden, haften Aufsichtsratsmitglieder für jede Form der Pflichtverletzung, also bereits bei leichter Fahrlässigkeit. Außerdem obliegt den Aufsichtsratsmitgliedern gemäß §§ 116, 93 Abs. 2 S. 2 AktG die Beweislast für die Beachtung der erforderlichen Sorgfalt.

Werden Aufsichtsratsmitglieder, welche den Landkreis in einem Aufsichtsrat vertreten, haftbar gemacht, so stellt der Landkreis sie gemäß Art. 81 Abs. 3 S. 1 LKrO von der Haftung frei. Somit nimmt die Kommune dem Einzelnen die Haftung zwar nicht unmittelbar ab, sondern das jeweilige Aufsichtsratsmitglied bleibt Schuldner des Haftungsanspruches.[351] Das Aufsichtsratsmitglied erhält aber einen Freistellungsanspruch gegen den Landkreis, es sei denn, es hat vorsätzlich oder grob fahrlässig gehandelt und dieses Handeln beruht nicht auf einer Weisung des Landkreises, Art. 81 Abs. 3 S. 2 LKrO.

Die Aufsichtsratsmitglieder sind durch diese Regelung gut geschützt. Für die Kommune ergibt sich allerdings auch bei Eigengesellschaften das Problem, dass im Falle einer Insolvenz der Insolvenzverwalter Haftungsansprüche gegen die Aufsichtsratsmitglieder prüfen wird.[352] Wurde der Gesellschaft im Rahmen oder im Vorfeld der Insolvenz Schaden durch eine Pflichtverletzung der Aufsichtsräte zugefügt, so haften diese. Das hat zur Konsequenz, dass die Kommune als Eigentümer zunächst nur im Rahmen ihrer Einlage haftet, über den Freistellungsanspruch der Aufsichtsräte unter Umständen aber trotzdem weitere finanzielle Belastungen zu tragen hat. Dadurch wird der Vorteil der Haftungsbegrenzung, welchen eine GmbH grundsätzlich bietet, wieder relativiert.

---

350 Prandl/ Zimmermann/ Büchner, Kommunalrecht, Art. 45 LKrO, Erl. 2; Widtmann/ Grasser/ Glaser, Bayerische Gemeindeordnung, Art. 45 LKrO, RN 3; Bloeck in Schulz/ Wachsmuth/ Zwick, Kommunalverfassungsrecht, Art. 45 LKrO, Erl. 2; Bauer/ Böhle/ Ecker, Bayerische Kommunalgesetze, Art. 45 LKrO, RN 2

351 Gassner/ Schön, BayVBl 2004, 449 (454); Schulz in Schulz/ Wachsmuth/ Zwick, Kommunalverfassungsrecht, Art. 93 GO, Erl. 5; Prandl/ Zimmermann/ Büchner, Kommunalrecht, Art. 93 GO, Erl. 6

352 Gassner/ Schön, BayVBl 2004, 449, 454

Zusammenfassend bleibt festzustellen: Landrat und Kreisräte haften bei Abstimmungen im Kreistag oder in Ausschüssen nur bei vorsätzlichen Pflichtverletzungen und sind somit besser gestellt als bei Abstimmungen im Aufsichtsrat. Bei den sonstigen Tätigkeiten ist die Haftungsbeschränkung auf Vorsatz und grobe Fahrlässigkeit in öffentlichen Gremien und Ausschüssen gleich. Da die Pflichten eines Aufsichtsrats (beispielsweise die Holschuld bezüglich der Informationen) deutlich größer sind als die eines Ausschussmitgliedes, ist die Gefahr einer Pflichtverletzung deutlich größer. Dies ist Kreisräten regelmäßig nicht bewusst.

In der Praxis ist es bei Kapitalgesellschaften in privater Trägerschaft üblich, für Vorstände und Aufsichtsräte eine D&O-Versicherung abzuschließen, welche bei eventuellen Haftungsfällen einspringt.[353] Der Begriff D&O-Versicherung steht hierbei für die englische Bezeichnung „Directors-and-Officers-Liability-Insurance"[354]. Bei den, dem Autor bekannten, kommunalen Krankenhausgesellschaften stellt eine solche Versicherung momentan noch eine Ausnahme dar. Um einerseits die Haftung der Aufsichtsräte zu begrenzen und um andererseits den Landkreis vor eventuell bestehenden Freistellungsansprüchen zu schützen ist es sinnvoll zu prüfen, ob eine solche abgeschlossen werden soll.

d) Haftung der Vertreter in der Gesellschafterversammlung

Gemäß Art. 81 Abs. 3 S. 1 LKrO wird die Person, die den Landkreis vertritt, ebenfalls vom Landkreis von der Haftung freigestellt. Bei einer GmbH ist unter der Person, „die den Landkreis vertritt" der Vertreter des Landkreises in der Gesellschafterversammlung gemeint.[355] Für diesen gelten wiederum wie für Aufsichtsratsmitglieder die Voraussetzungen des Art. 81 Abs. 3 S. 2 LKrO, nämlich dass der Vertreter des Landkreises nicht vorsätzlich oder fahrlässig gehandelt haben darf, ohne hierzu eine Weisung des Landkreises erhalten zu haben.

8. Rollenverständnis von Kreisräten in Aufsichtsräten

Oben wurde dargestellt, welche Aufgaben Aufsichtsräte haben. Dies muss jedoch nicht immer mit dem Selbstverständnis von Kommunalpolitikern übereins-

---

353 Pühler in Happ, Aktienrecht, S. 112, Hoffmann-Becking in Hoffmann-Becking, Aktiengesellschaft, § 33, RN 17

354 Spindler in Goette/ Spindler, Münchener Kommentar, § 93, RN 173; Liebscher in Müller/ Rödder, Handbuch der AG, § 6, RN 38

355 Hölzl/ Hien/ Huber, Gemeindeordnung, Art. 93 GO, Erl. 4; Widtmann/ Grasser/ Glaser, Bayerische Gemeindeordnung, Art. 93 GO, RN 21; Bauer/ Böhle/ Ecker, Bayerische Kommunalgesetze, Art. 93 GO, RN 24

timmen, welche den Posten eines Aufsichtsrates wahrnehmen. Der Autor hat häufig beobachtet, dass Aufsichtsräte kommunaler Gesellschaften sich weniger dem Wohl der Gesellschaft, als vielmehr dem Wohl des Landkreises oder dem vermeintlichen Wohl der Bürger bzw. einzelner Gruppen verpflichtet fühlen.

Vor dem Hintergrund des Demokratieprinzips erscheint dies plausibel und stärkt unter Umständen auch das Vertrauen der Bürger in das Handeln öffentlicher Mandatsträger – auch hinsichtlich ihrer Tätigkeit in privatisierten Gesellschaften. Dagegen ist nichts einzuwenden, solange die Aufsichtsräte dabei – bewusst oder unbewusst – gleichzeitig zum Wohl der Gesellschaft handeln. Sobald jedoch Widersprüche zwischen den Interessen der Gesellschaft und denen der Kommune bestehen, führt dies zu einem Konflikt des Mandatsträgers, welcher zu Nachteilen für die Gesellschaft führen kann.

VI. Wettbewerbsrecht

Der nachfolgende Abschnitt soll klären, welche Auswirkungen einzelne Privatisierungstypen auf die wettbewerbsrechtliche Situation haben. Das breite Feld des Wettbewerbsrechts soll hier nur in den für Privatisierungen relevanten Bereichen Kartell- und Vergaberecht dargestellt werden.

1. Vergaberecht

Mit Vergaberecht bezeichnet man „die Gesamtheit der Normen, die ein Träger öffentlicher Verwaltung bei der Beschaffung von sachlichen Mitteln und Leistungen, die er zur Erfüllung von Verwaltungsaufgaben benötigt, zu beachten hat."[356] Das Vergaberecht spielt bei Krankenhäusern eine große Rolle und umfasst eine erhebliche Bandbreite von Tätigkeiten, vom Einkauf von Medikamenten bis zur Auftragsvergabe für Baumaßnahmen.

a) Grundsatz bei Vergabevorgängen der Öffentlichen Hand

Zunächst sollen die Grundsätze bei der Vergabe durch die Öffentliche Hand – hier in Gestalt des Landkreises – dargestellt werden. Bundesrechtliche Regelungen zum Vergaberecht finden sich in den §§ 97 ff GWB, in der VGV sowie den Verdingungsordnungen (VOB/A, VOL/A und VOF). Dieser dreistufige Aufbau – auch Kaskadenprinzip genannt – zeichnet sich durch einen zunehmenden Spe-

---

356 Weyand, Vergaberecht, Teil 1, RN 1, im Wortlaut fast gleich Rudolf in Byok/ Jäger, Vergaberecht, Einführung, RN 1

zialisierungsgrad (GWB über VGV hin zu den Verdingungsordnungen) aus.[357] Das Landesrecht trifft spezielle vergaberechtliche Regelungen für Kommunen in den Kommunalhaushaltsverordnungen, in Bayern in § 30 KommHV-Doppik bzw. § 31 KommHV-Kammeralistik.

(1) Vergaberecht der §§ 97 ff GWB

In den §§ 97 ff GWB hat der Gesetzgeber europarechtliche Vorgaben umgesetzt und diese mit darüber hinausgehenden nationalen Regelungen ergänzt.[358] Die Anwendbarkeit der §§ 97 ff GWB setzt voraus, dass es sich um einen öffentlichen Auftraggeber (§ 98 GWB) und einen öffentlichen Auftrag (§ 99 GWB) handelt. Außerdem müssen gemäß §§ 100 Abs. 1, 127 Nr. 1 GWB i.V.m. § 2 VGV Schwellenwerte überschritten werden. Diese Schwellenwerte sind je nach Art des Auftrages unterschiedlich.[359]

Wer öffentlicher Auftraggeber ist, bestimmt sich nach § 98 GWB. Gebietskörperschaften und deren Sondervermögen sind gemäß § 98 Nr. 1 GWB öffentliche Auftraggeber. Sie werden als „klassische" öffentliche Auftraggeber bezeichnet.[360] Krankenhäuser, die als Regie- oder Eigenbetrieb geführt werden, fallen unter den Begriff des öffentlichen Auftraggebers.[361] In der Rechtsform eines Kommunalunternehmens betriebene Krankenhäuser können nicht unter § 98 Nr. 1 GWB subsumiert werden, da bei der Trägerschaft eines Kommunalunternehmens das Krankenhaus nicht unmittelbar von der Gebietskörperschaft betrieben wird, sondern von einer selbständigen Anstalt des öffentlichen Rechts. Bei Kommunalunternehmen kann aber die Eigenschaft als öffentlicher Auftraggeber gemäß § 98 Nr. 2 GWB vorliegen. Die unter § 98 Nr. 2 GWB fallenden

---

357 Geis, Kommunalrecht, § 12, RN 109; Otting in Bechtold, GWB, vor § 97, RN 11 f; Bungenberg in Loewenheim/ Meessen/ Riesenkampff, Kartellrecht, vor § 97 GWB, RN 17 ff

358 Immenga/ Mestmäcker, GWB-Kommentar, vor §§ 97 ff, RN 39; Wagner in Langen/ Bunte, Deutsches Kartellrecht, vor §§ 97 GWB, RN 54 ff

359 Für Liefer- und Dienstleistungsaufträge im Bereich der Trinkwasser- oder Energieversorgung sowie im Verkehrsbereich liegt der Schwellenwert bei 422.000 Euro, für alle sonstigen Liefer- und Dienstleistungsverträge grundsätzlich bei 211.000 Euro, für Bauaufträge bei 5.278.000 Euro; für einzelne Lose von Bauaufträgen wird noch weiter differenziert.

360 Zeiss in Heiermann, Vergaberecht, § 98 GWB, RN 4; Otting in Bechtold, GWB, § 98, RN 5

361 Bungenberg in Loewenheim/ Meessen/ Riesenkampff, Kartellrecht, § 98 GWB, RN 7; Otting in Bechtold, GWB, vor § 97, RN 5; Hausmann in Henneke/ Pünder/ Waldhoff, Kommunalfinanzen, § 41, RN 28

Auftraggeber werden als „funktionale" öffentliche Auftraggeber bezeichnet.[362] Dazu muss das Kommunalunternehmen von der Kommune beherrscht werden und es muss gegründet worden sein, um im Allgemeininteresse liegende Aufgaben nichtgewerblicher Art zu erfüllen. Die Beherrschung ist bereits deshalb zu bejahen, weil die Mitglieder des Verwaltungsrates gemäß Art. 78 Abs. 3 S. 3 LKrO vom Kreistag bestellt werden.

Weder das Europarecht noch das nationale Recht haben den Begriff des Allgemeininteresses definiert.[363] Eine scharfe begriffliche Abgrenzung des Begriffs des Allgemeininteresses ist nicht möglich.[364] Allgemein werden darunter aber Aufgaben verstanden, „welche hoheitliche Befugnisse, die Wahrnehmung der Belange des Staates und damit letztlich Aufgaben betreffen, welche der Staat selbst erfüllen oder bei denen er einen entscheidenden Einfluss behalten möchte."[365] Wegen Art. 51 Abs. 3 S. 1 Nr. 1 LKrO haben die Landkreise die erforderlichen Krankenhäuser zu errichten und zu unterhalten. Wie oben gezeigt, haben sie diese Aufgabe selbst zu erfüllen oder zumindest die Erfüllung der Aufgabe sicherzustellen. Somit üben sie einen entscheidenden Einfluss auf die Krankenhauslandschaft aus. Das Krankenhauswesen liegt deshalb im Allgemeininteresse i.S.d. § 98 Nr. 2 GWB.[366]

Des Weiteren muss auch das Merkmal der „nichtgewerblichen Art" vorliegen. Auch für diesen Begriff gibt es keine einheitliche nationale oder europarechtliche Definition.[367] Vielmehr ist das Ergebnis durch eine Gesamtschau mehrerer Merkmale zu ermitteln. Gewerblichkeit ist dann zu bejahen, wenn das Unternehmen zu normalen Marktbedingungen und mit Gewinnerzielungsabsicht tätig ist und wenn es die mit seiner Tätigkeit verbundenen Verluste selbst trägt.[368] Kommunalunternehmen, welche Krankenhäuser betreiben, werden versuchen, diese wirtschaftlich zu führen. Jedoch werden sie nicht aus wirtschaftlichem Interesse betrieben werden, sondern um eine Versorgung seiner Bevölke-

---

362 Bungenberg in Loewenheim/ Meessen/ Riesenkampff, Kartellrecht, § 98 GWB, RN 10; Otting in Bechtold, GWB, § 98, RN 6

363 Bischoff in Willenbruch/ Bischoff, Vergaberecht, § 98 GWB, RN 16; Weyand, Vergaberecht, Teil 1, RN 862;

364 Otting in Bechtold, GWB, § 98 GWB, RN 14

365 BayObLG in VergabeR 2005, 67, 69; Weyand, Vergaberecht, Teil 1, RN 862; Bischoff in Willenbruch/ Bischoff, Vergaberecht, § 98, RN 16

366 Bungenberg in Loewenheim/ Meessen/ Riesenkampff, Kartellrecht, § 98 GWB, RN 22; Bischoff in Willenbruch/ Bischoff, Vergaberecht, § 98 GWB, RN 68

367 Bischoff in Willenbruch/ Bischoff, Vergaberecht, § 98 GWB, RN 23; Zeiss in Heiermann (u.a.), Vergaberecht, § 98 GWB, RN 63

368 EuGH RS C-18/01 in Slg. 2003, I 5345, I 5363; Zeiss in Heiermann (u.a.), Vergaberecht, § 98 GWB, RN 64; Weyand, Vergaberecht, § 98 GWB, RN 870

rung sicherzustellen. Somit besteht keine Gewinnerzielungsabsicht. Sollten Kommunalunternehmen Verluste erwirtschaften, so ist zu erwarten, dass diese von der Kommune übernommen werden. Deshalb sind die in der Rechtsform eines Kommunalunternehmens betriebenen Krankenhäuser als solche nichtgewerblicher Art und somit als funktionaler öffentlicher Auftraggeber i.S.d. § 98 Nr. 2 GWB einzustufen.

Ob ein öffentlicher Auftrag vorliegt, bestimmt sich nach § 99 GWB. Demnach sind öffentliche Aufträge „entgeltliche Verträge von öffentlichen Auftraggebern mit Unternehmen über die Beschaffung von Leistungen, die Liefer-, Bau- oder Dienstleistungen zum Gegenstand haben, Baukonzessionen und Auslobungsverfahren, die zu Dienstleistungsaufträgen führen sollen."

Die Rechtsfolgen der Anwendbarkeit der vergaberechtlichen Vorschriften des GWB sind teilweise unmittelbar in §§ 97 ff geregelt, zum Teil in der aufgrund von §§ 127 GWB erlassenen VGV. Gemäß § 4 ff VGV haben die Auftraggeber in den Fällen des § 98 Nr. 1 bis 3 GWB bei der Vergabe von Liefer- und Dienstleistungsaufträgen den 2. Abschnitt der VOL/A, in den Fällen des § 98 Nr. 1 bis 3, 5 GWB bei der Vergabe von freiberuflichen Dienstleistungen die VOF und in den Fällen des § 98 Nr. 1 bis 3, 5 oder 6 GWB bei der Vergabe von Bauaufträgen und Baukonzessionen den 2. Abschnitt der VOB/A anzuwenden.

(2) Vergaberecht in den Kommunalhaushaltsverordnungen

Außer nach dem GWB kann sich die Pflicht zur öffentlichen Ausschreibung auch aus den Kommunalhaushaltsverordnungen ergeben. Gemäß § 30 Abs. 1 KommHV-Doppik bzw. § 31 Abs. 1 KommHV-Kameralistik muss einer Vergabe von Aufträgen grundsätzlich eine öffentliche Ausschreibung vorausgehen. Fraglich ist, in welchen Fällen die Kommunalhaushaltverordnungen anwendbar sind. Anders als beim GWB hängt die Anwendbarkeit der Vergaberegeln des öffentlichen Haushaltsrechts mangels deren Bezugnahme auf die Schwellenwerte des § 2 VGV nicht vom Überschreiten dieser Schwellenwerte ab. Deshalb sind die Regelungen der Kommunalhaushaltsverordnungen insbesondere unterhalb dieser Schwellenwerte von Bedeutung.

Die Kommunalhaushaltsverordnungen sind hinsichtlich des Vergaberechts auch im Bereich des Krankenhauswesens nicht von der WkKV oder der KHBV verdrängt. Gemäß § 1 Abs. 2 S. 1 WkKV werden die Vorschriften über die Wirtschaftsführung der Kommunen verdrängt, soweit die WkKV oder die KHBV abweichende Regelungen treffen. Regelungen hinsichtlich der Vergabe werden in beiden Verordnungen jedoch nicht getroffen.

Die Kommunalhaushaltsverordnungen regeln selbst nicht, in welchen Fällen sie Anwendung finden. Wegen Art. 109 Abs. 1 LKrO gelten die Regelungen der

Kommunalhaushaltsverordnungen für Landkreise.[369] Es stellt sich die Frage, ob die Kommunalhaushaltsverordnung neben der Kernverwaltung auch für alle kommunalen Betriebsformen Anwendung findet. Kommunale Eigenbetriebe haben als rechtlich unselbständige Teile der Kommunalverwaltung das jeweilige kommunale Haushaltsrecht zu beachten.[370] Dies ist explizit in § 9 EBV geregelt, welcher bei der Vergabe von Aufträgen auf § 30 KommHV-Doppik und § 31 KommHV-Kameralistik verweist. Deshalb ist das Vergaberecht auch unterhalb der Schwellenwerte auf Eigenbetriebe anwendbar. Noch nicht endgültig entschieden ist, ob die Kommunalhaushaltsverordnungen auch auf Kommunalunternehmen Anwendungen finden.[371] Dafür könnte sprechen, dass es sich bei Kommunalunternehmen um Körperschaften des öffentlichen Rechts handelt, welche sich – beispielsweise bei Ausschreibungen – auch an die, in den Kommunalhaushaltverordnung normierten, öffentlich-rechtliche Grundsätze halten müssen. Eine solche Anwendbarkeit ist aber abzulehnen. § 1 Abs. 4 KUV sieht vor, dass die Regelungen der Kommunalhaushaltsverordnungen auf Kommunalunternehmen Anwendung finden, soweit in der KUV hierauf verwiesen wird. Aus der Formulierung muss geschlossen werden, dass es keine allgemeine Geltung der Kommunalhaushaltsverordnungen für Kommunalunternehmen geben soll. Anders als die EBV verweist die KUV nicht auf die Vergaberegeln der Kommunalhaushaltsverordnungen. Diese Differenzierung in EBV und KUV macht deutlich, dass eine Anwendbarkeit der Vergaberegeln der Kommunalhaushaltsverordnungen auf das Kommunalunternehmen vom Gesetzgeber nicht gewollt ist.[372] Somit findet das Vergaberecht unterhalb der Schwellenwerte des § 2 VGV auf Kommunalunternehmen grundsätzlich keine Anwendung.

Soweit die Vergaberegeln der Kommunalhaushaltsverordnungen Anwendung finden, ist zu prüfen, ob eine Ausschreibung erforderlich ist. Die Kommunalhaushaltsverordnungen sehen in § 30 Abs. 1 KommHV-Doppik bzw. § 31 Abs. 1 KommHV-Kameralistik vor, dass Aufträgen immer eine öffentliche Ausschreibung vorausgehen muss. Diese allgemeine Verpflichtung wird in § 30 Abs. 2 KommHV-Doppik bzw. § 31 Abs. 2 KommHV-Kameralistik i.V.m. der Bekanntmachung des Bayerischen Staatsministeriums des Inneren vom 14.10.2005 konkretisiert. Demnach sind die VOB Teil A (Abschnitt 1), Teil B und Teil C sowie einige in der Bekanntmachung näher bezeichnete Richtlinien

369 Schreml/ Bauer/ Westner, Kommunales Haushaltsrecht, Vorbemerkung 4 zur KommHV
370 Neusinger/Schröder in Wurzel/ Schraml/ Becker, Kommunale Unternehmen, Teil H, RN 49
371 Schreml/ Bauer/ Westner, Kommunales Haushaltsrecht, Vorbemerkung 3 zur KUV
372 so auch VG München, Urteil M 7 K 05.5966 vom 17.10.2007 (Juris)

anzuwenden.[373] Eine Verpflichtung zur Einhaltung der VOF bzw. der VOL erfolgt durch die KommHV und die Bekanntmachung vom 14.10.2005 nicht. Eine Ausschreibung könnte trotzdem im Einzelfall entbehrlich oder nur eingeschränkt erforderlich sein. § 30 Abs. 1 KommHV-Doppik bzw. § 31 Abs. 1 KommHV-Kameralistik sehen Ausnahmen vor, wenn die Natur des Geschäfts oder besondere Umstände eine beschränkte Ausschreibung oder eine freie Vergabe rechtfertigen. Wann nach der „Natur des Geschäfts" und nach den „besonderen Umständen" von einer öffentlichen Ausschreibung abgesehen werden kann, ergibt sich aus den Verdingungs- und Vergabeordnungen. Die VOB regelt in Abschnitt 1 § 3 Nr. 3 die Voraussetzungen für eine beschränkte Ausschreibung und in § 3 Nr. 4 die Voraussetzungen für eine freihändige Vergabe.

(3) Zusammenfassung

Bei Auftragsvergabe oberhalb der Schwellenwerte sind die Regelungen des Vergaberechts entsprechend der Vorgaben der VGV i.V.m. §§ 97 ff GWB anwendbar, unterhalb des Schwellenwertes nur dann, wenn die Kommunalhaushaltsverordnungen für das jeweilige Unternehmen gelten. Dies hängt wiederum von der jeweiligen Rechtsform ab. Besonderheiten gelten dann, wenn Fördermittel nach den Regelungen des BayKrG beantragt werden. Dann sind bei der Auftragsvergabe gemäß § 16 Abs. 1 S. 1 DVBayKrG die für Kommunen geltenden allgemeinen Verdingungs- und Vergabegrundsätze einzuhalten. Gemäß § 5 Abs. 1 S. 1 Nr. 3 DVBayKrG hat der Krankenhausträger nach Beendigung einer einzelgeförderten Maßnahme die Verdingungs- und Vergabeunterlagen, die Submissionsniederschriften und die Übersichtstabellen zu den Submissionsergebnissen vorzulegen. Dies bedeutet, dass, unabhängig von der Rechtsform und vom jeweiligen Träger, die Regelungen der Kommunalhaushaltsverordnungen Anwendung finden, wenn Fördermittel nach dem BayKrG beantragt werden.

b) Vergaberecht in formell und funktional privatisierten Unternehmen

Nachfolgend soll dargestellt werden, welchen Vergabevorschriften formell und funktional privatisierte Unternehmen unterliegen.

(1) Vergaberecht der §§ 97 ff GWB

Für Vergabevorgänge oberhalb der jeweiligen Schwellenwerte regelt das GWB in § 98 den persönlichen Anwendungsbereich. In privater Rechtsform betriebene Krankenhäuser sind nicht unter die „klassischen" öffentlichen Auftraggeber des

---

373 AllMBl, Nr. 11/2005, S 424 ff

§ 98 Nr. 1 GWB zu subsumieren (siehe zu diesen oben bei a.).[374] Sie können jedoch die Voraussetzungen eines funktionalen öffentlichen Auftraggebers in § 98 Nr. 2 GWB erfüllen.[375]

Demnach können auch private Gesellschaften den Regelungen des GWB unterliegen, wenn sie beispielsweise gemäß § 98 Nr. 2 GWB „zu dem besonderen Zweck gegründet wurden, im Allgemeininteresse liegende Aufgaben nichtgewerblicher Art zu erfüllen". Bei einem formell privatisierten Krankenhaus, welches einen Landkreis als Alleingesellschafter hat, wird es sich regelmäßig um einen öffentlichen Auftraggeber i.s.d. § 98 Nr. 2 GWB handeln.[376] Bei funktionalen Privatisierungen ist im Einzelfall zu beurteilen, ob die Voraussetzungen des § 98 Nr. 2 GWB erfüllt sind. Insoweit wird auf die oben bei a) erläuterten Voraussetzungen verwiesen.

Bei Baumaßnahmen für die Errichtung von Krankenhäusern und damit in Verbindung stehende Dienstleistungen und Auslobungsverfahren sind gemäß § 98 Nr. 5 GWB auch natürliche und juristische Personen des privaten Rechts öffentliche Auftraggeber, wenn die Vorhaben zu mehr als 50% von öffentlichen Stellen (i.S.d. § 98 Nr. 1 bis 3 GWB) finanziert werden. Dabei darf der Begriff der Errichtung nicht nur im Sinne eines Neubaus verstanden werden. Vielmehr zählen hierzu auch Sanierungen und Umbauten.[377]

Zusammenfassend bleibt festzustellen: In privater Rechtsform ist es bei kommunalen Häusern unter Umständen möglich, Regelungen des Vergaberechts zu umgehen. Inwieweit dies möglich ist, hängt allerdings von der Höhe der jeweiligen Auftragsvergabe ab. Außerdem sind die Einschränkungen im Rahmen von begehrten Fördergeldern zu beachten.

(2) Vergaberecht in den Kommunalhaushaltsverordnungen

Formell und funktional privatisierte Unternehmen sind als eigenständige juristische Personen nicht an das öffentliche Haushaltsrecht gebunden und haben folg-

---

374 Zum Begriff des „klassischen" öffentlichen Auftraggebers Zeiss in Heiermann, Vergaberecht, § 98 GWB, RN 4; Otting in Bechtold, GWB, § 98, RN 5

375 Zum Begriff des „funktionalen" öffentlichen Auftraggebers siehe Otting in Bechtold, GWB, § 98, RN 6; Bungenberg in Loewenheim/ Meessen/ Riesenkampff, Kartellrecht, § 98 GWB, RN 10

376 OLG Naumburg, VergabeR 2004, 634; Bischoff in Willenbruch/ Bischoff, Vergaberecht, § 98 GWB, RN 68; Bungenberg in Loewenheim/ Meessen/ Riesenkampff, Kartellrecht, § 98, RN 22

377 Eschenbruch in Kulartz/ Kus/ Portz, GWB-Vergaberecht, § 98, RN 352; Otting in Bechtold, GWB, § 98, RN 48; Bungenberg in Loewenheim/ Meessen/ Riesenkampff, Kartellrecht, § 98, RN 22

lich auch nicht dessen Vergaberecht zu berücksichtigen.[378] Besonderheiten ergeben sich in der Praxis jedoch häufig aufgrund anderslautender Unternehmenssatzungen oder entsprechender Ministererlasse[379] bzw. wenn öffentliche Fördergelder ausgezahlt werden. Werden beispielsweise Fördermittel nach Art. 11 ff
BayKrG beantragt, so sind bei der Auftragsvergabe wie unter a) näher erläutert
auch unterhalb der Schwellenwerte der VGV die für Kommunen geltenden allgemeinen Verdingungs- und Vergabegrundsätze einzuhalten.

a) Ausnahmen bei Inhouse-Geschäften

Wie soeben gezeigt, finden bei öffentlichen Aufträgen eines öffentlichen Auftraggebers an eine andere juristische Person grundsätzlich die Regelungen des
Vergaberechts Anwendung. Bei Aufträgen der öffentlichen Hand an eine formell und funktional privatisierte Gesellschaft liegt das Merkmal der Personen-
verschiedenheit in formaler Hinsicht zunächst vor. Die Rechtsprechung nimmt
jedoch Geschäfte zwischen öffentlichen Auftraggebern und von diesen be-
herrschten Gesellschaften als sogenannte Inhouse-Geschäfte von dem Auftrags-
begriff der §§ 97 ff GWB aus.[380] Der EuGH stellte erstmals in der Teckal Entscheidung[381] Grundsätze für vergabefreie Inhouse-Geschäfte auf.[382] Demnach
muss eine Gebietskörperschaft (wie auch andere öffentliche Auftraggeber) einen
Auftrag nicht ausschreiben, wenn „die Gebietskörperschaft über die fragliche
Person eine Kontrolle ausübt wie über ihre eigenen Dienststellen und wenn diese Person zugleich ihre Tätigkeit im Wesentlichen für die Gebietskörperschaft
(...) verrichtet".[383]

Eine mit der Kontrolle über eigene Dienststellen vergleichbare Situation ist
bei formellen Privatisierungen grundsätzlich zu bejahen.[384] Entscheidend für das
Merkmal der Kontrolle ist aber, dass die Kommune auf die strategischen Ziele
und auf die wichtigen Entscheidungen ausschlaggebenden Einfluss nehmen
kann,[385] dass sie also eine tatsächliche Einflussmöglichkeit hat.[386]

---

378 Hausmann in Henneke/ Pünder/ Waldhoff, Kommunalfinanzen, § 41, RN 29; Schreml/
Bauer/ Westner, Kommunales Haushaltsrecht, § 31 KommHV, Erl. 15.1
379 Hausmann in Henneke/ Pünder/ Waldhoff, Kommunalfinanzen, § 41, RN 29
380 Otting in Bechtold, GWB, § 99, RN 14; Bungenberg in Loewenheim/ Meessen/ Riesenkampff, Kartellrecht, § 99 GWB, RN 43
381 EuGH, Urteil vom 18.11.1999, RS C-107/98
382 Bungenberg in Loewenheim/ Meessen/ Riesenkampff, Kartellrecht, § 99 GWB, RN 44;
Buhr, Vergaberecht, S. 117; Leinemann, Vergabe öffentlicher Aufträge, RN 130
383 EuGH, Urteil vom 18.11.1999, RS C-107/98; Slg. 1999 I 8121 (Teckal)
384 Bungenberg in Loewenheim/ Meessen/ Riesenkampff, Kartellrecht, § 99 GWB, RN 45;
Otting in Bechtold, GWB, § 99, RN 15
385 EuGH, Rs. C-458/03, Slg. 2005, I 8612, 8635 (Parking-Brixen)

Weitere Voraussetzung für das Vorliegen einer Inhouse-Vergabe ist, dass das Unternehmen seine Tätigkeit im Wesentlichen für den öffentlichen Auftraggeber verrichtet. Die Frage, wie hoch der Anteil des Tätigwerdens für die Kommune sein muss, kann nicht rechtssicher beantwortet werden. Die entscheidende Beurteilungsgröße für die Bestimmung der Wesentlichkeit ist der von dem Unternehmen erzielte Umsatz.[387] Richtig wäre es bei einer Tätigkeit von mindestens 90% von einem wesentlichen Tätigwerden auszugehen.[388] Ein höherer Prozentsatz würde bedeuten, dass das Unternehmen „ausschließlich" oder „fast ausschließlich" für die Kommune tätig würde und nicht nur „wesentlich". Momentan ist noch offen, ob die Rechtsprechung eine klare Grenze ziehen wird und, sollte dies der Fall sein, wo der Wert für diese Grenze liegt. Das OLG Celle hat beispielsweise ein „wesentliches Tätigwerden" für den öffentlichen Auftraggeber verneint, obwohl das Unternehmen 92,5 % seines Umsatzes für diesen Auftraggeber erbrachte.[389]

Im Bereich der Krankenhäuser muss unabhängig von einem konkreten Prozentsatz gefragt werden, für wen eine solche Institution ihre Dienste erbringt. Zunächst könnte daran gedacht werden, dass das Krankenhaus seine Tätigkeiten für die Patienten oder für die Krankenversicherungen und Krankenkassen – welche in der Regel die Behandlungskosten tragen – erbringt. Es spielt jedoch keine Rolle, wer die Leistungen des Krankenhauses nutzt oder wer die Leistungen vergütet.[390] Formell privatisierte Krankenhäuser erbringen ihre Leistungen für den Landkreis, da sie gerade in Erfüllung von dessen Versorgungsauftrag tätig werden. Grund für die Leistungserbringung dieser Krankenhäuser ist primär der Versorgungsauftrag der Landkreise gemäß § 51 Abs. 3 S. 1 Nr. 1 LKrO und nicht der im Einzelfall abgeschlossene Behandlungsvertrag.

Eine Tätigkeit für Dritte ist nur außerhalb des Versorgungsauftrages zu bejahen, also regelmäßig bei einem Kiosk, bei Kantinen oder Wäschereien, die auch Dritte versorgen. Somit haben formelle Privatisierungen im Krankenhaus-

---

386 Otting in Bechtold, GWB, § 99, RN 14; Eschenbruch in Kulartz/ Kus/ Portz, GWB-Vergaberecht, § 99, RN 135; Dreher in Immenga/ Mestmäcker, GWB-Kommentar, § 99, RN 64

387 Frenz, Beihilfe- und Vergaberecht, RN 2399; Eschenbruch in Kulartz/ Kus/ Portz, GWB-Vergaberecht, § 99, RN 140

388 Dies wurde auch in der Vergangenheit vielfach vertreten, siehe für viele Bungenberg in Loewenheim/ Meessen/ Riesenkampff, Kartellrecht, § 99 GWB, RN 45; Zeiss in Heiermann (u.a.), Vergaberecht, § 99 GWB, RN 11; EuGH, Urteil vom 19.04.2007, Rs. C-295/05, VergR 2007, 487 ff (Asemfo/ Tragsa)

389 OLG Celle, Beschluss vom 14.09.2006 in OLGR Celle 2006, 834 ff

390 EUGH RS C-340/04, EuZW 2006, 375, 378 (Carbotermo); Frenz, Beihilfe- und Vergaberecht, RN 2393

sektor regelmäßig den Vorteil, dass Dienstleistungen zwischen Landkreis und Krankenhaus als Inhouse-Geschäft von den Vorgaben des Vergaberechts befreit sind. Sofern die oben aufgestellten Voraussetzungen erfüllt werden, sind auch die Vertragsbeziehungen zwischen dem Krankenhaus und einer (oder mehrerer) Servicegesellschaft als Inhouse-Geschäft von den Regelungen des Vergaberechts befreit.

Gemischt-wirtschaftliche Unternehmen, also solche Unternehmen, an denen neben der öffentlichen Hand auch Private beteiligt sind, könnten dann unter die Befreiungen der „Inhouse-Geschäfte" fallen, wenn das Merkmal der „Kontrolle wie über die eigene Dienststelle" erfüllt wäre, wenn also der private Partner aufgrund der Höhe der Beteiligung und der gesellschaftsvertraglichen Regelung von dem öffentlich-rechtlichen Eigentümer überstimmt werden kann. Diese Problematik stellt sich bei allen Formen von ÖPP. Der EuGH hat zwischenzeitlich jedoch entschieden, dass das Merkmal der „Kontrolle wie über die eigene Dienststelle" bei jeglicher Beteiligung Privater entfällt mit der Folge, dass bei gemischt-wirtschaftlichen Gesellschaften die Konstruktion des Inhouse-Geschäftes grds. nicht möglich ist.[391] Grund hierfür ist, dass sich ein Privater auf diese Weise einen Wettbewerbsvorteil gegenüber einem anderen Privaten verschaffen könnte.[392] Nicht entschieden ist bisher die Frage, ob eine Inhouse-Vergabe bejaht werden kann, wenn nicht eine private Gesellschaft an der ÖPP beteiligt ist, sondern eine Privatperson oder eine gemeinnützige Organisation.[393] Es ist jedoch zu erwarten, dass die Rechtsprechung hier ähnlich entscheiden wird. Auch diese Partner werden versuchen, Einfluss auf das Unternehmen zu nehmen, weshalb die Kommune wiederum nicht den Einfluss wie auf eine eigene Dienststelle hat.

b) Vergaberecht in materiell privatisierten Unternehmen

Die Frage der Anwendbarkeit des Vergaberechts auf materiell privatisierte Krankenhäuser hat für die Kommune selbst keine unmittelbare Bedeutung, da sie selbst nicht mehr Betreiber eines solchen Hauses ist. Mittelbar kann es aber durchaus interessant sein, beispielsweise um die Rahmenbedingungen eines konkurrierenden privaten Krankenhauses zu kennen.

391 EuGH, Urteil vom 11.01.2005, RS C-26/03, Slg. I 2005, 1-50 (Stadt Halle); Bungenberg in Loewenheim/ Meessen/ Riesenkampff, Kartellrecht, § 99 GWB, RN 22; Zeiss in Heiermann (u.a.), Vergaberecht, § 99 GWB, RN 115; Rittner/ Dreher, Wirtschaftsrecht, § 30, RN 32; Egger, Europäisches Vergaberecht, RN 634
392 Frenz, Beihilfe- und Vergaberecht, RN 2330; Egger, Europäisches Vergaberecht, RN 634
393 Egger, Europäisches Vergaberecht, RN 637

Bei privaten Krankenhausträgern handelt es sich dann um öffentliche Auftraggeber im Sinn des § 98 Nr. 5 GWB, wenn sie für die Errichtung von Krankenhäusern öffentliche Mittel bekommen. Bei Baumaßnahmen für die Errichtung von Krankenhäusern und die damit in Verbindung stehenden Dienstleistungen und Auslobungsverfahren sind auch natürliche und juristische Personen des privaten Rechts öffentliche Auftraggeber, wenn die Vorhaben zu mehr als 50% von öffentlichen Stellen (i.S.d. § 98 Nr. 1 bis 3) finanziert werden. Dabei darf der Begriff der Errichtung nicht nur im Sinne eines Neubaus verstanden werden. Vielmehr zählen hierzu auch Sanierungen und Umbauten.[394] Somit finden bei Krankenhausbauten (inklusive Umbauten und Sanierungen) §§ 97 ff GWB auch auf materiell privatisierte Unternehmen Anwendung, wenn sie die entsprechenden Fördermittel erhalten.

Wie oben (siehe bei a) (3))dargelegt wurde, findet das Vergaberecht außerdem immer dann Anwendung, wenn Investitionsförderungen nach dem BayKrG beantragt werden. Auch private Krankenhausträger beantragen regelmäßig Förderungen nach dem BayKrG mit der Folge, dass sie die Regelungen des Vergaberechts aufgrund der Regelung der DVBayKrG einhalten müssen.

2. Kartellrecht

Fragen des Kartellrechts sind vor allem dann von Bedeutung, wenn mehrere Krankenhäuser zusammenarbeiten. Bei Krankenhäusern kann beispielsweise an einen Einkaufsverbund oder an die Absprache im Zusammenhang mit der Erbringung von Krankenhausleistungen gedacht werden.

Die Regelungen des Kartellrechts sind sowohl bei privaten Krankenhäusern als auch bei Krankenhäusern in öffentlich-rechtlicher Rechtsform zu beachten. In § 130 Abs. 1 S. 1 GWB wird klargestellt, dass das GWB auch auf Unternehmen der Öffentlichen Hand Anwendung findet. Keine unternehmerische Tätigkeit ist jedoch die hoheitliche Tätigkeit des Staates.[395] Der Begriff des Unternehmens umfasst im Wettbewerbsrecht „jede eine wirtschaftliche Tätigkeit ausübende Einheit, unabhängig von ihrer Rechtsform und der Art der Finanzierung, d.h. jede Tätigkeit, die darin besteht, Güter oder Dienstleistungen auf einem bestimmten Markt anzubieten".[396]

---

394 Eschenbruch in Kulartz/ Kus/ Portz, GWB-Vergaberecht, § 98, RN 352; Otting in Bechtold, GWB, § 98, RN 48; Bungenberg in Loewenheim/ Meessen/ Riesenkampff, Kartellrecht, § 98 GWB, RN 22

395 Stockmann in Loewenheim/ Meessen/ Riesenkampff, Kartellrecht, § 130 GWB, RN 4; Säcker in Hirsch/ Montag/ Säcker, Kartellrecht, § 130 GWB, RN 2

396 Huber in Schmidt-Aßmann/ Schoch, Verwaltungsrecht, Kap. 3, RN 172

Somit ist das GWB nicht anwendbar, wenn „die Öffentliche Hand aufgrund öffentlich-rechtlicher Vorschriften befugt ist, die Marktverhältnisse bzw. Rechtsbeziehungen hoheitlich und damit einseitig zu regeln".[397] Zu prüfen ist, ob die kartellrechtlichen Vorschriften im Krankenhausbereich Anwendung finden. Im Krankenhausbereich könnte man an der Anwendbarkeit der kartellrechtlichen Vorschriften zweifeln. Zum einen ist die Krankenhausplanung hoheitlicher Bereich. Zum anderen werden Vereinbarungen zwischen Krankenhäusern und Krankenkassen gemäß § 69 SGB V von den kartellrechtlichen Vorschriften ausgenommen. Dies spielt aber keine Rolle bei der Frage, ob Zusammenarbeit und Absprachen bei der Erbringung von Krankenhausdienstleistungen der kartellrechtlichen Kontrolle unterliegen. Bei Krankenhäusern ist sowohl der Wettbewerb der Krankenhäuser untereinander, als auch das Verhältnis zu den Patienten – trotz der Regelungen des SGB V – grundsätzlich zivilrechtlich geregelt.[398] Seit dem Beschluss des Bundeskartellamtes B 10 – 109/04 wird die Anwendbarkeit des Kartellrechts auf private und öffentliche Krankenhäuser von der Praxis des Bundeskartellamts regelmäßig bestätigt.[399]

Insoweit bestehen keine Unterschiede zwischen privatisierten und nicht-privatisierten Unternehmen, ganz gleich zu welchem Grad privatisiert wurde. Deshalb soll auf die Anforderungen des Kartellrechts für die jeweilige Situationsbeschreibung vor bzw. nach dem Privatisierungsvorgang nicht gesondert eingegangen werden.

VII. Personalfragen und Arbeitsrecht

Unter diesem Punkt sollen die Rechtslage aber auch die tatsächlichen Auswirkungen in Bezug auf das Personal innerhalb der unterschiedlichen Rechtsformen beleuchtet werden. Inwieweit sich bei einem Privatisierungsvorgang für die übernommenen Arbeitnehmer und Beamten, insbesondere unter dem Aspekt des Bestandschutzes, Änderungen ergeben, soll nicht hier, sondern in dem Kapitel „D" erläutert werden.

---

397 Bundeskartellamt, Beschluss B 10 – 109/04 vom 23.03.2005, S. 14
398 Säcker in Hirsch/ Montag/ Säcker, Kartellrecht, § 130 GWB, RN 7; Bundeskartellamt, Beschluss B 10 – 109/04 vom 23.03.2005 (Juris), S. 14
399 beispielsweise Bundeskartellamt Beschluss, B 10 161/04 vom 28.04.2005 oder Beschluss B 3 6/07 vom 06.06.2007 (Juris)

1. Kündigungsschutz und Vergütung

Das Recht des öffentlichen Dienstes unterteilt sich in das Beamtenrecht und in das Recht der Angestellten und Arbeiter im öffentlichen Dienst.[400] Bei Kündigungsschutz und Vergütung soll lediglich auf das Recht der Angestellten und Arbeiter eingegangen werden, da sich hinsichtlich dieser Punkte bei Beamten keine Unterschiede ergeben.

a) Anwendbarkeit des TVöD

Die nicht verbeamteten Bediensteten im öffentlichen Dienst sind grundsätzlich ebenso Parteien eines Arbeitsvertrages gemäß § 611 BGB, wie dies auch bei sonstigen Arbeitnehmern der Fall ist.[401] Die Besonderheit eines Arbeitsverhältnisses im öffentlichen Dienst im Vergleich zu sonstigen Arbeitnehmern liegt vor allem in den Regelungen des Tarifvertrages für den öffentlichen Dienst begründet.[402] Deshalb ist zunächst zu prüfen, inwieweit dieser Anwendung findet.

Sind Landkreise Mitglieder im Kommunalen Arbeitgeberverband Bayern (KAV), so sind sie tariflich an dessen Abschlüsse gebunden.[403] Wenn ein Landkreis nicht Mitglied des KAV ist und wenn er die Geltung des TVöD auch nicht vertraglich vereinbart hat, muss er wegen Art. 38 Abs. 4 LKrO seine Mitarbeiter gleichwohl angemessen vergüten. Bis 2004 war eine Vergütung gemäß Art. 38 Abs. 4 S. 2 LKrO a.F. dann angemessen, wenn sie der Vergütung des Tarifvertrages entsprach. Diese Bindung hat der Gesetzgeber mit Gesetz vom 26.07.2004 beendet.[404] Dadurch ist die Koppelung des Angemessenheitsgebotes an den Tarifvertrag aufgehoben und der Landkreis kann über die Vergütung seiner Mitarbeiter im Einzelfall entscheiden.[405] Die Gesetzesänderung hatte jedoch

---

400 Kunig in Schmidt-Aßmann/ Schoch, Besonderes Verwaltungsrecht, Kap. 6, RN 1; Lorenzen/ Schuster in Hoppe/ Uechtritz, Handbuch, § 12, RN 2

401 Schaub, Arbeitsrechtshandbuch, § 184, RN 1; Richardi in Richardi/ Wlotzke, Münchener Handbuch Arbeitsrecht, § 28, RN 7; Müller/ Landshuter, Arbeitsrecht im öffentlichen Dienst, RN 303

402 Leuchten in Tschöpe, Arbeitsrecht, Teil 1 A RN 128; Schuster/ Lorenzen in Hoppe/ Uechtritz, Handbuch, § 12, RN 6

403 Vgl. § 1 Abs. 1 TVöD, aber auch § 5 Abs. 1 Nr. 2 der Satzung des KAV

404 Gesetz- und Verordnungsblatt für den Freistaat Bayern 2004, S. 272

405 Hölzl/ Hien/ Huber, Gemeindeordnung, Art. 43 GO, Erl. 6; Bauer/ Böhle/ Ecker, Bayerische Kommunalgesetze, Art. 43 GO, RN 13; Schulz in Schulz/ Wachsmuth/ Zwick, Kommunalverfassungsrecht, Art. 38 LKrO, Erl. 5; Prandl/ Zimmermann/ Büchner, Kommunalrecht, Art. 43 GO, Erl. 24

keine praktische Auswirkung auf die Tarifbindung der Landkreise, da alle 71 bayerischen Landkreise Mitglieder des KAV sind.[406] Der betriebliche Geltungsbereich erstreckt sich auch auf alle nichtrechtsfähigen Einrichtungen und Betriebe eines Landkreises, also auch auf Regie- und Eigenbetriebe. Rechtlich selbständige Unternehmen und Betriebe in öffentlicher oder privater Rechtsform – also neben privaten Gesellschaften auch Kommunalunternehmen – folgen nicht automatisch der Tarifbindung der dahinter stehenden Kommune.[407] Diese fallen nur dann unter die Tarifbindung, wenn die Einrichtung oder der Betrieb Mitglied des KAV ist. Gemäß § 3 Abs. 1 der Satzung des KAV können auch Unternehmen „mit eigener Rechtspersönlichkeit, die kapitalmäßig oder tatsächlich unter maßgeblichem kommunalen Einfluss stehen", Mitglied des KAV werden. Dies hat zur Folge, dass auch für diese Unternehmen die Regelungen des TVöD verbindlich sind, da § 1 Abs. 1 TVöD den Geltungsbereich auf alle Mitglieder der Verbände des VKA erstreckt und sich auch private Gesellschaften bei der Mitgliedschaft im KAV gemäß § 5 Abs. 1 der Satzung des KAV zur Durchführung der abgeschlossenen Tarifverträge verpflichten. Somit besteht für formell privatisierte Unternehmen die Möglichkeit, sich vom Tarifvertrag zu lösen, obwohl der dahinterstehende Landkreis Mitglied im KAV bleibt. Bei rechtlich unselbständigen Betrieben ist die Lösung vom Tarifvertrag hingegen nur möglich, wenn der Landkreis selbst seine Tarifbindung beendet.

Für Krankenhäuser gilt neben dem allgemeinen Teil des TVöD der Besondere Teil für Krankenhäuser, welcher in den §§ 40 – 58 TVöD-BT-K geregelt ist. Für Ärzte in kommunalen Krankenhäusern gilt neben dem TVöD-BT-K der Tarifvertrag-Ärzte, auf dessen Besonderheiten und der Konkurrenz zum TVöD-BT-K nicht gesondert eingegangen werden soll, da sich daraus keine wesentlichen Besonderheiten im Hinblick auf Privatisierungen ergeben.[408]

b) Kündigungsschutz

Eine Privatisierung kann Auswirkungen auf den Kündigungsschutz haben. Wie bei a) gezeigt, finden die zivilrechtlichen individualarbeitsrechtlichen Regelungen sowohl auf in öffentlich-rechtlicher Rechtsform betriebene Krankenhäuser, als auch auf solche in privater Rechtsform Anwendung. Unterschiede können sich insbesondere aus unterschiedlichen Tarifverträgen ergeben. Nachdem alle

---

406   http://www.kav-bayern.de/html/zum_verband.html
407   Wendl in Bepler/ Böhle/ Meerkamp/ Stör, TVöD, § 1 TVöD-AT, RN 11; ohne Bezugnahme speziell auf Kommunalunternehmen: Breier (u.a.), TVöD, § 1 TVöD, RN 7
408   Zur Konkurrenz der beiden Tarifverträge siehe Conze, Personalbuch Tarifrecht, RN 494 ff

bayerischen Landkreise tarifgebunden sind, spielt dies insbesondere bei privatisierten Häusern eine Rolle. Die Einzelheiten des Kündigungsschutzes richten sich danach, ob für das Unternehmen der TVöD gilt, oder nicht. In § 34 Abs. 2 TVöD wird für Beschäftigte, die das 40. Lebensjahr vollendet haben und die eine Beschäftigungszeit von mehr als 15 Jahren haben, geregelt, dass deren Arbeitsverträge nur aus einem wichtigen Grund gekündigt werden können. Dies bedeutet, dass die ordentliche Kündigung ab diesem Zeitpunkt ausgeschlossen ist und der Mitarbeiter de facto auf Lebenszeit angestellt ist.[409]

c) Vergütung

Die Vergütung und die Altersversorgung richten sich in der privatisierten Gesellschaft nach den jeweiligen individualvertraglichen Vereinbarungen sowie nach den Betriebsvereinbarungen und den Tarifverträgen. Mit Haustarifverträgen kann versucht werden, eine flexiblere und leistungsabhängigere Entlohnung zu schaffen und für diejenigen Berufsgruppen Anreize zu schaffen, die für ein Krankenhaus besonders wichtig sind bzw. bei welchen eine Angebotsknappheit besteht. In der Praxis führen Haustarifverträge dazu, dass das Personal bei privaten Trägern insgesamt schlechter bezahlt wird, lediglich die Ärzte werden in der Regel bei Privaten besser vergütet.[410]

Somit stellt sich die Lage ebenso dar, wie beim Kündigungsschutz. Gilt für das Unternehmen in privater Rechtsform der TVöD, so ergeben sich für die Mitarbeiter in der Regel keine wesentlichen Änderungen. Besonderheiten sind durch einzelvertragliche Regelungen möglich oder können dadurch erreicht werden, dass die durch den TVöD eröffnete Möglichkeit der leistungsabhängigen Lohnbestandteile entschiedener umgesetzt wird, als dies häufig bei kommunalen und staatlichen Stellen geschieht. Gilt der TVöD nicht, - was bei privaten Trägern regelmäßig der Fall ist - können sich wesentliche Unterschiede ergeben.

2. Arbeitnehmermitbestimmung

Nach einer Privatisierung ergeben sich Änderungen für die Arbeitnehmermitbestimmung. Bei Körperschaften des öffentlichen Rechts werden gemäß Art. 1 BayPVG Personalvertretungen gebildet. Die Personalvertretung wird gemäß

---

409 Kunig in Schmidt-Aßmann/ Schoch, Besonderes Verwaltungsrecht, Kap. V, RN 187
410 Deutscher Städtetag, Kommunale Krankenhäuser, S. 11; Schulz in Bauer (u.a.), Kommunalverwaltung, Band B1, Art. 86 GO Erl. 2.1 spricht allgemein bei einem Ausstieg aus dem öffentlichen Dienstrecht davon, dass Spitzenpositionen besser, die große Zahl der nachgeordneten Mitarbeiter schlechter verdienen

Art. 12 Abs. 1 BayPVG durch einen Personalrat wahrgenommen, die Errichtung von Betriebsräten ist gemäß § 130 BetrVG nicht möglich. Die Abgrenzung wird rein formell nach der Rechtsform vorgenommen.[411] Deshalb können auch bei Eigengesellschaften keine Personalräte gebildet werden.[412] Hier nehmen Betriebsräte die Mitarbeitervertretung wahr.

Insgesamt sind die Beteiligungsrechte im Betriebsverfassungsrecht denen des Personalvertretungsrechts ähnlich.[413] Auch die allgemeinen Vorschriften über die Zusammenarbeit mit der Dienststelle entsprechen im Wesentlichen denen des BetrVG.[414] Eine abschließende Beurteilung ist jedoch nicht möglich, da bei privaten Rechtsformen dadurch Unterschiede entstehen, dass das BetrVG tarifdispositiv bzw. durch Betriebsvereinbarung ausgestaltet werden kann.[415] Dies ist im Personalvertretungsrecht nicht möglich, vgl. Art. 3, 73 PayPVG. Für den Geltungsbereich des BayPVG sind abweichende Regelungen durch Tarifvertrag gemäß Art. 3 BayPVG ausgeschlossen. Folglich müssen die durch die Privatisierung zu erwartenden Änderungen immer im Zusammenhang mit dem dann gültigen Tarifvertrag gesehen werden.

Besonderheiten können sich im Krankenhausbereich außerdem dann ergeben, wenn es sich bei dem Krankenhaus um ein Tendenzunternehmen handelt oder wenn es von einer Religionsgemeinschaft betrieben wird. Gemäß § 118 Abs. 1 BetrVG führt dies dazu, dass das BetrVG ganz oder teilweise keine Anwendung findet. Das Personalvertretungsrecht enthält keine Vorschriften über Tendenzbetriebe, welche mit § 118 BetrVG vergleichbar sind.[416] Auf von Religionsgemeinschaften karitativ betriebene Krankenhäuser findet das BetrVG wegen § 118 Abs. 2 BetrVG insgesamt keine Anwendung. Hier wird jedoch aufgrund der Kirchengesetzgebung eine Mitarbeitervertretung nach dem jeweiligen Mitarbeitervertretungsgesetz eingerichtet.[417] Gemäß § 118 Abs. 1 BetrVG sind

---

411 Ballerstedt/ Schleicher/ Faber, Bayerisches Personalvertretungsgesetz, Art. 1 BayPVG, RN 2; Schelter/ Seiler, Bayerisches Personalvertretungsgesetz, Art 1 BayPVG, RN 15; Reich, Bayerisches Personalvertretungsgesetz, Art. 1, RN 1; Annuß in Richardi, BetrVG, § 130, RN 3; Clemens in Tschöpe, Arbeitsrecht, Teil 4 A, RN 29

412 Ballerstedt/ Schleicher/ Faber, Bayerisches Personalvertretungsgesetz, Art. 1 BayPVG, RN 36; Schelter/ Seiler, Bayerisches Personalvertretungsgesetz, Art. 1 BayPVG, RN 15; Reich, Bayerisches Personalvertretungsgesetz, Art. 1, RN 1

413 Preis, Arbeitsrecht, § 162, Erl. II; Schweier in Fabry/ Augsten, Handbuch, Teil 3, RN 132; Ilbertz/ Widmaier, Bundespersonalvertretungsgesetz, § 1, RN 28

414 Koch in Schaub, Arbeitsrechtshandbuch, § 267, RN 1

415 Vgl. §§ 3, 21 a Abs. 1 S. 4, 38 Abs. 1 S. 4, 47 Abs. 4, 55 Abs. 4, 72 Abs. 4, 76 Abs. 8 und 86 BetrVG

416 Müller/ Landshuter, Arbeitsrecht im öffentlichen Dienst, § 295

417 Vgl. insbesondere die MAVO der katholischen Kirche und das MVG.EKD der evangelischen Kirche

die Vorschriften des BetrVG auch nicht auf Tendenzunternehmen anwendbar, soweit die Eigenart des Unternehmens oder des Betriebs dem entgegenstehen. Die §§ 106 bis 110 BetrVG sind nicht, die §§ 111 bis 113 BetrVG nur teilweise anwendbar. Dadurch wird eine Mitarbeiterbeteiligung zwar nicht ganz ausgeschlossen, aber begrenzt.[418] So finden beispielsweise die Vorschriften über die Bildung eines Wirtschaftsausschusses und über die Unterrichtung in wirtschaftlichen Angelegenheiten keine Anwendung. Ein Krankenhaus ist dann ein Tendenzunternehmen gemäß § 118 Abs. 1 BetrVG, wenn es unmittelbar und überwiegend karitativ betrieben wird, wenn also keine Gewinnerzielungsabsicht besteht und wenn keine unmittelbare gesetzliche Verpflichtung zum Betrieb des Krankenhauses besteht.[419]

Zusammenfassend ist festzustellen, dass sich durch eine Privatisierung einzelne Veränderungen zur bisherigen Situation ergeben können. Insgesamt sind die Mitbestimmungsgesetze vergleichbar. Einzelheiten hängen davon ab, ob im Geltungsbereich des BetrVG für das jeweilige Krankenhaus tarifvertragliche Regelungen Anwendung finden und ob es sich bei dem jeweiligen Krankenhaus um ein Tendenzunternehmen handelt.

3. Verbeamtetes Personal

Fraglich ist, inwieweit verbeamtetes Personal in privatisierten Gesellschaften eingesetzt werden kann. Dienstherreneigenschaft haben nur die in § 2 BeamtStG genannten Personen. Bei diesen handelt es sich nur um juristische Personen des öffentlichen Rechts.[420] Somit können auch Eigengesellschaften nicht Dienstherr von Beamten werden.[421]

Dies bedeutet jedoch nicht, dass in privaten Gesellschaften keine Beamten tätig werden können. Zum einen kann ein Beamter aus einem Dienstverhältnis auf Antrag entlassen werden, um mit der Gesellschaft ein privates Arbeitsverhältnis einzugehen. Dieser Fall soll hier jedoch außer Betracht bleiben, da der Mitarbeiter zum Zeitpunkt der Begründung des Arbeitsverhältnisses nicht mehr Beamter ist. Eine Möglichkeit zur Beschäftigung von Beamten besteht darin, dem Beamten auf seinen Antrag hin Sonderurlaub zur Begründung eines Ar-

418 Hohenstatt/ Dzida in Henssler/Willemsen/Kalb, Arbeitsrecht, § 118 BetrVG, RN 1; Thüsing in Richardi, BetrVG, § 118, RN 117
419 Zu den Einzelheiten vgl. die Ausführungen unter V. 1. b
420 Plog/ Wiedow, Bundesbeamtengesetz, § 2 BeamtStG, RN 3
421 Reich, Beamtenstatusgesetz, § 2, RN 4; Augat in Wurzel/ Schraml/ Becker, Kommunale Unternehmen, F 3 für die Vorgängerregelung des § 121 BRRG

beitsverhältnisses zu gewähren.[422] Gemäß Art. 93 Abs. 2 BayBG[423] i.V.m. § 18 Abs. 1 S. 1 UrlV kann, wenn ein wichtiger Grund vorliegt und wenn dienstliche Gründe nicht entgegenstehen, Sonderurlaub für bis zu 6 Monate gewährt werden. Gemäß § 18 Abs. 1 S. 2 UrlV ist dies in besonders begründeten Fällen auch länger möglich. Jedoch ist Sonderurlaub immer nur befristet möglich. Dies ergibt sich aus der Formulierung „länger", welche ein zeitlich definiertes Element zugrunde legt. Zum anderen impliziert der Begriff Urlaub die Rückkehr zum Dienstherrn.[424] Gemäß § 18 Abs. 1 S. 2 UrlV ist eine längere Beurlaubung nur in besonders begründeten Fällen möglich. Außerdem darf der Sonderurlaub ebenso wie der Erholungsurlaub nur auf Antrag des Beamten gewährt werden.[425]

Soll ein Beamter auch in einem, in privater Rechtsform geführten, Krankenhaus dauerhaft in einem Beamtenstatus tätig sein, so besteht die Möglichkeit einer (allgemeinen) Dienstleistungsüberlassung. Diese sieht vor, dass der Beamte alle beamtenrechtlichen Beziehungen zu der Kommune aufrecht erhält und die Kommune dem Privaten lediglich die Dienstleistung des Privaten überlässt.[426] Rechtsgrundlage ist das allgemeine Weisungsrecht des Dienstherrn.[427] Diese Konstruktion ist von der Rechtsprechung anerkannt.[428] Eine Zustimmung des Beamten ist hierzu nicht erforderlich.[429] Grundlage ist ein Vertrag zwischen Kommune und Gesellschaft.[430] Die Gesellschaft hat gegenüber dem Beamten weder Dienstherrenbefugnisse, noch ein fachliches Weisungsrecht. Sie hat lediglich ein Kontrollrecht des Dienstleistungsergebnisses.[431] Missstände können dann lediglich von der Gesellschaft im Rahmen des Vertragsverhältnisses gegenüber der Kommune geltend gemacht werden. Die Konstellation, dass der Beamte seine Arbeit im Krankenhaus erbringt, jedoch die – außenstehende –

---

422 Schweyer in Fabry/ Augsten, Handbuch, Teil 3, RN 97

423 Diese Vorschrift ist wortgleich mit dem früheren Art. 99 Abs. 2 BayBG

424 Schweibert/ Benkert in Weber/ Schäfer/ Hausmann, Public-Private-Partnership, § 9, Nr. 2.3.1.

425 Weiß/ Niedermaier/ Summer/ Zängl, Beamtenrecht, Art. 99 BayBG, Erl. 22. H; Hess. VGH, Urt. vom 5.2.1975, I OE 52/72 in DÖV 1976, 68

426 Augat in Wurzel/ Schraml/ Becker, Kommunale Unternehmen, Erl. F. 4; Schuster/ Lorenzen in Hoppe/ Uechtritz, Handbuch, § 12, RN 223

427 BVerwGE 69, 303, 308 = NVwZ 1985, 197, 198; Schweibert/ Benkert in Weber/ Schäfer/ Hausmann, Public-Private-Partnership, § 9, Nr. 2.3.2.; Schuster/ Lorenzen in Hoppe/ Uechtritz, Handbuch, § 12, RN 223

428 BVerwGE 69, 303, 308 = NVwZ 1985, 197 ff

429 BVerwGE 69, 303, 308 = NVwZ 1985, 197 ff; Schuster/Lorenzen in Hoppe/ Uechtritz, Handbuch, § 12, RN 224

430 Schweibert/ Benkert in Weber/ Schäfer/ Hausmann, Public-Private-Partnership, § 9, Nr. 2.3.2; Augat in Wurzel/ Schraml/ Becker, Kommunale Unternehmen, Erl. F. 4

431 Lorenzen/ Schuster in Hoppe/ Uechtritz, Handbuch, § 12 RN 232

Kommune die Weisungsrechte innehat, führt bei der Umsetzung zu einem aufwendigen Abstimmungsbedarf und zu Reibungsverlusten.[432] Deshalb ist die (allgemeine) Dienstleistungsüberlassung in der Regel nicht zu empfehlen.

Durch die Einführung des § 123 a Abs. 2 BRRG sehen sich einzelne Stimmen in ihrer Auffassung bestätigt, dass wegen der Formstrenge des Beamtenrechts Zuweisungen nur in den gesetzlich abschließend geregelten Fällen möglich sei und dass für eine Analogie des § 123 a Abs. 2 BRRG kein Platz sei.[433] Bei der Dienstleistungsüberlassung handelt es sich jedoch nicht um eine Analogie zu § 123 a Abs. 2 BRRG sondern um eine Ausprägung des allgemeinen Weisungsrechts des Dienstherrn.[434] Dieses ist trotz Formstrenge des Beamtenrechts anerkannt. Die Anwendung der Dienstleistungsüberlassung liegt als im Vergleich zu § 123 a Abs. 2 BRRG weniger einschneidende Maßnahme auch im Interesse des Beamten und ist deshalb neben § 123 a Abs. 2 BRRG weiterhin anwendbar[435] Die Einzelheiten der Zuweisung im Rahmen der Reorganisation einer Dienststelle gemäß § 123 a Abs. 2 BRRG werden unten im Rahmen des Privatisierungsvorgangs (unter D.) näher erläutert.[436]

4. Personal für die neue Struktur

Da mit einer Privatisierung häufig Mitarbeiter zu dem nunmehr privaten Unternehmen wechseln, kann der Landkreisverwaltung nach der Privatisierung qualifiziertes Personal für die neue Struktur fehlen. Insbesondere dort, wo der Landkreis weiterhin Kontroll- und Einflussmöglichkeiten hat, benötigt er Personal, um seine Rechte und Pflichten qualifiziert auszuüben. Gemäß Art. 83 Abs. 1 S. 2 LKrO ist der Landkreis zur Steuerung und Überwachung der Unternehmen in Privatrechtsform verpflichtet, an welchen er mit über 50 Prozent beteiligt ist. Dies ist sowohl bei formellen als auch bei funktionalen Privatisierungen der Fall. Um der Pflicht zur Steuerung und Überwachung nachzukommen ist es erforderlich, dass die Kommune für diese Gesellschaften ein Beteiligungsmanagement einrichtet.[437]

---

432 Schweibert/ Benkert in Weber/ Schäfer/ Hausmann, Public-Private-Partnership, § 9, Nr. 2.3.2

433 Vogelgesang, PersV 2005, 4, 7; Bauschke, ZTR 2005, 338, 343

434 BVerwGE 69, 303, 308 = NVwZ 1985, 197, 198; Schweibert/ Benkert in Weber/ Schäfer/ Hausmann, Public-Private-Partnership, § 9, Nr. 2.3.2.; Schuster/ Lorenzen in Hoppe/ Uechtritz, Handbuch, § 12, RN 223

435 Schuster/ Lorenzen in Hoppe/ Uechtritz, Handbuch, § 12, RN 224

436 siehe bei D. III, 4. g

437 Weiblen in Fabry/ Augsten, Handbuch, Teil 8, RN 42; Prandl/ Zimmermann/ Büchner, Art. 95 GO, Erl. 2; Schulz in Bauer (u.a.), Kommunalverwaltung Band B 1, Art. 95 GO,

Aber auch bei materiellen Privatisierungen stehen dem Landkreis – beispielsweise über einen Beirat – regelmäßig gewisse Kontrollbefugnisse zu und der Landkreis muss überprüfen, ob die vertraglichen Vereinbarungen eingehalten werden. Ein Beteiligungsmanagement kann sich beispielsweise in eine Beteiligungsverwaltung, eine Mandatsbetreuungsfunktion für in die Gesellschaftsorgane entsandte Mitglieder und ein Beteiligungscontrolling gliedern.[438] Es muss nicht unbedingt ein spezieller Krankenhaussachbearbeiter sein. Vielmehr genügt in vielen Fällen ein allgemeiner Beteiligungsmanager, der alle privatisierten Einheiten eines Landkreises – soweit dem Landkreis noch eine Kontrollfunktion zukommt – überwacht.

Trotzdem wird es in Kommunen häufig nicht als erforderlich erachtet, weiterhin einen Sachbearbeiter oder sonstiges speziell geschultes Personal für die Überwachung der Krankenhausgesellschaft vorzuhalten. Dies hat zur Konsequenz, dass in der Behörde häufig niemand in der Lage ist, die Gesellschaft kompetent zu überwachen und so die Interessen des Gesellschafters Landkreis wahrzunehmen. Das Beteiligungsmanagement kann insbesondere die Aufsichtsräte und den Vertreter in der Gesellschafterversammlung bei deren Tätigkeit unterstützen.[439] Dies ist umso wichtiger, je geringer die Qualifikation der Aufsichtsräte bzw. des Vertreters in der Gesellschafterversammlung ist.

5. Sachverstand von außen/ Synergieeffekte/ Wissenstransfer

Bei einer materiellen und funktionalen Privatisierung können Private externen Sachverstand einbringen.[440] Speziell im Krankenhauswesen treten einige national bzw. international agierende Unternehmen auf, welche bereits eine Vielzahl von Krankenhäusern betreiben.[441] Diese Unternehmen haben oft jahrelange Erfahrung und können sich – anders als eine Landkreisverwaltung – auf den Gesundheitsmarkt spezialisieren. Außerdem halten sie aufgrund ihrer Größe eine Vielzahl an Experten vor, welche sich für eine einzelne Klinik nicht lohnen

---

Erl. 1.2.; Kumanoff/ Schwarzkopf/ Fröse, Die Einführung von Risikomanagementsystemen in BayVBl 2001, 225, 230

438 Weiblen in Fabry/ Augsten, Handbuch, Teil 8, RN 42

439 Wurzel/ Schraml/ Becker, Kommunale Unternehmen, Teil E, RN 105, Weiblen in Fabry/ Augsten, Handbuch, Teil 8, RN 45

440 Hellermann in Hoppe/ Uechtritz, Handbuch, § 7, RN 169; Wolff/ Bachof/ Stober, Verwaltungsrecht, Band 3, § 90, RN 29; Wurzel/ Schraml/ Becker, Kommunale Unternehmen, J 22

441 Siehe hierzu genauer oben bei B. II. 4.

würden. Durch die Zusammenfassung von Wissen und Personal können Synergieeffekte erzielt werden.

VIII.   Erleichterung von Kooperationen und Fusionen

Ein Vorteil der privaten Rechtsform könnte unter Umständen darin bestehen, dass Kooperationen und Fusionen mit anderen Krankenhäusern erleichtert werden. Kooperationen sind beispielsweise denkbar in der Form eines Einkaufsverbundes[442], des fachlichen Austauschs zwischen einzelnen Häusern[443] oder der Integration von externen Fachleuten zur Ergänzung der eigenen Kompetenzen.[444] Unter Fusionen ist der tatsächliche Zusammenschluss unter einer Holding bzw. in einer Gesellschaft zu verstehen.[445]

Eine rechtlich verfestigte Kooperation oder Fusion mit anderen Krankenhäusern in öffentlich-rechtlicher Form ist nur im Rahmen des KommZG möglich.[446] Dessen Regelungen sind deutlich unflexibler und auch aufwendiger als die privatrechtlichen Vorgaben. So bedarf beispielsweise ein länderübergreifender Zweckverband gemäß Art. 17 Abs. 3 KommZG der Genehmigung durch das Innenministerium.

Die Wahl einer privaten Rechtsform ist in diesem Bereich flexibler, da eine Beteiligung von Eigentümern aus mehreren Bundesländern keiner zusätzlichen Genehmigung bedarf. Darüber hinaus können mit einer privaten Rechtsform bereits die Voraussetzungen geschaffen werden, um jederzeit einen Privaten an dem Unternehmen zu beteiligen. Eine solche Beteiligung eines Privaten – bei-

---

442   Hier ist beispielsweise die Einkaufsgesellschaft „AGMAMED Essen" zu nennen, welche durch ihre größere Marktmacht günstigere Einkaufspreise erzielt

443   So haben sich 7 oberbayerische Kreiskrankenhäuser in der „GOB" – der Gesundheit Oberbayern GmbH – zusammengeschlossen. Ziel ist vor allem der Wissenstransfer; siehe: www.gesundheit-oberbayern.de

444   Dabei ist an Telemedizin zu denken, bei welcher spezialisierte Ärzte von Unikliniken die Ärzte vor Ort bei der Behandlung bzw. Vorbereitung und Durchführung von Operationen unterstützen.

445   Als Beispiel seien hier die Kliniken Nordoberpfalz AG genannt, in der acht kommunale Kliniken zusammengefasst wurden; siehe bei www.kliniken-nordoberpfalz.de

446   Quaas, Das Krankenhaus 2001, 40 (42)

spielsweise als Gesellschafter – ist nur bei Eigengesellschaften, nicht jedoch bei Eigenbetrieben oder Kommunalunternehmen möglich.[447]

IX. Gefahr strafbaren Handelns

Insbesondere wenn einzelne Bereiche ausgegliedert und privatisiert werden (Küche, Reinigung) bzw. wenn Leistungen von privaten Unternehmen erbracht werden, müssen die Angebote der Privaten auch vor dem Hintergrund möglichen strafbaren Handelns kritisch betrachtet werden. Wenn erkennbar ist, dass die angebotenen Konditionen nur durch Wucher zu erzielen sind – welcher nach § 291 StGB strafbar ist - und der Auftrag trotzdem vergeben bzw. eine Einrichtung trotzdem privatisiert wird, so besteht die Gefahr, dass die Vertreter der Kommune sich ebenfalls wegen Teilnahme an den Wucherhandlungen strafbar machen. Lohnwucher ist unter die sonstigen Leistungen gemäß § 291 Abs. 3 Nr. 1 StGB zu subsumieren.[448] Das billigende Inkaufnehmen – also der bedingte Vorsatz – genügt hierzu.[449]

---

447 Wurzel/ Schraml/ Becker, Kommunale Unternehmen, J 24 und 27; Schulz in Bauer u.a., Kommunalverwaltung, Band B1, Art. 86 GO, Erl. 2.2; Uechtritz in Hoppe/ Uechtritz, Handbuch, § 15, RN 66 und RN 70
448 Lackner/ Kühl, StGB, § 291, RN 3; Schönke/ Schröder, § 291, RN 18
449 Fischer, StGB, § 291, RN 24; Lackner/ Kühl, StGB, § 291, RN 10; Schönke/ Schröder, StGB, § 291, RN 35

D. Privatisierungsverfahren

Nachdem oben (unter C.) mögliche Situationen nach der Privatisierung eines Krankenhauses dargestellt wurden, soll nachfolgend erläutert werden, wie eine solche Privatisierung geplant und durchgeführt werden kann.

I. Vorbereitung einer Privatisierung

Bevor mit der Durchführung der Privatisierung eines Krankenhauses begonnen wird, muss zuerst überlegt werden, ob die Aufgabe in privater Rechtsform oder durch bzw. in Zusammenarbeit mit einem Privaten besser erfüllt werden kann. Dabei sollte auch bedacht werden, welche Maßnahmen alternativ oder begleitend zu einer Privatisierung ergriffen werden können, um eine Verbesserung zur Ist-Situation herbeizuführen.

Die Entscheidung für eine spezielle Variante der Privatisierung setzt voraus, dass zunächst eine gründliche Analyse durchgeführt wird.[450] Die Landkreise sollen gemäß Art. 55 Abs. 2 S. 2 LKrO überprüfen, inwieweit die Aufgaben unter Heranziehung Privater mindestens ebenso gut erledigt werden können. Ein solcher Vergleich kann auch aus dem Gebot zur sparsamen und wirtschaftlichen Haushaltswirtschaft abgeleitet werden.[451] Das Gebot der Wirtschaftlichkeit und Sparsamkeit ist unter anderem in Art. 55 Abs. 2 S. 1, 83 Abs. 1 S. 1 LKrO normiert und gilt als oberster Grundsatz des gesamten öffentlichen Haushaltsrecht.[452] Dieser Grundsatz verlangt, dass die Aufgaben „mit geringstmöglichem finanziellen Aufwand erfüllt werden (Minimierungsgebot) und andererseits mit den vorhandenen Mitteln der größtmögliche Erfolg erzielt wird (Maximierungsgebot)".[453] Art. 55 Abs. 2 S. 2 LKrO kommt insoweit neben dem Gebot der Wirtschaftlichkeit und Sparsamkeit kein eigener konstitutiver Inhalt zu, sondern es wird lediglich eine ohnehin vorhandene Prüfpflicht hervorgehoben.[454]

Wegen des Gebots der Wirtschaftlichkeit und Sparsamkeit ist der Vergleich nicht nur auf die Beteiligung Privater, sondern auch auf die formelle Privatisierung zu erstrecken. Eine Analyse darf sich nicht auf kurzfristige wirtschaftliche

---

450   Stober, NJW 2008, 2301 (2308)
451   Widtmann/ Grasser/ Glaser, Bayerische Gemeindeordnung, Art. 61 GO, RN 6; Prandl/ Zimmermann/ Büchner, Kommunalrecht, Art. 55 LKrO, Erl. 5
452   Bauer (u.a.), Kommunalverwaltung, Band B 1, Art. 61 GO, Erl. 6.1.
453   Bauer/ Böhle/ Ecker, Bayerische Kommunalgesetze, Art. 61 GO, RN 14
454   Prandl/ Zimmermann/ Büchner, Kommunalrecht, Art. 55 LKrO, Erl. 5; Widtmann/ Grasser/ Glaser, Bayerische Gemeindeordnung, Art. 61 GO, RN 6

Überlegungen beschränken.[455] Vielmehr muss eine umfassende Abwägung statt-finden, in welche unter anderem die Zuverlässigkeit des Partners, Belange der Bürger, soziale Gesichtspunkte, die Sicherheit der Aufgabenerfüllung, die Ver-hinderung eines privaten Monopols und der Umfang künftiger Einwirkungsmög-lichkeiten durch die Politik eingestellt werden können.[456] Bei der Auswahl der Kriterien für die Wahl einer speziellen Organisationsform steht den Landkreisen ein weitgehender Beurteilungs- und Ermessensspielraum zu.[457] Dieses Ermessen steht den Landkreisen nicht nur bei der in Art. 55 Abs. 2 S. 2 LKrO angespro-chenen Einbindung Privater, sondern wegen ihrer Organisationshoheit, erst recht bei formellen Privatisierungen zu.[458] Bei aller Genauigkeit, die an die Auswahl der Kriterien gelegt wird, müssen sich die Beteiligten aber darüber im Klaren sein, dass bei jeder Änderung der Organisationsform – auch bei optimaler Vor-bereitung – nicht erwartete Nachteile eintreten können. Beispielhaft seien gerin-gere Einflussmöglichkeiten oder steuerliche Belastungen aufgrund späterer Ge-setzesänderungen genannt.[459]

1. Grundlegende Überlegungen

a) Abgrenzung des zu überprüfenden Bereichs

Zuerst muss klar definiert werden, für welchen Betrieb oder welchen Teil eines Betriebs über eine Privatisierung nachgedacht wird. Dabei kann es sich zum Beispiel um ein Krankenhaus, um alle Krankenhäuser eines Landkreises handeln oder nur um einzelne Abteilungen oder Einrichtungen. Bei der Teilprivatisie-rung von lediglich einigen Aufgabenbereichen innerhalb des Krankenhauses ist

---

455 Hölzl/ Hien/ Huber, Gemeindeordnung, Art. 61 GO, Erl. 3; Mühlbauer/ Stanglmayr/ Zwick in Bauer (u.a.), Kommunalverwaltung Band B 1, Art. 61 GO, Erl. 7

456 Mühlbauer/ Stanglmayr/ Zwick in Bauer (u.a.), Kommunalverwaltung Band B 1, Art. 61 GO, Erl. 7

457 Mühlbauer/ Stanglmayr/ Zwick in Bauer (u.a.), Kommunalverwaltung Band B 1, Art. 61 GO, Erl. 6

458 Cronauge/ Westermann, Kommunale Unternehmen, RN 19; Ronellenfitsch/ Stein in Hoppe/ Uechtritz, Handbuch, § 3, RN 5

459 Stober, NJW 2008, 2301, 2308; Bauer/ Böhle/ Ecker, Bayerische Kommunalgesetze, Art. 61 GO, RN 23 Cronauge/ Westermann, Kommunale Unternehmen, RN 19

459 Stober, NJW 2008, 2301 (2308); Bauer/ Böhle/ Ecker, Bayerische Kommunalgesetze, Art. 61 GO, RN 23

insbesondere an die Privatisierung von Reinigung, Wäscherei, EDV oder Küche zu denken.[460]

b) Abwägungsrelevante Belange

Der Landkreis muss sich entscheiden, welche Belange er in die Abwägung für die Entscheidung für oder gegen eine Privatisierung einstellt. Da die Landkreise – wie soeben gezeigt – dabei ein weites Ermessen haben, gibt es für die Prüfung auch keinen festen Kriterienkatalog. Es ist jedoch zweckmäßig, zunächst eine Analyse der Ist-Situation vorzunehmen. In diese sollten insbesondere die Ergebnisse des bisherigen Qualitätsmanagements einfließen. Bei der Analyse sollten nach Ansicht des Autors insbesondere folgende Fragen beantwortet werden:

- Wie sieht die wirtschaftliche Situation des Krankenhauses aus?
- Wie entwickelten sich die Fallzahlen, die Auslastung und die Verweildauer in den letzten Jahren?
- Welche Qualifikation haben die Bediensteten des Landkreises?
- Welche baulichen Anlagen, welches medizinische Gerät stehen zur Verfügung? Inwieweit besteht ein Investitionsstau?
- Wie effektiv arbeiten die jetzigen Organe des Krankenhauses?
- Gibt es Probleme mit Indiskretionen o.ä.?
- Wie hoch ist die Fluktuation bei den Mitarbeitern?
- Welche Abteilungen werden vorgehalten, welche Leistungen werden angeboten und wie rentabel und erforderlich sind diese?
- Mit welchen anderen Krankenhäusern konkurriert das Krankenhaus und mit welchen Krankenhäusern gibt es Synergien?
- Wieviel „Wanderungsverlust" gibt es zu anderen Krankenhäusern
- Wie gut weisen die niedergelassenen Ärzte in die jeweiligen Abteilungen des Krankenhauses ein?
- Inwieweit besteht in der Region ein Über-/Unterangebot an Krankenhausbetten?

Aufgrund der Analyse der Ist-Situation müssen Ziele formuliert werden und geprüft werden, mit welcher Struktur und mit welchen Beteiligten diese am besten erreicht werden können.

Sollte der Landkreis zu dem Ergebnis kommen, dass ein Privater – im Rahmen einer materiellen oder funktionellen Privatisierung – einzubinden ist, muss er darüber hinaus entscheiden, welche Kriterien an die konkrete Auswahl der

---

460 Fabry in Fabry/ Augsten, Handbuch, Teil 3, RN 3; Rocke in Das Krankenhaus 2005, 733, 734

Privaten angelegt werden. Hierbei sind nach Ansicht des Autors insbesondere folgende Kriterien von Bedeutung:

- Die Qualifikation des Unternehmens (beispielsweise Erfahrungen bei ähnlichen Projekten)
- Die Beschäftigungsbedingungen der bisherigen Arbeitnehmer bei dem Privaten
- Die wirtschaftliche Leistungsfähigkeit des Privaten
- Vor dem Hintergrund von Synergieeffekten kann es von Bedeutung sein, in welchem Umfang der Private bereits in der Region tätig ist. Gleichzeitig muss vor einem kartellrechtlichen Hintergrund darauf geachtet werden, dass durch diese Präsenz keine marktbeherrschende Stellung entsteht.
- Dezentralität kann von Vorteil sein. Große Entscheidungsspielräume eines örtlichen Geschäftsführers und eine möglichst große Unabhängigkeit von einem Konzern kann bedeuten, dass individuelle Lösungen für eine Klinik leichter erzielt werden können, als dies bei einem Unternehmen ist, bei dem eine Zentrale stark auf die örtlichen Gesellschaften einwirkt.

Auf einzelne besondere Kriterien soll nachfolgend detaillierter eingegangen werden:

2. Wirtschaftlichkeitsvergleich

Vor einer Privatisierung sollte ein Wirtschaftlichkeitsvergleich durchgeführt werden, in welchem die Wirtschaftlichkeit des Krankenhauses in der jetzigen Struktur mit möglichen Alternativstrukturen verglichen wird. Ein solcher Wirtschaftlichkeitsvergleich muss unter Umständen mehrmals durchgeführt werden. Zum einen muss er bei den Vorüberlegungen durchgeführt werden. Sollte es zu einer Beteiligung eines Privaten kommen, müssen diese Ergebnisse nach Abgabe eines Angebots durch den Privaten – bzw. bei mehreren Bewerbern ggf. nach einer Ausschreibung – mit den vorläufigen Ergebnissen verglichen werden. Neben den laufenden Einnahmen und Ausgaben sollten auch Einmaleffekte, welche durch die Privatisierung erzielt werden können, in den Wirtschaftlichkeitsvergleich aufgenommen werden. Zu denken ist beispielsweise an einen Verkaufserlös. Auf der anderen Seite muss überprüft werden, ob durch die Privatisierung unter Umständen Fördermittel zurückgezahlt werden müssen. Gemäß Art. 19 Abs. 2 S. 1 BayKrG sind Förderbescheide zu widerrufen, wenn das Krankenhaus seine Aufgaben nach dem Krankenhausplan nicht mehr erfüllt. Der

Trägerwechsel wird grundsätzlich unter diese Vorschrift subsumiert, so dass Förderbescheide widerrufen werden würden.[461] Deshalb wurde 1986 Art. 19 Abs. 2 S. 3 BayKrG eingeführt, der die bis dahin übliche Verwaltungspraxis kodifizierte.[462] Demnach kann von einem Widerruf der Förderbescheide abgesehen werden, wenn der bisherige Träger die Fördergelder auf den neuen Krankenhausträger überträgt, der neue Träger die für den bisherigen Träger geltenden Verpflichtungen, Bedingungen und Auflagen anerkennt und sichergestellt ist, dass die bestehenden Sicherungsrechte nicht erlöschen. Um keinen Widerruf der Förderbescheide zu riskieren, sollten rechtzeitige Gespräche mit dem Bayerischen Staatsministerium für Umwelt und Gesundheit geführt werden.

3. Politische und psychologische Gesichtspunkte

a) Ordnungspolitische Fragen

Nicht nur der Staat sondern auch die kommunale Ebene sollte ihr Handeln nicht isoliert auf die Funktionalität der einzelnen Teilbereiche ausrichten, sondern dieses Handeln auch als Teil eines ordnungspolitischen Rahmens sehen. Unter Ordnungspolitik versteht man die Wirtschaftspolitik öffentlicher Institutionen, die einen wirtschaftspolitischen Rahmen vorgeben, die Ausfüllung dieses Rahmens aber den Wirtschaftssubjekten überlassen.[463] Auch wenn Kreisräte zuerst dem Wohl ihres Landkreises verpflichtet sind, bedeutet dies nicht, dass sie nur an unmittelbare Vorteile für die Gebietskörperschaft denken sollen. Vielmehr sollten sie ihrem Handeln auch das Wohlergehen des einzelnen Bürgers zugrunde legen. Zu diesem Wohlergehen trägt auch ein richtig gestalteter ordnungspolitischer Rahmen bei. Das Setzen ordnungspolitischer Rahmenbedingungen ist auch auf der Ebene der Landkreise möglich. In den letzten Jahrzehnten haben die Kommunen immer mehr – insbesondere freiwillige – Aufgaben an sich gezogen.[464] Werden den Privaten diese Aufgaben jetzt wieder überlassen, kann man deshalb grundsätzlich auch von einer Reprivatisierung sprechen.[465] Eine solche Reprivatisierung liegt allerdings im Krankenhausbereich nicht vor, da das Krankenhauswesen traditionell eine klassische hoheitliche Aufgabe ist.

Unter ordnungspolitischen Gesichtspunkten kann es durchaus von Vorteil sein, privaten Betreibern Geschäftsfelder ganz oder teilweise zu überlassen, um

461 Bauer u.a. Kommunalverwaltung, Band H 2, Art. 19 BayKrG, Erl. 6.4
462 Bauer u.a. Kommunalverwaltung, Band H 2, Art. 19 BayKrG, Erl. 6.4
463 Blum, Volkswirtschaftslehre, Kap. 15.1.1.; Heise, Wirtschaftspolitik, S. 92
464 Brandl/ Huber/ Walchshöfer, Praxiswissen, S. 305
465 Brandl/ Huber/ Walchshöfer, Praxiswissen, S. 306

damit die allgemeine wirtschaftliche Entwicklung, ein privates Unternehmertum und die Eigenverantwortung von Wirtschaft und Bürgern zu stärken.[466] Ordnungspolitik darf aber nicht als maximale Liberalität missverstanden werden, weshalb mit guten Gründen ordnungspolitisch ein öffentlich-rechtlicher Krankenhausmarkt als öffentliche Grundversorgung und somit als Absicherung einer funktionierenden Gesellschaftsordnung gesehen werden kann.

b) Auswirkungen auf das Image des Landkreises

Eine Privatisierung kann Auswirkungen auf das Image eines Krankenhauses haben. Bei einzelnen Privatisierungen muss abgewogen werden, wie hoch der Privatisierungsgrad des Landkreises und seiner Gemeinden bereits ist. Oben wurde gezeigt, dass im Bereich der Leistungsverwaltung Privatisierung leichter möglich ist, als im Bereich der Eingriffsverwaltung. Wird aber die Leistungsverwaltung, bei welcher der Bürger – für ihn als positiv wahrnehmbare – Leistungen erhält, weitestgehend auf Private übertragen und bleibt der Öffentlichen Hand nur noch der Bereich der als einschränkend wahrgenommenen Eingriffsverwaltung, so kann dies dazu führen, dass das Image des Staates und der Gebietskörperschaften leidet und die Identifikation des Bürgers mit diesen Institutionen schwindet.[467] Dies ist sicher kein Ausschluss-Kriterium für eine einzelne Privatisierung, sollte jedoch beim Blick auf das Ganze beachtet werden.

c) Bedeutung des Krankenhauses als Standortfaktor

Häufig, vor allem in ländlichen Strukturen, verspüren Bürger eine hohe Identifikation mit dem Krankenhaus ihrer Region. Diese Identifikation kann aufgrund der Bedeutung einer ortsnahen medizinischen Versorgung entstehen. Für viele, insbesondere chronisch kranke oder ältere Personen, kann ein Krankenhaus auch die Wohnortwahl beeinflussen. Bei Kurorten bzw. Orten, die Gesundheitstourismus anbieten, kann dies bei manchen Gästen auch ausschlaggebend für die Wahl eines Kur- bzw. Urlaubsortes sein. Dies mag wohl auch der Grund gewesen sein, warum die Stadt Bad Tölz über viele Jahre hinweg 25% der Kosten für das örtliche Krankenhaus getragen hat. So gab es in der Stadt – trotz der überwiegenden Finanzierung durch den Landkreis – ein eigenes Krankenhaus.

---

466 Wolff/ Bachof/ Stober, Verwaltungsrecht, Band 3, § 90, RN 27
467 Bogumil/ Holtkamp in Libbe/ Tomerius/ Trapp/ Liberalisierung und Privatisierung, S. 82

4. Alternativen zu einer Privatisierung

Wenn die Vor – und Nachteile einer Privatisierung herausgearbeitet wurden, sollte überlegt werden, ob und wie die Vorteile privater Rechtsformen bzw. privater Träger auch durch öffentlich-rechtliche Trägerschaft oder sogar in öffentlich-rechtlicher Form erzielt werden können. Unter Umständen können dann die gleichen Vorteile bei weniger Nachteilen ohne eine Privatisierung erzielt werden.

a) Reformierung der Haushaltswirtschaft

Um auch in öffentlicher Rechtsform flexiblere Handlungsmöglichkeiten zu eröffnen, wird laufend versucht, die Haushaltswirtschaft zu reformieren. Die Bestrebungen zielen darauf ab, die klassische – in den Kategorien eines Über-/ Unterordnungsverhältnisses denkende – Verwaltung zu einem Dienstleister zu entwickeln.[468] Dieses Denken hilft insbesondere der Leistungsverwaltung, welcher das Krankenhauswesen zuzuordnen ist, da gerade hier die Qualität der Dienstleistung ausschlaggebend für den wirtschaftlichen Erfolg ist.

Die Bestrebungen, auf die sich die reformierte Haushaltswirtschaft bezieht, können in folgenden fünf Schlagworten zusammengefasst werden: „Steuerung durch Leistungsvorgaben und Kontraktmanagement", „Zusammenführung der Fach- und Ressourcenverantwortung", „Ressourcenverbrauchskonzept", „Steuerung der Verwaltung auf Abstand" und „Vollzugscontrolling und Berichtswesen".[469]

Die Elemente der reformierten Haushaltswirtschaft sollen die Entscheidungsmöglichkeiten der fachlich Verantwortlichen stärken und die Aufgabe übergeordneter Stellen – auch der Politik – auf die Definition der Zielaufgaben und deren Kontrolle beschränken. Mithin soll eine Dezentralisierung von Entscheidungskompetenzen und Verantwortung erfolgen.[470] Hierzu ist es erforderlich, dass Kosten eindeutig erfasst und zugeordnet werden. Dies ist regelmäßig auch eine Stärke privater Strukturen.

Zur Umsetzung dieser Reformansätze werden von den Kommunen seit Beginn der 1990er Jahre Elemente des sogenannten „Neuen Steuerungsmodells" eingesetzt.[471] Als Grundlage der Kostenkontrolle ist die Budgetierung das Kern-

---

468 Bals in Henneke/ Strobl/ Diemert, § 2, RN 4
469 Pünder in Henneke/ Pünder/ Waldhoff, Kommunalfinanzen, § 5 RN 7 ff
470 Vogelgesang/ Lübking/ Ulbrich, Kommunale Selbstverwaltung, RN 582
471 Steffen in Baunack-Bennefeld 2002, Teil 2.1; Vogelgesang/ Lübking/ Ulbrich, Kommunale Selbstverwaltung, RN 580; Steffen in Bauer (u.a.), Kommunalverwaltung Band B 2, Teil B 18, Erl. 2.1.

element dieses neuen Steuerungsmodells. Unter Budgets versteht man die Verbindung von Einnahmen und Ausgaben des Verwaltungshaushalts für einen funktional begrenzten Aufgabenbereich (der einer Verwaltungsstelle der Kommune zur eigenverantwortlichen Bewirtschaftung zugewiesen ist) zu einem finanziellen Rahmen.[472] Durch diese Budgetierung werden der Verwaltung Finanzvorgaben gemacht.[473] Wie eng die Grenzen der Verwaltung durch diese Vorgaben gezogen werden, ist eine politische Entscheidung. Die Budgetierung eröffnet eine Vielzahl interner Möglichkeiten.[474] Es können beispielsweise einzelnen Fachbereichen konkrete Budgets zugewiesen werden, so dass Fach- und Ressourcenverantwortung zusammengeführt werden können.[475] Somit bleibt demjenigen, der mit der Aufgabe betraut ist, auch eine gewisse Flexibilität, wie er die finanziellen Ressourcen im Einzelnen einsetzt. Gleichzeitig können bei Kostenüberschreitungen – bei entsprechender Kontrolle – die Verantwortlichkeiten klarer festgestellt werden. Hierbei ist wichtig, dass den Vorgesetzten ausreichend Handlungsmöglichkeiten verbleiben, um bei Korrekturbedarf einschreiten zu können. Eine besondere Bedeutung kommt dabei der Bildung von einzelnen Produkten zu.[476] In diesen werden Leistungen der Verwaltung nach Art, Menge und Qualität zusammengefasst und gegliedert.[477] Im Krankenhausbereich ist es zur Vermeidung einer Verwechslung mit den „externen Budgets"[478] sinnvoll, von „internen Budgets" zu sprechen.[479]

Wichtig ist aber nicht nur die interne Kontrolle, sondern auch die Vergleichbarkeit mit anderen Kommunen. Es muss darauf geachtet werden, die Definition der eigenen Produkte mit denen anderer Landkreise abzustimmen. Dies hat einerseits zur Folge, dass die Entwicklung der eigenen Zahlen besser kontrolliert und gesteuert werden kann. Zum anderen bekommt der Landkreis aber auch einen Vergleich der eigenen Einnahmen und Ausgaben mit denen anderer Landkreise. Die eigenen Zahlen gewinnen dadurch an Aussagekraft und es lassen sich gezielt erfolgreiche Konzepte anderer Landkreise übernehmen.

472 Wohltmann/ Hauschild in Henneke/ Strobl/ Diemert, § 1, RN 76
473 Bals in Henneke/ Strobl/ Diemert, Kommunale Haushaltswirtschaft, § 2, RN 42
474 vgl. weitergehend beispielsweise bei Steffen in Baunack-Bennefeld 2002, Teil 2.4.2.
475 Pünder in Henneke/ Pünder/ Waldhoff, Kommunalfinanzen, § 5 RN 8; Vogelgesang/ Lübking/ Ulbrich, Kommunale Selbstverwaltung, RN 587; Steffen in Bauer (u.a.), Kommunalverwaltung Band B 2, Teil B 18 Erl. 2.3.2.
476 Pünder in Henneke/ Pünder/ Waldhoff, Kommunalfinanzen, § 5, RN 7
477 Bals in Henneke/ Strobl/ Diemert, Kommunale Haushaltswirtschaft, § 2, RN 19
478 welche im Rahmen der Pflegesatzverhandlungen festgesetzt werden
479 Haubrock/ Schär, Betriebswirtschaft und Management, S. 161

Somit kann Budgetierung und eine damit verbundene leistungsfähige Qualitäts- und Kostenkontrolle dazu beitragen, den Vorsprung der Privaten in Punkto Vergleichbarkeit, Kostenkontrolle und Kostenverantwortlichkeit aufzuholen.

b) Ausweitung der Geschäftstätigkeit

Arbeiten Teile eines Krankenhauses defizitär, kann unter Umständen durch eine Erweiterung der Geschäftstätigkeit und damit verbundene Synergieeffekte eine größere Wirtschaftlichkeit erzielt werden.[480] Denkbar ist zum einen eine Ausweitung der medizinischen Versorgung. Dies kann durch zusätzliche Fachabteilungen geschehen. Das Krankenhaus kann aber auch zu einem umfassenden Gesundheitszentrum entwickelt werden mit präventiv ausgerichteten Bereichen, Arbeitsmedizin, Medical Check-ups, Ambulanter Rehabilitation, sozialtherapeutische Angebote oder ambulanter Pflege.[481] Auch kann an die Angliederung eines Medizinischen Versorgungszentrums gemäß § 95 SGB V zur ambulanten Behandlung gedacht werden.[482] Das verstärkte Tätigwerden der Krankenhäuser im ambulanten Bereich liegt im GKV-WSG, welches zum 01.04.2007 inkraftgetreten ist, begründet. Die Möglichkeiten der Krankenhäuser zur Erbringung ambulanter Leistungen wurde mit der Neufassung des § 116 V SGB V deutlich gestärkt.[483]

Neben eines Ausbaus der medizinischen Versorgung ist auch an eine größere Geschäftstätigkeit der Serviceeinheiten wie Küche oder Wäscherei zu denken. So kann beispielsweise die Küche des Krankenhauses auch Essen für Firmenkantinen oder Altersheime liefern. Neben der bereits gesondert erörterten steuerrechtlichen Problematik (siehe unter C. I. 2. c.) stellt sich die Frage, ob eine solche Ausweitung zulässig ist. Hiergegen wird nichts einzuwenden sein, solange das Krankenhaus für andere Einrichtungen des Landkreises tätig wird, beispielsweise für ein kommunales Altersheim.

Grenzen werden jedoch durch die in Art. 75 LKrO aufgestellten Voraussetzungen zur Zulässigkeit kommunaler Unternehmen gesetzt. Gemäß Art. 75 Abs. 1 S. 1 Nr. 4 LKrO ist eine wesentliche Erweiterung der Geschäftstätigkeit nur dann zulässig, wenn bei einem Tätigwerden außerhalb der kommunalen Da-

---

480 Simon, das Krankenhaus im Umbruch, S. 40

481 Hildebrandt in Eichhorn/ Seelos/ Schulenburg, Krankenhausmanagement, Seite 663 ff;
     Bauer in Der Landkreis 2004, 653, 654

482 Hildebrand/ Bischoff-Everding/ Hitzacker in Der Landkreis 2004, 655 ff

483 Als Beispiele für ambulante Leistungen seien das ambulante Operieren nach § 116 SGB
     V und die Notfallbehandlung nach § 75 SGB V i.V.m. § 323 c StGB und § 2 Abs. 2
     MWV-Ä genannt. Eine detailliertere Auflistung möglicher ambulanter Leistungen findet sich beispielsweise bei Offermanns/ Sowa, Krankenhaus und ambulante Versorgung
     Teil I S. 81

seinsvorsorge der Zweck nicht ebenso gut und wirtschaftlich durch einen Privaten erfüllt wird oder erfüllt werden kann. Unter einer Erweiterung des Unternehmens ist auch die Eröffnung neuer Geschäftsfelder zu sehen.[484] Sie ist immer dann zu bejahen, wenn die wirtschaftliche Tätigkeit nach Gegenstand oder Volumen erweitert wird.[485] Bei einer reinen Krankenhausküche ist ein Vergleich mit einem Privaten nicht erforderlich, da die Krankenhausküche als solche Teil der Krankenhausversorgung ist, welche in die Daseinsvorsorge einzuordnen ist. Wird eine Küche jedoch auf dem allgemeinen Markt des Catering für private Unternehmen tätig, so ist dies eine Tätigkeit außerhalb der Daseinsvorsorge, welche eine Erweiterung des bestehenden Unternehmens darstellt und welche grundsätzlich an dem Maßstab des Art. 75 Abs. 1 S. 1 Nr. 4 LKrO zu messen ist. Eine konkrete Erweiterung fällt aber nur dann unter die Vorschrift, wenn sie wesentlich ist. Eine mathematisch exakte Grenze, ab der Wesentlichkeit vorliegt, gibt es nicht.[486] Ob eine Erweiterung wesentlich ist, ist im Einzelfall zu bestimmen.[487] Teilweise wird bei der Beantwortung der Frage allgemein die Wesentlichkeit danach beurteilt, welche Bedeutung die Erweiterung für die Gemeinde, ihre Unternehmen und die Wettbewerber hat.[488] Diese Beurteilung lässt jedoch den Wortlaut des Gesetzes und dessen Auslegung völlig außer acht. Die Beurteilung der Wesentlichkeit richtet sich deshalb richtigerweise danach, ob die Erweiterung ein Ausmaß erreicht, welches der Errichtung oder der Übernahme eines Unternehmens gleichsteht. Dies lässt sich mit der Trias in Art. 75 Abs. 1 LKrO begründen, in welcher die Begriffe Errichtung, Übernahme und wesentliche Erweiterung gleichwertig nebeneinander stehen und der gleichen Beurteilung unterliegen.[489] Insoweit ist ein Tätigwerden über die Versorgung von öffentlichen Stellen hinaus kritisch zu betrachten und anhand der eben erläuterten Kriterien im Einzelfall zu prüfen, ob eine wesentliche Erweiterung des Unternehmens vorliegt.

---

484 Widtmann/ Grasser/ Glaser, Bayerische Gemeindeordnung, Art. 87 GO, RN 6

485 Hölzl/ Hien/ Huber, Gemeindeordnung, Art. 87 GO, Erl. 2.1.

486 Widtmann/ Grasser/ Glaser, Bayerische Gemeindeordnung, Art. 87 GO, RN 7; Hölzl/ Hien/ Huber, Gemeindeordnung, Art. 87 GO, Erl. 2.1.

487 Schulz in Bauer (u.a.), Kommunalverwaltung Band B1, Art. 87 GO, Erl. 1.2.2.; Schulz in Schulz/ Wachsmuth/ Zwick, Art. 87 GO, Erl. 1.2.2.; Widtmann/ Grasser/ Glaser, Bayerische Gemeindeordnung, Art. 87 GO, RN 7

488 Schulz in Bauer (u.a.), Kommunalverwaltung Band B1, Art. 87 GO, Erl. 1.2.2.

489 Widtmann/ Grasser/ Glaser, Bayerische Gemeindeordnung, Art. 87 GO, RN 7; Köhler, BayVBl. 2000, 1, 4

c) Schließung defizitärer Einrichtungen

Arbeiten einzelne Einrichtungen oder Abteilungen defizitär, werden keine Potentiale zur Verbesserung gesehen und besteht keine Bereitschaft, dieses Defizit weiter hinzunehmen, so kann auch an die Schließung einer solchen Abteilung gedacht werden. Die Schließung einer medizinischen Abteilung ist wegen Art. 51 Abs. 3 S. 1 Nr. 1 LKrO nur dann möglich, wenn die Versorgung auch nach der Schließung einer Einrichtung oder Abteilung durch Krankenhäuser in angrenzenden Landkreisen oder durch Krankenhäuser anderer Träger im selben Landkreis sichergestellt werden kann. Die momentane Sicherstellung durch Nachbarkrankenhäuser bedeutet aber nicht, dass diese Sicherstellung auch langfristig gewährleistet ist. Vor dem Hintergrund, dass bei Entstehung eines Versorgungsdefizits in der Zukunft eine Verpflichtung zur Leistungserbringung durch einen Landkreis wieder aufleben kann, können Vereinbarungen mit den benachbarten Krankenhäusern sinnvoll sein. Eine solche Vereinbarung kann die Verpflichtung eines Landkreises zur Leistungserbringung in einem bestimmten Zeitraum unter gleichzeitiger Kostenbeteiligung des anderen Landkreises vorsehen. Neben der dauerhaften Versorgung darf auch nicht außer Acht gelassen werden, dass durch eine Leistungserbringung im Nachbarlandkreis – auch wenn der Sicherstellungsauftrag erfüllt ist – aufgrund der nun längeren Wege eine Verschlechterung der Versorgung der eigenen Landkreisbevölkerung eintreten kann.

d) Zusammenarbeit mit anderen Krankenhäusern

Bei materiellen und funktionalen Privatisierungen wurde der Vorteil der Synergieeffekte und des Wissenstransfers angesprochen. Diese Stärken können jedoch auch bei formellen Privatisierungen oder auch in öffentlich-rechtlichen Formen entwickelt werden. Hierzu ist eine Zusammenarbeit mit anderen Krankenhäusern anzustreben. Diese kann sich als Alternative zu Privatisierungen erweisen.[490]

(1) Formen der Zusammenarbeit

(a) Kooperationen auf vertraglicher Grundlage

Es ist eine Zusammenarbeit mehrerer Krankenhäuser auf vertraglicher Grundlage möglich. Dabei ist vor allem an eine Zusammenarbeit mit anderen öffentlichen Häusern zu denken. Möglich ist aber auch eine Zusammenarbeit mit Privaten, ohne – so beispielsweise bei einem Einkaufsverbund wie der AGMAMED

---

490 Rocke in Das Krankenhaus, 2005, 733, 734

Essen, welcher zur Zeit 153 Mitgliedskrankenhäuser hat[491] – gleich an eine Privatisierung zu denken. Ein Klinikverbund kann die unterschiedlichsten Formen der Zusammenarbeit vorsehen. So können kleine Häuser im Rahmen einer solchen Zusammenarbeit auch – beispielsweise durch die telemedizinische Verfahren – vom medizinischen Spezialwissen von Unikliniken profitieren.[492]

Es können sich aber auch mehrere kommunale Häuser zu einem Klinikverbund zusammenschließen. Als Beispiel sei die Managementgesellschaft Gesundheit Oberbayern GmbH (GOB) genannt.[493] In der GOB haben sich sieben selbständige kommunale Kliniken südlich von München zusammengeschlossen, um Verbundeffekte unter medizinischen, kaufmännischen, rechtlichen und organisatorischen Aspekten zu erzielen und den Wissenstransfer zwischen den Häusern zu organisieren.[494]

In einem weiteren Schritt ist es möglich, die Leistungsangebote aufeinander abzustimmen, um aufgrund höherer Fallzahlen eine Spezialisierung in einigen Bereichen zu erzielen. Diese Variante ist vor allem dann anzudenken, wenn beispielsweise in der Nähe von Unikliniken Häuser mit einem hohen Spezialisierungsgrad vorhanden sind. Dies erscheint aber – anders als beispielsweise bei einem Einkaufsverbund – nur dann sinnvoll, wenn die am Verbund beteiligten Kliniken eine räumliche Nähe aufweisen, da nur dann eine fehlende Abdeckung durch ein Krankenhaus durch das Partnerkrankenhaus kompensiert werden kann.

Auch mit niedergelassenen Ärzten kann eine intensivere Zusammenarbeit Vorteile bringen. Insbesondere bei gerätebezogenen, investitionsintensiven Leistungen kann eine weitere Nutzung der Geräte im ambulanten Bereich zu einer wirtschaftlicheren Auslastung führen.[495]

(b) Kooperationen auf gesellschaftsrechtlicher Grundlage - Fusionen:

Über die oben beschriebenen Kooperationen hinaus ist auch an eine Fusion, also einen Zusammenschluss auf gesellschaftsrechtlicher Ebene, zu denken. Dies kann beispielsweise dadurch geschehen, dass formell privatisierten Häusern eine gemeinsame Holding gegeben wird, an welcher – wenn dies gewollt ist – die beteiligten Landkreise 100% der Anteile halten können. Falls noch nicht alle beteiligten Krankenhäuser in einer Rechtsform des Privatrechts betrieben werden, ist zuvor der Zwischenschritt einer formellen Privatisierung erforderlich. Als Beispiel für Kooperationen kommunaler Kliniken seien die Regiomed-

---

491 www.agkamed.de
492 Siehe zum Begriff und Verfahren der Telemedizin: Haas, Gesundheitstelematik, S. 524
493 www.gesundheit-oberbayern.de
494 Ziel ist vor allem der Wissenstransfer; siehe: www.gesundheit-oberbayern.de
495 Bohle in Das Krankenhaus 2000, 642 (644)

Kliniken GmbH in Sonneberg – welcher neben Kliniken in Bayern auch zwei Kliniken in Thüringen angehören – oder die Kliniken Nordoberpfalz AG genannt.[496] Bei einer solchen Kooperation können die Synergieeffekte noch größer werden als bei einer Kooperation auf vertraglicher Grundlage.

(c) Zusammenarbeit auf Grundlage des KommZG

Eine Zusammenarbeit mehrerer Landkreise ist aufgrund des KommZG in Arbeitsgemeinschaften oder mit Zweckvereinbarungen möglich. Öffentlich-rechtliche Pendants zu den Kooperationen auf gesellschaftsrechtlicher Grundlage sind Zweckverbände und gemeinsame Kommunalunternehmen. Zweckverbände sind gemäß Art. 2 Abs. 3 KommZG eigene Körperschaften des öffentlichen Rechts. Der Zweckverband gemäß Art. 17 KommZG kann als Unternehmensträger sowohl auf öffentlich-rechtliche als auch auf privatrechtliche Organisationsformen zurückgreifen, also Krankenhäuser in privater und in öffentlicher Rechtsform betreiben.[497] Dies ergibt sich daraus, dass auf Zweckverbände mit Beteiligung von Landkreisen gemäß Art. 26 Abs. 1 S. 2 KommZG die für Landkreise geltenden (und bei Beteiligung von Gemeinden auch die für diese geltenden) Vorschriften anwendbar sind. Sowohl die Gemeinde- als auch die Landkreisordnung sehen die Möglichkeit einer Aufgabenerfüllung in Rechtsformen des Privatrechts vor. Eine entgegenstehende Sondervorschrift enthält das KommZG nicht. Vielmehr setzt es in Art. 34 Abs. 2 Nr. 10 die Möglichkeit einer Beteiligung an Unternehmen in Privatrechtsform gerade voraus. Somit kann auch ein Zweckverband Krankenhäuser beispielsweise als Eigenbetrieb oder als GmbH betreiben.

Ein Zusammenschluss kann seit 2004 auch in der Form eines gemeinsamen Kommunalunternehmens gemäß Art. 2 Abs. 4, 49 ff KommZG erfolgen.[498] Vor diesem Zeitpunkt konnten landkreisübergreifende Kommunalunternehmen nur dadurch gegründet werden, dass die beteiligten Landkreise zunächst einen Zweckverband gründeten, welcher wiederum ein Kommunalunternehmen betrieb.[499] Dadurch wurde ein überflüssiger organisatorischer und finanzieller Mehraufwand erzeugt.[500] Dieses gemeinsame Kommunalunternehmen kann die Krankenhäuser entweder unmittelbar betreiben oder beispielsweise eine oder mehrere GmbHs gründen. Auf der Ebene bayerischer Bezirke wurde dieses Modell bei den „Kliniken des Bezirks Oberbayern Kommunalunternehmen" ge-

---

496   Siehe unter www.regiomed-kliniken.de bzw. www.kliniken-nordoberpfalz.de

497   Hellermann in Hoppe/ Uechtritz, Handbuch, § 7 RN 157; Bauer (u.a.), Kommunalverwaltung, Band B2, Art. 40 KommZG, Erl. 2, 3

498   Gesetz- und Verordnungsblatt für den Freistaat Bayern 2004, S. 272

499   Widtmann/ Grasser/ Glaser, Bayerische Gemeindeordnung, Art. 2 KommZG, RN 5

500   Widtmann/ Grasser/ Glaser, Bayerische Gemeindeordnung, Art. 2 KommZG, RN 5

wählt, welches als Holding Gesellschafter mehrerer GmbHs ist.[501] Die Kommunen können zwischen den Rechtsformen der kommunalen Zusammenarbeit nach freiem Ermessen wählen.[502] Anders als zur Privatisierung können die Landkreise unter engen Voraussetzungen ausnahmsweise zum Abschluss einer Zweckvereinbarung oder der Bildung eines Zweckverbandes gezwungen werden.[503]

(2) Bewertung der Zusammenarbeit

(a) Koordinierungsaufwand

Auch rechtlich einfache Konstrukte, wie beispielsweise ein Einkaufsverbund, bedeuten in der Praxis teilweise aufwändige Absprachen. Dem Vorteil, durch den gemeinsamen Bezug größerer Mengen Kosten zu sparen, steht auf der anderen Seite auch ein gesteigerter Koordinierungsbedarf und eine geringere Freiheit beim Einkauf gegenüber. Um gerade diese größeren Mengen zu erreichen, müssen sich die einzelnen Krankenhäuser auf den Bezug derselben Produkte einigen. Dies bedeutet folglich auch, dass nicht mehr jedes Krankenhaus seine bisherigen Produkte verwenden kann. Um hierbei praxistaugliche Lösungen zu erreichen, werden in den Einkaufsverbünden deshalb häufig die Verhandlungen nicht durch die Verwaltung, sondern durch die Ärzte – möglicherweise sogar durch die Chefärzte – selbst geführt. Dies hat Zeitverluste des ärztlichen Personals zur Folge. Dadurch steht ihnen weniger Zeit zur Erbringung ärztlicher Leistungen zur Verfügung.

(b) Auswirkungen auf die Notfallversorgung

Werden die medizinischen Schwerpunkte benachbarter Kliniken aufeinander abgestimmt und wird dazu die Spezialisierung gefördert, hat dies für Patienten wenige Nachteile, soweit es sich um planbare Eingriffe handelt. Unter Umständen haben Patienten und ihre Besucher eine etwas längere Anreise als bisher, was durch eine bessere Behandlung kompensiert wird. Eine längere Anreise kann dann problematisch werden und sich nachteilig auf die Versorgungssicherheit auswirken, wenn bei Notfällen nicht mehr das erforderliche Wissen bei den Krankenhausmitarbeitern vor Ort besteht. Bei der Spezialisierung muss deshalb darauf geachtet werden, dass das für Notfälle erforderliche Wissen weiterhin vorhanden ist.

(c) Schließung von Abteilungen

Bei Fusionen der Krankenhäuser mehrerer Träger – bei welchen die bisherigen Träger weiter beteiligt sein werden – stellt sich das Problem, dass ein Landkreis

---

501   Vgl. www.kbo-ku.de
502   Bauer (u.a.), Kommunalverwaltung, Band B2, Art. 2 KommZG, Erl. 3
503   Bauer (u.a.), Kommunalverwaltung, Band B2, Art. 2 KommZG, Erl. 3

auch ein Defizit mitzutragen hat, welches Häuser anderer Landkreise erwirtschaften. Wenn die gesellschaftsrechtliche Konstruktion es zulässt, kann dies dazu führen, dass die Krankenhausleitung unrentable Abteilungen in einzelnen Häusern schließt und der einzelne Landkreis dies nicht verhindern kann. Um daraus resultierende Spannungen zwischen den beteiligten Landkreisen zu vermeiden, kann im Gesellschaftsvertrag festgelegt werden, dass ein Gesellschafter einer Schließung widersprechen kann, wenn er das durch die Abteilung erwirtschaftete Defizit ausgleicht. Dies kann vor dem Hintergrund der Versorgungssicherheit sehr sinnvoll sein. Problematisch ist ein solcher Defizitausgleich jedoch vor dem Hintergrund des EU-Beihilferechts, welches öffentliche Beihilfen in Art. 87 ff EG reglementiert. Inwieweit ein solcher Ausgleich, insbesondere vor dem Hintergrund der Altmark-Trans Rechtsprechung,[504] dem Monti-Paket[505] und der Deminimis-Verordnung[506] zulässig ist, muss im Einzelfall geklärt werden. Die Kriterien wurden oben erläutert. (siehe unter C. II. 3. c.)

II. Ablauf einer Privatisierung

Nachfolgend soll geschildert werden, wie sich der Ablauf einer Privatisierung gestalten kann. Dabei ist zu beachten, dass aufgrund der Verschiedenartigkeit der einzelnen Fallkonstellationen nur ein grober Leitfaden aufgezeigt werden kann.

1. Zu beteiligende Behörden, Einrichtungen und Berater

Im Rahmen der Privatisierung müssen weitere Behörden und Einrichtungen beteiligt werden. Es empfiehlt sich, mit diesen rechtzeitig Kontakt aufzunehmen; wenn möglich, bevor mit der eigentlichen Durchführung begonnen wird. Grund hierfür ist zum einen, dass von diesen weiteren Stellen eine Beratung erwartet werden kann, zum anderen, um ggf. erforderliche Genehmigungen möglichst ohne Zeitverzug zu erhalten. Die Einbindung soll anhand der wichtigsten Behörden bzw. Einrichtungen erläutert werden.

---

504 Altmark-Trans-Urteil, RS C-280/00; Slg. 2003 I 7810
505 Dieses Paket setzt sich zusammen aus einer „Freistellungsentscheidung" (2005/842/EG), einem „Gemeinschaftsrahmen" für staatliche Beihilfen (2005/C 297/04) und der „Änderung der Transparenzrichtlinie (Richtlinie 2005/81/EG zur Änderung der Richtlinie 80/723/EWG)
506 Verordnung (EG) Nr. 1998/2006 der Kommission

a) Aufsichtsbehörden

Die Aufgabe der Aufsichtsbehörden ist zunächst einmal die Beratung der Landkreise, Art. 94 LKrO. Teilweise wird der Auftrag dieser Beratung nur in rechtlicher und fachlicher Beratung verstanden.[507] Eine solche Beschränkung ist dem Art. 94 LKrO nicht zu entnehmen, vielmehr spricht dieser allgemein von „beraten", weshalb dieser Begriff umfänglich zu verstehen ist. Die Beratung kann also sowohl rechtlicher als auch fachlicher oder wirtschaftlicher Natur sein.[508] Gerade bei Privatisierungen von Krankenhäusern spielen wirtschaftliche Überlegungen eine entscheidende Rolle, weshalb den Landkreisen zu empfehlen ist, sich auch diesbezüglich von den Aufsichtsbehörden beraten zu lassen.

Eine Beteiligung der Aufsichtsbehörden ist jedoch nicht nur freiwillig, sondern kann auch verpflichtend sein. Das Krankenhauswesen ist eine Aufgabe im eigenen Wirkungskreis der Landkreise (Art. 41 Abs. 3 S. 1 Nr. 3 LKrO). Im eigenen Wirkungskreis beschränkt sich die staatliche Aufsicht gemäß Art. 95 Abs. 1 LKrO auf die Rechtsaufsicht. Dies hindert die Landkreise aber nicht, sich über rechtliche Fragen hinaus – wie gerade gezeigt – auf freiwilliger Basis bezüglich wirtschaftlicher Konsequenzen beraten zu lassen. Rechtsaufsichtsbehörde der Landkreise sind die Regierungen, Art. 96 S. 1 LKrO, obere Rechtsaufsichtsbehörde ist das Staatsministerium des Inneren, Art. 96 S. 2 LKrO. Gemäß Art. 84 Abs. 1 S. 1 LKrO ist jede Errichtung eines Unternehmens sowie jede Änderung der Rechtsform der Rechtsaufsichtsbehörde anzuzeigen. Somit haben die Landkreise bei Privatisierungen eine Anzeigepflicht gegenüber der Aufsichtsbehörde. Ein Verstoß gegen die Anzeigepflicht berührt nicht die Wirksamkeit bereits geschlossener Verträge, die Aufsichtsbehörde kann jedoch gegenüber dem Landkreis gemäß Art. 98 ff LKrO im Hinblick auf künftige Maßnahmen eingreifen.[509]

Einer Genehmigung durch die Aufsichtsbehörde bedürfen gemäß Art. 65 LKrO auch Kredite und gemäß Art. 66 LKrO kreditähnliche Verpflichtungen und die Bestellungen von Sicherheiten. Unter kreditähnlichen Verpflichtungen gemäß Art. 66 Abs. 1 LKrO sind beispielsweise Leasingverträge zu subsumieren,[510] mit der Einschränkung, dass Leasingverträge über Mobilien gemäß Art.

---

507 Hölzl/ Hien/ Huber, Gemeindeordnung, Art. 108 GG, Erl. 3.3

508 Bauer/ Böhle/ Ecker, Bayerische Kommunalgesetze, Art. 108 GO, RN 12; Widtmann/ Grasser/ Glaser, Bayerische Gemeindeordnung, Art. 108 GO, RN 4

509 Widtmann/ Grasser/ Glaser, Bayerische Gemeindeordnung, Art. 96 GO, RN 6; Hölzl/ Hien/ Huber, Gemeindeordnung, Art. 96 GO, Erl. 6

510 Prandl/ Zimmermann/ Büchner, Kommunalrecht, Art. 66 LKrO, Erl. 1; Hölzl/ Hien/ Huber, Gemeindeordnung, Art. 72, Erl. 2; Bauer/ Böhle/ Ecker, Bayerische Kommunalgesetze, Art. 72, RN 2

66 Abs. 5, i.V.m. § 2 der Verordnung über kreditähnliche kommunale Rechtsge-schäfte[511] genehmigungsfrei sind. Eine Genehmigung ist gemäß Art. 66 Abs. 2 LKrO auch für Bürgschaften, Gewährverträge und Verpflichtungen aus ver-wandten Rechtsgeschäften sowie gemäß Art. 66 Abs. 3 LKrO für die Bestellung von Sicherheiten erforderlich.

b) Bundeskartellamt

Wie oben dargestellt (C. VI. 2.) sind bei Zusammenschlüssen die Bestimmungen des GWB zur Zusammenschlusskontrolle zu beachten. Wird die Umsatzschwel-le von 500 Mio. Euro überschritten, so handelt es sich um einen kontrollpflichti-gen Zusammenschluss, welcher gemäß § 39 GWB anzumelden ist. Wenn diese Schwelle nicht überschritten wird, ist weder ein Zusammenschluss vorher an-zumelden, noch ist ein Vollzug des Zusammenschlusses anzuzeigen.

Wegen des Vollzugsverbots gemäß § 41 Abs. 1 GWB liegt eine frühzeitige Anmeldung regelmäßig im Interesse der beteiligten Unternehmen.[512] Sollte das Kartellamt nicht rechtzeitig einbezogen werden, kann es zu einer erheblichen Verzögerung des Zusammenschlusses kommen. Nach Einreichung der vollstän-digen Unterlagen kann es gemäß § 40 Abs. 2 S. 2 GWB weitere vier Monate bis zu einer Entscheidung im Hauptprüfverfahren dauern. Um Verzögerungen zu vermeiden, kann eine vorsorgliche Anmeldung des Zusammenschlusses sinnvoll sein. Auch wenn das GWB anders als in § 24a Abs. 1 S. 1 a.F. keine freiwillige Anmeldung mehr kennt, kann auch weiterhin ein Zusammenschluss vorsorglich angemeldet werden.[513] Eine Anmeldung ist möglich, sobald die beteiligten Un-ternehmen einen bestimmten Zusammenschluss konkret anstreben.[514] Dabei ist aber zu beachten, dass dafür eine Anmeldegebühr gemäß § 80 Abs. 1 S. 2 Nr. 1 GWB anfällt.[515] Vor einer offiziellen Anmeldung können sich die Beteiligten in einem informellen Verfahren an das Bundeskartellamt wenden, um mit diesem Vorfragen und mögliche Probleme zu erörtern und zu klären, mit welchem zeit-lichen Ablauf zu rechnen ist.[516] So kann beispielsweise in Erfahrung gebracht

511 Gesetz- und Verordnungsblatt für den Freistaat Bayern 1995, S. 812

512 Richter in Wiedemann, Kartellrecht, § 21, RN 14

513 Riesenkampff/ Lehr in Loewenheim/ Meessen/ Riesenkampff, Kartellrecht, § 39 GWB, RN 5

514 Mestmäcker/ Veelken in Immenga/ Mestmäcker, GWB-Kommentar, § 39, RN 7; Rie-senkampff/ Lehr in Loewenheim/ Meessen/ Riesenkampff, Kartellrecht, § 39 GWB, RN 13

515 Riesenkampff/ Lehr in Loewenheim/ Meesen/ Riesenkampf, Kartellrecht, § 39 GWB, RN 5

516 Ewen in Schulte, Fusionskontrolle, RN 288

werden, welche Umsätze der Beteiligten das Bundeskartellamt für zurechenbar hält.[517]

c) Finanzbehörden

Bei dem zuständigen Finanzamt sollte – vor allem vor dem Hintergrund der Gemeinnützigkeit – frühzeitig eine verbindliche Auskunft darüber erbeten werden, welche steuerlichen Konsequenzen eine Privatisierung bzw. eine Umwandlung hat. Ansonsten besteht die Gefahr einer Nachzahlung, wenn ursprünglich Gemeinnützigkeit bestand, diese jedoch in der neuen Konstellation vom Finanzamt nicht mehr anerkannt wird.

d) Krankenhausplanungsbehörde

Wenn das Krankenhaus weiterhin in den Krankenhausplan aufgenommen werden soll, sollte vor der Privatisierung ein dementsprechendes Gespräch mit der Krankenhausplanungsbehörde, dem Bayerischen Staatsministerium für Umwelt und Gesundheit, geführt werden. Bei Privatisierungen, nach welchen der Landkreis weiter an dem Krankenhaus beteiligt bleibt, ist die Aufnahme in den Krankenhausplan von unmittelbarem Interesse für den Landkreis. Aber auch bei materiellen Privatisierungen, bei welchen die Finanzierung des Krankenhauses durch den Privaten für den Landkreis kurzfristig keine Rolle spielt, ist eine weitere Aufnahme in den Krankenhausplan für den Landkreis von Bedeutung. So hat eine weitere Aufnahme den Vorteil, dass bei einem Rückfall des Krankenhauses an den Landkreis nicht mühsam um eine Neuaufnahme in den Krankenhausplan gekämpft werden muss. Insbesondere vor dem Hintergrund, dass derzeit die Bettenkapazitäten abgebaut werden sollen, ist eine neue Aufnahme bzw. Wiederaufnahme nur schwer zu erreichen.[518]

e) Registergericht

Regelmäßig ist bei Privatisierungen eine Eintragung oder Änderung im Handelsregister oder im Grundbuch erforderlich.[519] Diese Eintragungen sollte Eintra-

---

517 Ewen in Schulte, Fusionskontrolle, RN 288
518 Der Wille des Freistaates, Betten und Häuser zu schließen, hat auch in Art. 17 BayKrG Niederschlag gefunden, welcher Fördermittel bei der Schließung von Krankenhäusern und Krankenhausabteilungen gewährt.
519 Eine GmbH ist bei Gründung gem. § 7 Abs. 1 GmbHG in das Handelsregister einzutragen. Gleiches gilt gem. § 36 Abs. 1 AktG für die AG; zur Übertragung des Eigentums an einem Grundstück oder zur Belastung des Grundstücks ist gem. § 873 Abs. 1 BGB die Eintragung in das Grundbuch erforderlich.

gung rechtzeitig mit dem Registergericht abgestimmt werden. Dabei sollte beispielsweise geklärt werden, ob Eintragungen so vorgenommen werden können, wie es sich die Parteien vorstellen und welcher zeitliche Vorlauf eingeplant werden muss.

f) Bayerischer Kommunaler Prüfungsverband

Eine Privatisierung sollte bereits in der Vorbereitungsphase mit dem Bayerischen Kommunalen Prüfungsverband (BKPV) abgesprochen werden. Der BKPV führt gemäß Art. 91 Abs. 1 LKrO die überörtlichen Rechnungs- und Kassenprüfungen durch. Der Autor hat die Erfahrung gemacht, dass der BKPV Privatisierungen häufig sehr kritisch gegenübersteht und dass negative Feststellungen in Prüfungsberichten politischen Sprengstoff bergen. Diese negativen Feststellungen können unter Umständen durch rechtzeitige Einbindung vermieden werden.

2. Konkreter Ablauf

Nachdem die Vorüberlegungen abgeschlossen wurden und der Kreistag sich für eine konkrete Organisationsform entschieden hat, kann mit der Umsetzung der Privatisierung begonnen werden. Der Ablauf bestimmt sich zum einen nach kommunalrechtlichen Voraussetzungen, zum anderen nach sonstigen rechtlichen und praktischen Gesichtspunkten. Der Ablauf lässt sich nicht allgemeinverbindlich und gleichzeitig detailliert beschreiben. Ziel des nachfolgenden Abschnittes ist es vielmehr, den Leser für die nötigen Schritte zu sensibilisieren.

a) Ablauf entsprechend der kommunalrechtlichen Voraussetzungen

Bei allen Privatisierungen sind mindestens zwei Sitzungen des Kreistages erforderlich. Zum einen muss ein Grundsatzbeschluss gefasst werden. Dieser beschreibt den Handlungsrahmen und ermächtigt die Verwaltung zur Durchführung des Privatisierungsverfahrens.[520] Dieser Beschluss fällt weder in die Zuständigkeit des Landrates, noch in die eines Ausschusses. Bei einem Grundsatzbeschluss handelt es sich weder um eine laufende Angelegenheit, noch kann dem Landrat eine solche Entscheidung gemäß Art. 34 Abs. 2 S. 1, 2 LKrO übertragen werden, da sie auch auf beschließende Ausschüsse nicht übertragen werden darf. Gemäß Art. 30 Abs. 1 Nr. 20 LKrO können Entscheidungen über Unternehmen des Landkreises im Sinn von Art. 84 nicht übertragen werden. Wie

---

520 Strohe/ Meyer-Wyk/ Köhler in Das Krankenhaus 2003, 991

oben gezeigt, werden Privatisierungen von der Anzeigepflicht in Art. 84 LKrO umfasst, weshalb eine Entscheidung darüber folglich nicht übertragen werden kann. In einer zweiten Sitzung müssen mehrere Beschlüsse gefasst werden. Je nach Art der Privatisierung bedürfen Gesellschaftsvertrag, Kaufvertrag, Bestellung eines Erbbaurechts, Beiratsordnung, Personalüberleitungsvertrag u.ä. der Genehmigung des Kreistages. Auch dies sind keine laufenden Angelegenheiten und sie sind von der Anzeigepflicht des Art. 84 LKrO umfasst. Unabhängig von der rechtlichen Möglichkeit wäre es auch nicht sinnvoll, solch grundsätzliche Entscheidungen durch einen Ausschuss oder den Landrat treffen zu lassen.

Je nach Privatisierungsart sind weitere Beschlüsse zu fassen. So kann beispielsweise eine öffentliche Ausschreibung erforderlich sein (siehe näher bei den Ausführungen zum Vergaberecht bei III. 3. a)). Hierzu wird die Verwaltung in einer Sitzung mit der Durchführung einer Ausschreibung beauftragt. Nach Auswertung der Submission erfolgt der Beschluss für die Vergabe in einer weiteren Sitzung.

b) Ablauf im Übrigen

Wenn das Ziel der Privatisierung festgeschrieben ist, sollte als erstes ein Zeit- und Ablaufplan erarbeitet werden. Darin sollte festgelegt werden, bis wann welcher Schritt eingeleitet bzw. abgeschlossen sein soll. Zum anderen sollte geklärt werden, welche personellen Ressourcen benötigt werden, wem welche Verantwortlichkeiten übertragen werden und welche Dritte, wie Rechtsanwälte oder die Bayerische Krankenhausgesellschaft, eingebunden werden sollen. Die restlichen Schritte hängen von der Privatisierungsart ab. So können unter Umständen eine Unternehmensbewertung oder Absprachen mit der Krankenhausplanungsbehörde im Hinblick auf Fördergelder oder die weitere Aufnahme in den Krankenhausplan erforderlich sein. Soll der Landkreis weiter beteiligt sein, muss ein Gesellschaftsvertrag, bei Beteiligung weiterer Personen ein Kauf-, Kooperationsvertrag oder ähnliches erarbeitet werden.

III. Bei der Durchführung zu berücksichtigende rechtliche Gesichtspunkte

Bei der Durchführung einer Privatisierung sind vielfältige rechtliche Gesichtspunkte zu berücksichtigen. Von Bedeutung sind dabei neben dem Kommunalrecht – dessen Voraussetzungen bereits unter II. dargelegt wurden – insbesondere das Gesellschaftsrecht, das Steuerrecht, das Wettbewerbsrecht sowie das Arbeitsrecht.

1. Gesellschaftsrechtliche Gesichtspunkte

Die Fragen des Gesellschaftsrechts spielen bei einer materiellen Privatisierung nur eine untergeordnete Rolle, da die Kommune regelmäßig keinen oder nur wenig Einfluss auf die Unternehmensstruktur des Erwerbers nehmen wird. Die nachfolgenden Punkte sind daher insbesondere auf formelle Privatisierungen ausgelegt. Die angesprochenen Fragen können auch bei funktionalen Privatisierungen eine Rolle spielen, wenn eine neue Gesellschaft unter Beteiligung der Kommune entstehen soll. Die Prinzipien sind dann entsprechend anzuwenden.

Die aufgeworfenen Rechtsfragen zur Gründung einer Gesellschaft hängen von der jeweiligen Gesellschaftsform ab. Exemplarisch soll hier der Gründungsvorgang einer GmbH betrachtet werden. Zur Gründung einer GmbH gibt es drei unterschiedliche Wege: Der Weg des GmbH-Gesetzes, der Weg der Umwandlung und der Weg der Mantelverwendung.[521] Die Mantelverwendung, welche eine „auf Vorrat" gegründete Gesellschaft voraussetzt, soll hier außer Acht bleiben. Der Autor bezweifelt, dass Kommunen regelmäßig existente, inaktive GmbHs vorhalten. Dies wird nur ausnahmsweise der Fall sein. Die Konstruktion einer Mantelverwendung kann aber unter Umständen im Vorgriff auf eine bevorstehende Privatisierung sinnvoll sein, um einen durch Gründungsformalitäten begründeten Zeitaufwand und andere Gründungsprobleme zu vermeiden.[522] Gründung vollständig neuer kommunaler Krankenhäuser ist aufgrund der bereits vorhandenen hohen Dichte an Häusern eher unwahrscheinlich. Insbesondere wird es schwierig oder nahezu unmöglich sein, die Genehmigung für neue Planbetten[523] zu erhalten, da die Anzahl der geförderten Betten seit Jahren rückläufig ist.[524] Deshalb erlangt die Möglichkeit der Umwandlung nach dem UmwG eine besondere Bedeutung. Der Vermögensübergang erfolgt in diesem Fall durch ei-

---

521 Riemenschneider/ Freitag in Priester/ Mayer, GmbH, § 4, RN 7 ff; Schwaiger in Müller/ Winkeljohann, Handbuch der GmbH, § 2, RN 2

522 Schwaiger in Müller/ Winkelhohann, Handbuch der GmbH, § 2, RN 2; Roth in Roth/ Altmeppen, GmbHG, § 3, RN 12

523 Unter Planbetten sind hier die in den Bayerischen Krankenhausplan aufgenommenen Betten zu verstehen. Die Aufnahme in diesen Plan ist Voraussetzung für die Investitionskostenförderung nach dem KHG und dem BayKrG

524 Im Jahr 2000: 82.340 Betten; Im Jahr 2005: 76.742 Betten nach dem Bayerischen Krankenhausplan, Quelle: www.bgk-online.de/bkg/app/content/bkg/Info_und_Service_ Seiten/KH_Versorgung/Statistik/KHs_und_Betten.jsp

ne – vollständige oder teilweise – Gesamtrechtsnachfolge.[525] Diese Gesamtrechtsnachfolge bewirkt nicht nur den Übergang aller Vertragsverhältnisse auf
die neue Gesellschaft. Es wird auch die neue Gesellschaft anstelle der alten in
den Krankenhausplan aufgenommen und auch die Versorgungsverträge des alten Hauses mit den gesetzlichen Krankenkassen und Ersatzkassen werden mit
gleichem Inhalt übernommen.[526]

Soll ein nichtrechtsfähiges Unternehmen der Öffentlichen Hand, also Regie-
oder Eigenbetriebe, in eine GmbH umgewandelt werden, so ist dies durch Ausgliederung gemäß §§ 168 ff, 123 ff UmwG möglich.[527] Körperschaften und Ans-
talten des öffentlichen Rechts – bei Landkreisen sind dies Kommunalunternehmen – können im Rahmen eines Formwechsels nach § 301 UmwG umgewandelt
werden. Vorliegend soll die Umwandlung von Regie- und Eigenbetrieben gemäß §§ 168 ff, 123 ff näher betrachtet werden.

Nach dem Wortlaut des § 168 UmwG und nach der Gesetzesbegründung ist
grundsätzlich nur die Umwandlung des Unternehmens in seiner Gesamtheit
möglich.[528] Soll beispielsweise nur eine Abteilung eines Krankenhauses übertragen werden, so ist dies nur im Wege der Einzelrechtsnachfolge möglich.[529] Das
bedeutet, dass dann keine Umwandlung möglich ist, sondern dass nur das Eigentum an den einzelnen Gegenständen übertragen werden kann. Eine Ausnahme
gilt für organisatorisch verselbständigte Betriebsteile, welche vor dem Hintergrund eines funktionalen Unternehmensbegriffs als eigene Unternehmen bezeichnet werden können.[530]

Soll der gesamte Betrieb des Krankenhauses in eine private Gesellschaft
ausgegliedert werden, so bedarf der Ausgliederungsvertrag gemäß § 125 S. 1
i.V.m.§ 6 UmwG notarieller Beurkundung. Gemäß § 135 Abs. 2 UmwG sind die
für die Gründung einer GmbH geltenden Bestimmungen zu beachten, soweit
sich aus dem UmwG keine Besonderheiten ergeben. Nachdem die inhaltlichen
Fragen beantwortet sind – beispielsweise welche Organe die Gesellschaft haben

525 Heinrich in Priester/ Mayer, GmbH, § 4 RN 10; Roth in Roth/ Altmeppen, GmbHG,
§ 1, RN 40; Ring/ Grziwotz, GmbH-Recht, § 2 GmbHG, RN 2
526 Bohle in Das Krankenhaus 2000, 642, 644
527 Schmidt in Lutter/ Winter, Umwandlungsgesetz, § 168 RN 1; Leuering in Dauner-Lieb/
Simon, Kölner Kommentar, § 168, RN 2; Hörtnagl in Schmitt/ Hörtnagl/ Stratz,
UmwG-UmwStG, § 168, RN 3
528 Schmidt in Lutter/ Winter, Umwandlungsgesetz, § 168, RN 12; Leuering in Dauner-
Lieb/ Simon, Kölner Kommentar, § 168, RN 26; Hörtnagl in Schmitt/ Hörtnagl/ Stratz,
UmwG-UmwStG, § 168, RN 5
529 Schmidt in Lutter/ Winter, Umwandlungsgesetz, § 168 RN 12
530 Schmidt in Lutter/ Winter, Umwandlungsgesetz, § 168, RN 12; Leuering in Dauner-
Lieb/ Simon, Kölner Kommentar, § 168, RN 26

soll, wie diese besetzt werden etc. – ist der Gesellschaftsvertrag zu erarbeiten. Die Pflichtbestandteile des Vertrages sind in § 3 GmbHG geregelt. Der Vertrag hat zwei Funktionen.[531] Zum einen stellt er ein Errichtungsgeschäft dar. In dieser Funktion enthält er die Beitrittserklärungen, begründet die Einzahlungspflicht der Gesellschafter etc. Zum anderen bildet der Gesellschaftsvertrag als Satzung die Grundlage der künftigen Gesellschaft. Der Gesellschaftsvertrag einer Mehrpersonengesellschaft wird teilweise im Gegensatz zu dem der Einpersonengesellschaft als klassischer Vertrag zwischen den Gründern bezeichnet.[532] Es ist richtig, dass es bei Mehrpersonengesellschaften einer vertraglichen Einigung bedarf und nicht nur – wie bei Einpersonengesellschaften – einer nicht empfangsbedürftigen Willenserklärung eines einzelnen Gründers. Im Hinblick auf die organisationsrechtliche Funktion des Gesellschaftsvertrages ist er aber nicht als klassischer gegenseitiger Vertrag einzustufen, da beispielsweise die §§ 320-326 BGB nur modifiziert gelten.[533]

Der Gesellschaftsvertrag muss gemäß § 2 Abs. 1 GmbHG von allen Gründern unterzeichnet werden und bedarf der notariellen Beurkundung. Ferner müssen gemäß § 6 GmbHG ein oder mehrere Geschäftsführer bestellt werden, die Einlage muss im Rahmen des § 7 Abs. 2 GmbHG geleistet werden und schließlich muss die Gesellschaft zur Eintragung in das Handelsregister angemeldet werden, § 137 UmwG, § 7 Abs. 1 GmbHG. Der Inhalt der Anmeldung ergibt sich aus § 8 GmbHG. Gemäß § 242 Abs. 1 S. 1 HGB muss eine Eröffnungsbilanz aufgestellt werden.

2. Steuerrechtliche Gesichtspunkte

a) Steuerrechtliche Gesichtspunkte bei formellen Privatisierungen

(1) Ertragsteuern

Bei der Betrachtung der steuerlichen Gesichtspunkte bei formellen Privatisierungen soll das Augenmerk, wie bei den eben besprochenen gesellschaftsrechtlichen Gesichtspunkten, auf die Ausgliederung gemäß § 168 UmwG gerichtet werden. Gemäß § 16 Abs. 1 Nr. 1 EStG sind die Gewinne zu versteuern, die bei der Veräußerung eines Gewerbebetriebs entstehen. Bei einem Krankenhaus handelt es sich nicht um einen Hoheitsbetrieb und nicht um reine Vermögens-

---

531 Hueck/ Fastrich in Baumbach/ Hueck, GmbH-Gesetz, § 2 RN 3; Bayer in Lutter/ Hommelhoff, GmbHG, § 2, FN 12; Ring in Ring/ Grziwotz, GmbH-Recht, § 2, RN 11

532 Hueck/ Fastrich in Baumbach/ Hueck, GmbH-Gesetz, § 2 RN 5 ff

533 Roth in Roth/ Altmeppen, GmbHG, § 2, RN 10; Schwaiger in Müller/ Winkeljohann, Handbuch der GmbH, § 2, RN 47

verwaltung, sondern es ist als Gewerbebetrieb iSv §§ 1 Nr. 6, 4 KStG einzuordnen (siehe oben bei I. 1 a (1)). Die Umwandlung geschieht dadurch, dass die Kommune den Betrieb (beispielsweise einen Regie- oder Eigenbetrieb) einbringt und dafür Gesellschaftsanteile an der privatrechtlichen Gesellschaft erhält. Dies ist als Tausch i.s.d. § 480 BGB zu qualifizieren.[534]Die Summe der eingebrachten Vermögenswerte entspricht dabei den Anschaffungskosten, die dafür erhaltenen Gesellschaftsanteile dem Veräußerungserlös.[535] Liegt zwischen beiden Werten eine Differenz, so führt dies grundsätzlich zu einem Gewinn oder Verlust. Gemäß § 20 Abs. 2 S. 1 UmwStG bzw. §§ 3 S. 1 i.V.m. 4 UmwStG besteht ein Wahlrecht dahingehend, ob das im Rahmen der Umwandlung eingebrachte Betriebsvermögen mit dem Buchwert[536] oder dem Teilwert[537] (bzw. einem Zwischenwert) angesetzt wird. Wird das eingebrachte Betriebsvermögen mit dem Buchwert eingebracht, so entsteht bei der einbringenden Einrichtung kein steuerpflichtiger Veräußerungsgewinn.[538] Beim Ansetzen anderer Werte entsteht demnach ein Gewinn oder Verlust.

Bei der Umwandlung eines Krankenhauses besteht außerdem regelmäßig die Besonderheit, dass dieser Betrieb gemäß § 5 Abs. 1 Nr. 9 KStG i.V.m. §§ 51 ff AO von der Körperschaftsteuer befreit ist. Dann erfolgt auch die Vermögensübertragung im steuerbefreiten Bereich, so dass keine Ertragsteuern bei der Umwandlung in eine gemeinnützige Kapitalgesellschaft anfallen.[539]

(2) Umsatzsteuer

Umsatzsteuer fällt im Rahmen der formellen Privatisierung nicht an, da hier gemäß § 1 Abs. 1a UStG eine nichtsteuerbare Geschäftsveräußerung vorliegt.

(3) Grunderwerbsteuer

Erwerbsvorgang im Sinne des Grunderwerbsteuergesetzes ist gemäß § 1 Abs. 1 Nr. 3 GrEStG unter anderem der Übergang des Eigentums auch wenn kein, einen Anspruch auf Übereignung begründendes, Rechtsgeschäft vorausgeht. Unter diesen Punkt sind auch Ausgliederungen von Krankenhäusern aus dem Landkreisvermögen in eine GmbH zu subsumieren. Bei ihnen findet lediglich ein

---

534 Gay/ Neudert in Wurzel/ Schraml/ Becker, Kommunale Unternehmen Teil G, RN 237; Rödder/ Stangl in Rödder/ Herlinghaus/ van Lishaut, UmwStG, Anh. 1, RN 32; Priester in Lutter, Umwandlungsgesetz, Anh. nach § 134, RN 8
535 Gay/ Neudert in Wurzel/ Schraml/ Becker , Kommunale Unternehmen Teil G, RN 237
536 Also dem in der Bilanz stehenden Wert
537 Teilwert ist gemäß § 6 Abs. 1 Nr. 1 S. 3 EStG der Betrag, den ein Erwerber des ganzen Betriebs im Rahmen des Gesamtkaufpreises für das einzelne Wirtschaftsgut ansetzen würde; dabei ist davon auszugehen, dass der Erwerber den Betrieb fortführt
538 Knorr/ Klaßmann, Die Besteuerung der Krankenhäuser, S. 281
539 Bittrolff, Steuerliche Konsequenzen, S. 102

Rechtsträgerwechsel statt, ohne dass das Grundstück zusätzlich per Rechtsgeschäft übertragen werden müsste. Somit unterliegt ein Grundstück, welches im Rahmen einer Ausgliederung auf einen neuen Rechtsträger übergeht, gemäß § 1 Abs. 1 Nr. 3 S. 1 GrEStG der Grunderwerbsteuer.[540] Anders als das KStG und das UStG kennt das GrEStG keine Privilegierung bei Gemeinnützigkeit.

Wird aber zum Beispiel ein Krankenhaus zuerst als Regiebetrieb und später als Eigenbetrieb geführt, so liegt keine Umwandlung nach dem Umwandlungsgesetz vor, sondern lediglich eine neue wirtschaftliche Zuordnung innerhalb derselben Körperschaft. In diesem Fall fällt keine Grunderwerbsteuer an. Die Grunderwerbsteuer sollte jedoch kein Hinderungsgrund für die Gründung einer GmbH darstellen. Vielmehr kann eine Konstruktion gewählt werden, in welcher zwar das Krankenhaus in eine GmbH umgewandelt wird, die Grundstücke jedoch in einem Eigenbetrieb verbleiben. Somit fällt mangels neuer Zuordnung der Grundstücke keine Grunderwerbsteuer an.

b) Steuerrechtliche Gesichtspunkte bei der Veräußerung eines Krankenhauses bzw. bei der Veräußerung von Anteilen

Im Folgenden sollen die steuerrechtlichen Aspekte im Verlauf der Veräußerung eines Krankenhauses bzw. bei der Veräußerung von Anteilen beleuchtet werden. Relevant sind hier die Fälle materieller Privatisierung und die Fälle von funktionaler Privatisierung, bei welcher Anteile an dem Krankenhaus an Dritte übertragen werden.

(1) Ertragsteuern

(a) Ertragsteuerliche Betrachtung, ausgehend von öffentlich-rechtlicher Rechtsform

Wird ein zu privatisierendes Krankenhaus noch in einer Rechtsform des öffentlichen Rechts betrieben, so ist ohne Zwischenschritte eine Beteiligung Privater nur im Rahmen eines Asset-Deals möglich, da es keine – für einen sogenannten Share-Deal erforderlichen – zu veräußernden Anteile gibt. Unter Asset-Deal versteht man die Übertragung aller Wirtschaftsgüter eines Unternehmens ohne seinen Rechtsträger.[541]

Die Veräußerung eines gemeinnützigen Krankenhauses ist gemäß § 5 Abs. 1 Nr. 9 KStG i.V.m. § 51 ff AO steuerbefreit, weshalb auch gegebenenfalls vorhandene stille Reserven nicht aufgedeckt werden müssen. Insoweit fallen keine

---

540 Hofmann, GrEStG, § 1, RN 49; Pahlke in Pahlke/ Franz, GrEStG, § 1, RN 168
541 Holzapfel/ Pöllath, Unternehmenskauf, RN 251; Hopt in Baumbach/ Hopt, GmbH-Gesetz, Einl. v. § 1, RN 44

Ertragsteuern an.[542] Es ist jedoch zu beachten, dass das Vermögen gemäß § 55 Abs. 1 Nr. 4 AO wegen der bisherigen Gemeinnützigkeit auch weiterhin für steuerbegünstigte Zwecke verwendet werden muss. Die Kommune kann den Veräußerungserlös aber auch anderen steuerbegünstigten Zwecken zuführen.[543] Dieser andere steuerbegünstigte Zweck kann beispielsweise auch der Betrieb eines Altenwohn- oder Pflegeheims sein.

(b) Ertragsteuerliche Betrachtung, ausgehend von privater Rechtsform

Wird das Krankenhaus bereits in einer privaten Rechtsform geführt, so kann eine weitergehende Privatisierung entweder als Asset-Deal oder als Share-Deal erfolgen. Bei einem Share-Deal werden lediglich die Anteile an dem Unternehmen veräußert.[544] Im Ergebnis fallen bei beiden Vorgehensweisen keine Ertragsteuern an; vor dem Hintergrund der Gemeinnützigkeit muss das Vermögen aber weiterhin steuerbegünstigten Zwecken zugeführt werden.[545]

(2) Umsatzsteuer

Umsatzsteuer fällt ebenfalls nicht an. Bei der Veräußerung des gesamten Hauses fällt die Umsatzsteuer nicht an, da es sich um eine nichtsteuerbare Geschäftsveräußerung i.S.d. § 1 Abs. 1a UStG handelt, bei der Veräußerung von Anteilen fällt sie nicht an, da juristische Personen gemäß § 2 Abs. 3 UStG nur im Rahmen eines Betriebs gewerblicher Art besteuert werden.

(3) Grunderwerbsteuer

Gehen die Grundstücke auf einen anderen Rechtsträger über, so gilt gemäß § 1 Abs. 1 GrEStG, dass auch hierfür Grunderwerbsteuer anfällt. Im Grundsatz gilt das bei der formellen Privatisierung Gesagte hier entsprechend.

3. Wettbewerbsrechtliche Gesichtspunkte

Im Rahmen einer Privatisierung muss nicht nur beachtet werden, inwieweit sich die Pflicht zu wettbewerbsrechtlichen Auswahlverfahren nach einer Privatisierung ändert. Vielmehr spielt das Vergabe- und Kartellrecht bereits eine Rolle bei der Frage, an wen und in welcher Form eine Aufgabe bzw. eine Einrichtung übertragen werden darf. Bei der rein formellen Privatisierung findet kein Zu-

---

542 Bittrolff, Steuerliche Konsequenzen, S. 133
543 Gersch in Klein, Abgabenordnung, § 55, RN 25; Hübschmann/ Hepp/ Spitaler, Abgabenordnung, § 55, RN 206
544 Holzapfel/ Pöllath, Unternehmenskauf, RN 251; Hopt in Baumbach/ Hopt, GmbH-Gesetz, Einl. v. § 1, RN 44
545 Bittrolff, Steuerliche Konsequenzen, S. 138

sammenschluss statt, so dass die Voraussetzung des § 36 GWB für die Zusammenschlusskontrolle nicht vorliegen. Außerdem erfolgt auch kein Trägerwechsel, sondern lediglich ein Rechtsformwechsel, weshalb für diesen Privatisierungsvorgang auch keine vergaberechtlichen Voraussetzungen zu berücksichtigen sind.[546] Bei materiellen und funktionalen Privatisierungen sind Vergabe- und Kartellrecht getrennt zu betrachten:

a) Vergaberecht

Unter Vergaberecht sind die Regeln und Vorschriften zu verstehen, die das Verfahren für die Öffentliche Hand beim Einkauf von Gütern und Leistungen vorschreiben.[547] Regelungen zum Vergaberecht finden sich zum einen in den §§ 97 ff GWB, zum anderen für bayerische Kommunen in § 30 KommHV-Doppik bzw. § 31 KommHV-Kammeralistik. Die einzelnen Voraussetzungen für die Anwendbarkeit der Vergaberegeln sowie deren Rechtsfolgen wurden oben (C. VI. 1.) genauer erläutert.

Bei dem Privatisierungsvorgang als solchem kommt es entscheidend auf die Frage an, ob die jeweilige Privatisierung einen öffentlichen Auftrag beinhaltet. Zur Beantwortung ist nach funktionalen und materiellen Privatisierungen zu differenzieren.

(1) Vergaberecht bei funktionalen Privatisierungen

Wird im Rahmen der Privatisierung nur eine gemeinsame Gesellschaft gegründet oder werden Anteile an einer bestehenden Gesellschaft veräußert, so handelt es sich dabei nicht um die Vergabe eines öffentlichen Auftrages. Vergaberechtlich relevant wird ein Vorgang nur, wenn neben der gesellschaftsrechtlichen Ebene zusätzliche Vereinbarungen dahingehend abgeschlossen werden, dass von dem privaten Mitgesellschafter Werkleistungen, Waren- oder Dienstleistungen bezogen werden.[548] Dies ist vor allem dann der Fall, wenn die Gründung der Gesellschaft „Mittel zum Zweck der Vergabe" ist, wenn also beispielsweise mit dem Verkauf von Gesellschaftsanteilen unmittelbar die Vergabe von Leistungen verbunden wird.[549]

---

546 Zum Vergaberecht: Dreher in Immenga/ Mestmäcker, § 99 GWB, RN 84; Wagner in Langen/ Bunte, Deutsches Kartellrecht, § 99 GWB, RN 34; Zum Kartellrecht:

547 http://www.bmwi.de/BMWi/navigation/Wirtschaft/Wirtschaftspolitik/oeffentliche-auftraege,did=190874.html

548 Eschenbruch in Kulartz/ Kus/ Portz, GWB-Vergaberecht, § 99 RN 262

549 Strohe/ Meyer-Wyk/ Köhler, Das Krankenhaus 2003, S. 991 (994)

Insbesondere bei ÖPP umfasst die Zusammenarbeit auch Auftragskomponenten im Sinne des Vergaberechts. Typischerweise treten folgende Leistungskomponenten auf:[550]

- Planungsleistungen
- Bauleistungen
- Projektmanagementleistungen
- Finanzierungsleistungen
- Instandhaltungs- und Wartungsleistungen
- Betreiberleistungen (ggf. unter Übernahme von Personal)

Um beurteilen zu können, inwieweit ein Auftrag vorliegt und ob, bzw. bezüglich welcher Leistungen ein Vergabeverfahren durchzuführen ist, müssen die einzelnen Vertragsbestandteile geprüft werden. Zu einer ersten Orientierung, ob eine vergaberechtliche Relevanz besteht, sollte sich eine privatisierende Kommune die Frage stellen, ob sie im Rahmen dieses Vorgangs mittelbar oder unmittelbar als Nachfrager einer Leistung auftritt.

Bei der Vergabe ist auch darauf zu achten, welchen Modifikationen das Vertragsverhältnis in den kommenden Jahren unterliegen soll. Diese Modifikationen sollten soweit wie möglich gleich bei der ursprünglichen Vertragsgestaltung und auch schon bei der, dieser zugrunde liegenden, Ausschreibung berücksichtigt werden. Werden Regelungen später über einen bereits anfänglich festgeschriebenen Automatismus hinaus oder aufgrund von Verhandlungen verändert, so ist unter Umständen eine erneute Ausschreibung erforderlich.[551]

(2) Vergaberecht bei materiellen Privatisierungen

Bei der materiellen Privatisierung werden in der Regel das Krankenhausgebäude und die dazugehörigen Grundstücke oder eine Krankenhausgesellschaft verkauft. Die Öffentliche Hand tritt hier als Anbieter von Leistungen und nicht als Nachfrager auf. Eine Veräußerung von Grundstücken, Unternehmen und Unternehmensteilen alleine bedeutet deshalb keine Vergabe eines öffentlichen Auftrages, so dass die Vorgaben des Vergaberechts in der Regel außer Acht gelassen werden können.[552] Aber auch materielle Privatisierungen können im Einzelfall im Zusammenhang mit einem öffentlichen Beschaffungsakt stehen.[553] Sollten beispielsweise im Zusammenhang mit einer materiellen Privatisierung Bau-

---

550 Eschenbruch in Kulartz/ Kus/ Portz, GWB-Vergaberecht, § 99 RN 279
551 Höfler/ Noll-Ehlers, NJW 2008, 23
552 Meininger in Fabry/ Augsten, Handbuch, Teil 9, RN 70; Otting in Bechtold, GWB, § 99, RN 15b; Dreher in Immenga/ Mestmäcker, GWB-Kommentar, § 99, RN 12, 16
553 Dreher in Immenga/ Mestmäcker, GWB-Kommentar, § 99, RN 16; Müller-Wrede in Müller-Wrede, VOF-Kommentar, § 2 RN 35

leistungen in Auftrag gegeben werden, so ist diese Beauftragung vergaberechtlich zu prüfen.

b) Kartellrecht

Neben dem Vergaberecht ist das Kartellrecht zu beachten, welches auf Krankenhäuser Anwendung findet (siehe unter C. VI. 2.). Ein Zusammenschluss ist vom Bundeskartellamt gemäß § 36 GWB zu untersagen, „wenn zu erwarten ist, dass durch den Zusammenschluss eine marktbeherrschende Stellung begründet oder verstärkt wird, es sei denn, die Unternehmen weisen nach, dass durch den Zusammenschluss auch Verbesserungen der Wettbewerbsbedingungen eintreten und dass diese Verbesserungen die Nachteile der Marktbeherrschung überwiegen. Eine Marktbeherrschung kann gemäß § 19 Abs. 3 GWB bereits dann vermutet werden, wenn ein Unternehmen ein Drittel des Marktanteiles hat. Dabei kann die erforderliche Bestimmung des räumlich relevanten Marktes aufwändig sein.[554] Das Bundeskartellamt bestimmt den räumlich relevanten Markt durch eine Analyse der Patientenströme.[555] In den sachlichen Anwendungsbereich werden alle Akutkrankenhäuser einbezogen – neben den Allgemeinkrankenhäusern also auch die Fachkrankenhäuser.[556] Die Kosten für die Prüfung – welche gemäß § 80 Abs. 2 S. 2 Nr. 1 GWB bis zu 50.000 Euro, in Ausnahmefällen bis zu 100.000 Euro betragen können – trägt gemäß § 80 Abs. 6 S. 1 Nr. 1 GWB grds. derjenige, der die Anmeldung eingereicht bzw. die entsprechende Amtshandlung veranlasst hat.

Damit die Vorschriften der Zusammenschlusskontrolle Anwendung finden, müssen gemäß § 35 Abs. 1 Nr. 1 GWB die beteiligten Unternehmen im letzten Geschäftsjahr insgesamt weltweit Umsatzerlöse von mehr als 500 Mio. Euro und mindestens ein beteiligtes Unternehmen im Inland Umsatzerlöse von mehr als 25 Mio. Euro erzielt haben. Bei den Umsatzerlösen wird nicht nur auf die beteiligten Krankenhäuser, sondern gemäß § 36 Abs. 2 S. 1 GWB auch auf die Unternehmen abgestellt, welche ein an der Fusion beteiligtes Unternehmen beherrschen oder von ihm beherrscht werden. Auch bei Unternehmen eines Landkreises kann eine Konzernverbindung i.S.d. § 36 Abs. 2 S. 1 GWB vorliegen, wenn eine Koordination der Unternehmensleitungen stattfindet.[557] Liegt eine solche Koordination vor, hat dies zur Folge, dass alle Umsatzerlöse der Kom

554 vgl. beispielsweise Bundeskartellamt, Beschluss B 3 – 1003/06 (Juris)
555 OLG Düsseldorf, Beschluss vom 11.04.2007, AZ VI-Kart 6/05 (V), OLGR Düsseldorf 2007, 628 ff
556 OLG Düsseldorf, Beschluss vom 11.04.2007, AZ VI-Kart 6/05 (V), OLGR Düsseldorf 2007, 628 ff
557 Bechtold in Bechtold, GWB, § 36, RN 40

mune einzubeziehen sind, die auf unternehmerischer Tätigkeit beruhen. Die Umsätze aus hoheitlichem Tätigwerden bleiben außer Acht, da dieses der wettbewerbsrechtlichen Kontrolle entzogen ist.[558] Die Abgrenzung kann sich im Einzelfall schwierig gestalten. Die Zusammenschlusskontrolle des Bundeskartellamts kann dazu führen, dass eine Privatisierung mit dem gewünschten privaten Partner beispielsweise wegen dessen starker Präsenz in der Region nicht möglich ist, mit einem anderen Privaten hingegen schon.

4. Arbeitsrechtliche Gesichtspunkte

Während eines Privatisierungsvorgangs ist eine Vielzahl an arbeitsrechtlichen Gesichtspunkten zu beachten.

a) Rechtliche Grundlagen unterteilt nach der Art der Privatisierung

Zur Beurteilung der für das Arbeitsrecht relevanten Fragen soll zunächst eine nach drei Gruppen differenzierte Betrachtung stattfinden: Rechtsgeschäftlicher Übergang eines Betriebs- oder Betriebsteils, Umwandlung von Gesellschaftsteilen und Veräußerung von Gesellschaftsanteilen.

(1) Rechtsgeschäftlicher Übergang eines Betriebs oder Betriebsteils

Der Übergang von Arbeitsverhältnissen bei der Übertragung eines Betriebs oder Betriebsteils bestimmt sich nach § 613a BGB. Die Norm ist eine Schutzvorschrift zugunsten der Arbeitnehmer.[559] Mit Übergang des Betriebs oder Betriebsteils gehen die Rechte und Pflichten aus dem Arbeitsverhältnis gemäß § 613a Abs. 1 S. 1 BGB auf den Erwerber über und zugunsten des Arbeitnehmers greifen die Schutzvorschriften des § 613a BGB.

(2) Umwandlung

Auch wenn § 613a BGB nach seinem Wortlaut nur auf rechtsgeschäftliche Übertragungen anwendbar ist, wird in § 324 UmwG klargestellt, dass § 613a I, IV-VI BGB auch bei Verschmelzung, Spaltung und Vermögensübertragung unberührt bleibt. Somit ist bei diesen Privatisierungsformen die grundsätzliche Anwendbarkeit des § 613a BGB eröffnet, weshalb sich die individualvertraglichen und kollektivarbeitsrechtlichen Auswirkungen in gleicher Weise nach dieser Vorschrift bestimmen.

---

558 Säcker in Hirsch/ Montag/ Säcker, Kartellrecht, § 130 GWB, RN 2; Stockmann in Loewenheim/ Meessen/ Riesenkampff, Kartellrecht, § 130, RN 4

559 Preis in Müller-Glöge/ Preis/ Schmidt, Erfurter Kommentar, § 613a BGB, RN 2; Paki in Wedde, Arbeitsrecht, § 613

(3) Veräußerung von Gesellschaftsanteilen

Anders ist die Situation zu beurteilen, wenn bei einer bereits – zumindest formell – privatisierten Gesellschaft lediglich Anteile übertragen werden (sog. Share-Deal). In diesem Fall findet kein Wechsel der Rechtspersönlichkeit des Betriebsinhabers statt, weshalb § 613a BGB keine Anwendung findet.[560] Die in den folgenden Gliederungspunkten getroffenen Aussagen beziehen sich deshalb nicht auf die Veräußerung von Gesellschaftsanteilen. Es können sich aber auch bei einem Share-Deal Änderungen ergeben. Beispielhaft seien die Erlaubnispflichten bei der Arbeitnehmerüberlassung gemäß § 1 AÜG genannt. Wenn die Kommune Arbeitnehmer an ein Unternehmen überlässt, können durch die Veräußerung von Anteilen die Voraussetzungen für die Befreiung gemäß § 1 Abs. 3 Nr. 2 AÜG – welche auch für Kommunen gelten[561] – wegfallen.

b) Individualvertragliche Auswirkungen

Grundsätzlich wird das Arbeitsverhältnis zwischen dem Arbeitnehmer und dem Erwerber unter den Bedingungen fortgesetzt, die im Verhältnis zwischen Arbeitnehmer und Veräußerer galten.[562] Gemäß § 613a Abs. 4 S. 1 BGB ist eine Kündigung wegen des Betriebsübergangs grds. nicht möglich. Bei Umwandlungen gilt hier die Besonderheit des § 323 Abs. 1 UmwG, welcher den Arbeitnehmer für die Dauer von zwei Jahren vor einer Verschlechterung der „kündigungsrechtlichen Stellung" schützt. Dem Arbeitnehmer steht gemäß § 613a Abs. 6 S. 1 BGB ein Widerspruchsrecht gegen den Übergang des Arbeitsverhältnisses zu, was zur Folge hat, dass zunächst das Arbeitsverhältnis mit dem bisherigen Arbeitgeber bestehen bleibt.[563] In diesem Fall kommt eine betriebsbedingte Kündigung durch den Arbeitgeber in Betracht. Deren Wirksamkeit bestimmt sich nach § 1 Abs. 2 KSchG, wofür insbesondere Voraussetzung ist, dass der Veräußerer

---

560 Lorenzen/ Schuster in Hoppe/ Uechtritz, Handbuch, § 12 RN 30; Preis in Müller-Glöge/ Preis/ Schmidt, Erfurter Kommentar, § 613a BGB, RN 43; Cohnen/ Tepass in Moll, Arbeitsrecht, § 50, RN 50

561 Wank in Müller-Glöge/ Preis/ Schmidt, Erfurter Kommentar, § 1 AÜG, RN 59; Plander, NZA 2002, 69, 71

562 Gussen in Rolfs (u.a.), Arbeitsrecht, § 613a BGB, RN 81; Paki in Wedde, Arbeitsrecht, § 613a, RN 32

563 Paki in Wedde, Arbeitsrecht, § 613a, RN 44; Karthaus/ Richter in Däubler (u.a.), Arbeitsrecht, § 613a BGB, RN 195; Kreitner in Küttner/ Röller, Personalbuch, Stichwort Betriebsübergang, RN 41

in seinem Betrieb oder Unternehmer keine anderweitige Beschäftigungsmöglichkeit für den Arbeitnehmer hat.[564] Individualvertragliche Ansprüche können sich auch aus Tarifverträgen ergeben. Ein Tarifvertrag hat dann individualrechtliche Wirkung, wenn eine einzelvertragliche Bezugnahme erfolgt.[565] Das bedeutet, dass die Regelungen des Tarifvertrages dann gemäß § 613a Abs. 1 S. 1 BGB weiter gelten, wenn eine solche einzelvertragliche Bezugnahme vorliegt.[566] Der Kommunale Arbeitgeberverband Bayern stellt seinen Mitgliedern Musterarbeitsverträge mit folgender Formulierung zur Verfügung:

> „Das Arbeitsverhältnis bestimmt sich nach dem Tarifvertrag für den öffentlichen Dienst (TVöD) und den diesen ergänzenden, ändernden oder ersetzenden Tarifverträgen in der für den Bereich der Vereinigung der kommunalen Arbeitgeberverbände (VKA) jeweils geltenden Fassung."

Alle 71 bayerischen Landkreise sind Mitglieder des KAV.[567] Somit haben alle Landkreise Zugriff auf diese Vertragsmuster. Es ist deshalb anzunehmen, dass diese Klausel Vertragsbestandteil in den meisten Arbeitsverträgen mit Arbeitnehmern in Kreiskrankenhäusern geworden ist.[568]

Bei Verwendung der im Muster des KAV Bayern aufgenommenen Formulierung liegt eine einzelvertragliche Bezugnahme auf den TVöD vor, so dass auch die dem Arbeitnehmer nach dem Tarifvertrag zustehenden Rechte eine individualvertragliche Geltung haben. Sie gehen deshalb gemäß § 613a Abs. 1 BGB über. Obwohl das Muster des KAV eine dynamische Klausel verwendet, ist nicht klar, ob tatsächlich der TVöD in seiner jeweils geltenden Fassung anzuwenden ist, oder ob der Stand eingefroren wird, welcher zum Zeitpunkt des Betriebsübergangs gilt.[569] Vor dem Urteil vom 14.12.2005[570] legte das BAG dyna-

---

564 Preis in Müller-Glöge/ Preis/ Schmidt, Erfurter Kommentar, § 613a BGB, RN 106; Gussen in Rolfs (u.a.), Arbeitsrecht, § 613a, RN 172; Karthaus/ Richter in Däubler (u.a.), Arbeitsrecht, § 613a BGB, RN 195

565 Koch in Schaub, Arbeitsrechtshandbuch, § 119, RN 1; Gussen in Rolfs (u.a.), Arbeitsrecht, § 613a BGB, RN 81

566 Koch in Schaub, Arbeitsrechtshandbuch, § 119, RN 1; Willemsen/ Müller-Bonanni in Henssler/ Willemsen/ Kalb, Arbeitsrecht, § 613a BGB, RN 260;

567 http://www.kav-bayern.de/html/zum_verband.html

568 Müller/ Landshuter, Arbeitsrecht im öffentlichen Dienst, RN 114 und Breier u.a., TVÖD, vor § 1, RN 9.2 weisen auch darauf hin, dass Arbeitgeber des öffentlichen Dienstes mit ihren Arbeitnehmern regelmäßig im Arbeitsvertrag die Geltung des Tarifvertrages vereinbaren.

569 Karthaus/ Richter in Däubler (u.a.), Arbeitsrecht, § 613a BGB, RN 150

570 Az 4 AZR 536/04 in NJW 2006, 2571 ff

mische Klauseln lediglich als Gleichstellungsabrede aus. Demnach wurden nicht organisierte Arbeitnehmer mit gewerkschaftsangehörigen Arbeitnehmern gleichgestellt. Dies führte dazu, dass der Tarifvertrag bei einem Betriebsübergang entgegen der Formulierung im Arbeitsvertrag statisch weitergalt.[571] Seit dem Urteil vom 14.12.2005[572] legt das BAG dynamische Klauseln in Arbeitsverträgen auch dynamisch aus, so dass die jeweils aktuelle Fassung auch innerhalb des bezugnehmenden Arbeitsvertrages Gültigkeit hat.[573] Für Altverträge, welche bis 31.12.2001 abgeschlossen wurden, wendet das BAG weiterhin aus Vertrauensschutzgründen die Gleichstellungsabrede an.[574]

Entgegen der Auffassung des Bundesarbeitsgerichts steht nach Ansicht des EuGH eine solche dynamische Klausel im Widerspruch zu Art. 3 Abs. 1 der Betriebsübergangsrichtlinie[575] und zu dem gemeinschaftsrechtlichen Grundsatz der negativen Koalitionsfreiheit.[576] Folgt man dieser Ansicht, so würden die Bezugnahmeklauseln trotz entgegenstehenden Wortlauts nur statisch weitergelten. Die Ansicht des EuGH lässt aber außer Acht, dass die Bindung an den Tarifvertrag bei Bezugnahmeklauseln nicht durch die Mitgliedschaft in einem Arbeitgeberverband begründet wird, sondern durch individuelle Vereinbarung. Eine solche Vereinbarung ist aber nach den Grundsätzen der Vertragsfreiheit zu beurteilen.[577] Das BAG hält daher trotz der Bedenken des EuGH an seiner Rechtsprechung fest.[578]

§ 613a BGB hat auch Auswirkungen auf weitere Bereiche, wie den des Kündigungsschutzes und den der Versorgungsanwartschaften. § 613a BGB ist eine Bestandschutzvorschrift zugunsten des jeweiligen Arbeitnehmers.[579] Dies bedeutet, dass der Arbeitnehmer seinen nach dem TVöD bestehenden Kündigungsschutz behält und der Erwerber die bisherigen Löhne inklusive der Versor-

---

571 Gussen in Rolfs (u.a.), Arbeitsrecht, § 613a BGB, RN 261

572 Az 4 AZR 536/04 in NJW 2006, 2571 ff

573 Kreitner in Küttner/ Röller, Personalbuch, Stichwort Betriebsübergang, RN 64; Gussen in Rolfs (u.a.) Arbeitsrecht, § 3 TVG, RN 38

574 Gussen in Rolfs (u.a.), Arbeitsrecht, § 613a BG, RN 261; Franzen in Müller-Glöge/ Preis/ Schmidt, Erfurter Kommentar, § 3 TVG, RN 38

575 RL 2001/23/EG

576 Koch in Schaub, Arbeitsrechtshandbuch, § 119, RN 11

577 Koch in Schaub, Arbeitsrechtshandbuch, § 119, RN 11

578 Kreitner in Küttner/ Röller, Personalbuch, Stichwort Betriebsübergang, RN 64; BAG, Urteil vom 18.04.2007, Az 4 AZR 652/05 in NZA 2007, 965 ff; BAG, Urteil vom 29.08.2007, Az 4 AZR 767/06 in NZA 2008, 364 ff

579 Gussen in Rolfs, Arbeitsrecht, § 613a, RN 83; Kreitner in Küttner/ Röller, Personalbuch, Stichwort Betriebsübergang, RN 2

gungsanwartschaften weiterzahlen muss.[580] Insbesondere die Zusatzversorgung stellt die Erwerber in der Praxis vor größere Probleme. Möchte beispielsweise eine private Gesellschaft Mitglied einer öffentlichen Zusatzversorgungskasse werden, so ist dies zwar inzwischen grundsätzlich möglich, jedoch steht eine solche Mitgliedschaft im Ermessen der Versorgungseinrichtung.[581] Es empfiehlt sich deshalb, die Mitgliedschaft, den Umfang einer solchen Mitgliedschaft und die Konditionen bereits vor der Privatisierung mit der Zusatzversorgungseinrichtung abschließend zu klären.[582] Eine nicht abgedeckte Versorgung muss durch Ausgleichszahlungen oder Deckungszusagen kompensiert werden, was einen zusätzlichen Kostenaufwand bedeutet.[583] Möchte sich der private Rechtsträger aus der Zusatzversorgung zurückziehen, so muss er hierfür Pensionsrückstellungen bilden.[584]

c) Kollektivarbeitsrechtliche Auswirkungen

Sind Tarifverträge nicht individualvertraglich einbezogen, gelten sie also lediglich aufgrund beiderseitiger Tarifbindung (§§ 3 Abs. 1, 4 Abs. 1 TVG) oder Allgemeinverbindlichkeitserklärung (§ 5 TVG), so sind die Regelungen des § 613a Abs. 1 S. 2 bis 4 BGB einschlägig. Es gelten dann gemäß § 613a Abs. 1 S. 2 BGB die tarifvertraglichen Bestimmungen individualvertraglich weiter und unterliegen einer einjährigen Sperre, in welcher keine Veränderungen zum Nachteil der Arbeitnehmer erfolgen dürfen. Etwas anderes gilt gemäß § 613a Abs. 1 S. 3 BGB dann, wenn die Rechte und Pflichten des Arbeitnehmers auch beim Übernehmer durch Kollektivvereinbarungen geregelt sind. Nach der Rechtsprechung des Bundesarbeitsgerichts ist jedoch eine kongruente Tarifbindung erforderlich.[585] Dies bedeutet, dass der neue Tarifvertrag kraft beiderseitiger Tarifgebundenheit für das übergegangene Arbeitsverhältnis gelten muss.[586] Liegt diese Voraussetzung vor, spielt es keine Rolle, wenn die neue kollektivrechtli-

---

580 Lorenzen/ Schuster in Hoppe/ Uechtritz, Handbuch, § 12 RN 53; Preis in Müller-Glöge/ Preis/ Schmidt, Erfurter Kommentar, § 613a, RN 73
581 Lorenzen/ Schuster in Hoppe/ Uechtritz, Handbuch, § 12 RN 88
582 Schweier in Fabry/ Augsten, Handbuch, Teil 3, RN 118
583 Lorenzen/ Schuster in Hoppe/ Uechtritz, Handbuch, § 12 RN 88
584 Wurzel/ Schraml in Wurzel/ Schraml/ Becker, Kommunale Unternehmen, Teil J, RN 42
585 BAG Urteil vom 9. April 2008, AZ 4 AZR 164/07 Pressemitteilung Nr. 29/08 des Bundesarbeitsgerichts
586 Willemsen/ Müller-Bonanni in Hennsler/ Willemsen/ Kalb, Arbeitsrecht, § 613a BGB, RN 264; Preis in Müller-Glöge/ Preis/ Schmidt, Erfurter Kommentar, § 613a, RN 123

che Regelung für den Arbeitnehmer weniger günstig ist.[587] Es gilt dann die Regelung des Übernehmers. Diesem auf den ersten Blick vielleicht überraschenden Ergebnis liegt die Überlegung zugrunde, dass der einzelne Arbeitnehmer durch die Beteiligung von Gewerkschaften bei Abschluss des Tarifvertrages ausreichend geschützt ist und dass der neue Tarifvertrag nur für die Zukunft gilt. Bestehende Anwartschaften aus dem alten Tarifvertrag gehen nicht verloren.[588]

d) Personalvertretungsrechtliche Auswirkungen

(1) Ausgangsbetrieb in privatrechtlicher Organisationsform

Im Rahmen eines Betriebsübergangs sind alle Arbeitnehmer ausführlich über den Übergang zu unterrichten. § 613a Abs. 5 S. 1 BGB verpflichtet hierzu sowohl den Veräußerer als auch den Erwerber. Um nicht gegen die Belehrungspflichten zu verstoßen, ist es empfehlenswert, zum einen zu prüfen, welche Informationen mitgeteilt werden müssen und zum anderen sollte zwischen Veräußerer und Erwerber in den Privatisierungsverträgen genau festgelegt werden, wer die Arbeitnehmer über welche Veränderungen und Rechte zu informieren hat.[589] Es ist unter anderem auch deshalb auf eine ordnungsgemäße und fehlerfreie Unterrichtung zu achten, da sonst die Arbeitnehmer ihr Widerspruchsrecht gegen den Übergang des jeweiligen Arbeitsverhältnisses grundsätzlich unbefristet – und nur durch die Grenze der Verwirkung beschränkt – geltend machen können.[590] Der Grund hierfür liegt darin, dass die Monatsfrist, welche in § 613a Abs. 6 BGB für den Widerspruch gesetzt wird, nur durch eine vollständige und formgerechte Unterrichtung in Gang gesetzt werden kann.[591]

Bei Umwandlungen sind die Arbeitnehmervertreter gemäß § 126 Abs. 3 UmwG zu beteiligen, indem der Spaltungs- und Übernahmevertrag dem Betriebsrat spätestens einen Monat vor dem Tag der Fassung des Spaltungsbeschlusses zuzuleiten ist. Erfolgt eine Privatisierung auf anderem Wege

---

587 Preis in Müller-Glöge/ Preis/ Schmidt, Erfurter Kommentar, § 613a, RN 125; Koch in Schaub, Arbeitsrechtshandbuch, § 119, RN 3; Paki in Wedde, Arbeitsrecht, § 613a BGB, RN 38; Karthaus/ Richter in Däubler (u.a.), § 613a BGB, RN 129

588 Preis in Müller-Glöge/ Preis/ Schmidt, Erfurter Kommentar, § 613a BGB, RN 125

589 Lorenzen/ Schuster in Hoppe/ Uechtritz, Handbuch, § 12 RN 50; Cohnen/ Tepass in Moll, Arbeitsrecht, § 52 RN 8; Willemsen/ Müller-Bonanni in Hennsler/ Willemsen/ Kalb, Arbeitsrecht, § 613a BGB, RN 314

590 Landesarbeitsgericht Düsseldorf, Entscheidung vom 05.12.07, Az: Sa 690/06 (Juris), RN 83, 85

591 Preis in Müller-Glöge/ Preis/ Schmidt, Erfurter Kommentar, § 613a BGB, RN 100; Willemsen/ Müller-Bonanni in Hennsler/ Willemsen/ Kalb, Arbeitsrecht, § 613a BGB, RN 331

als durch Umwandlung, unterliegt der Betriebsübergang als solcher grds. nicht der Mitbestimmung.[592] Etwas anderes gilt dann, wenn mit der Betriebsnachfolge wesentliche Nachteile für die Beschäftigten eintreten können. Dann muss das Unternehmen den Betriebsrat gemäß § 111 BetrVG rechtzeitig und umfassend unterrichten. Beispielsfälle für wesentliche Nachteile der Beschäftigten sind in § 111 S. 3 BetrVG aufgelistet.

Soweit die Identität des Betriebes, beispielsweise bei einem Gesellschafter- oder Rechtsformwechsel, erhalten bleibt, ergeben sich für den Betriebsrat keine Konsequenzen und er bleibt im Amt.[593] Bei Spaltungen oder Zusammenfassung von Betrieben sieht § 21 a BetrVG für die Zeit nach dem Betriebsübergang vor, dass der bisherige Betriebsrat ein Übergangsmandat erhält.

(2) Ausgangsbetrieb in öffentlich-rechtlicher Organisationsform

Bei Unternehmen in öffentlich-rechtlicher Organisationsform ist fraglich, ob eine Pflicht zur Beteiligung der Arbeitnehmervertreter gemäß § 126 Abs. 3 UmwG besteht, da diese Vorschrift ausdrücklich nur Betriebsräte nennt und nicht Personalräte. Teilweise wird eine Beteiligung mit Hinweis auf den Wortlaut und darauf, dass sich die Rechte der Personalvertretungen nach den jeweiligen Personalvertretungsgesetzen richten, verneint.[594] Diese Argumente überzeugen jedoch nicht. Auch wenn Rechte der Personalvertretungen in den Personalvertretungsgesetzen und somit öffentlich-rechtlich geregelt sind, sind die dort formulierten Rechte nicht abschließend. Es bleibt dem Gesetzgeber unbenommen, auch durch andere Gesetze weitere Rechte einzuräumen. Die den Betriebsräten und Personalräten jeweils eingeräumten Rechte sind nicht vollständig deckungsgleich, jedoch genauso wie ihre jeweiligen Aufgaben vergleichbar.[595] Sinn und Zweck des § 126 Abs. 3 UmwG ist es, das Gremium, welches sich die Beschäftigten als Interessenvertreter bestimmt haben, als Ansprechpartner der Beschäftigten zu beteiligen. Aufgabe der Personalräte ist es, eine vertrauensvolle Zusammenarbeit zwischen Dienststelle und Beschäftigten zu erreichen, wozu die Personalvertretungen an den Entscheidungen der Dienststelle – auch in organisatorischen Angelegenheiten – eingebunden werden sollen.[596] Vor diesem Hintergrund lässt die Auslegung des § 126 Abs. 3 UmwG

---

592 Preis in Müller-Glöge/ Preis/ Schmidt, Erfurter Kommentar, § 613a BGB, RN 131; Koch in Schaub, Arbeitsrechtshandbuch, § 118, RN 26

593 Gussen in Rolfs (u.a.), Arbeitsrecht, § 613a BGB, RN 179; Willemsen/ Müller-Bonanni in Henssler/ Willemsen/ Kalb, Arbeitsrecht, § 613a BGB, RN 281

594 Schmidt in Lutter/ Winter, Umwandlungsgesetz, vor § 168, RN 10

595 Preis, Arbeitsrecht, § 162, Erl. II; Schweier in Fabry/ Augsten, Handbuch, Teil 3, RN 132; Ilbertz/ Widmaier, Bundespersonalvertretungsgesetz, § 1, RN 28

596 Ballerstedt/ Schleicher/ Faber, Bayerisches Personalvertretungsgesetz, Art. 1, RN 58

keine Benachteiligung von Personalräten zu. Deshalb ist diesen der Spaltungs- und Übernahmevertrag zuzuleiten. Lediglich wenn gar keine Interessenvertretung der Beschäftigten besteht – weil diese sich gegen die Einrichtung einer solchen entschieden haben – entfällt nach richtiger Auslegung die Pflicht zur Beteiligung.

Unabhängig von den Regelungen im Umwandlungsgesetz bestimmt sich die Frage der Personalratsbeteiligung bei Privatisierungen von Betrieben in öffentlich-rechtlicher Rechtsform nach den jeweiligen Personalvertretungsgesetzen der Länder. In Bayern sind keine expliziten Beteiligungsrechte des Personalrats im Zuge von Privatisierungen geregelt.[597] So sehen die Personalvertretungsgesetze bei der Grundsatzentscheidung darüber, ob eine Aufgabe privatisiert wird, keine Beteiligungspflicht des Personalrats vor.[598] Durch die mit der Privatisierung verbundenen Auswirkungen, beispielsweise auf die Organisation, besteht jedoch ein Informationsanspruch nach Art. 69 Abs. 2 BayPVG.[599] Im Hinblick auf weitere Folgemaßnahmen bestehen Beteiligungsrechte des Personalrats nach Art. 75 ff BayPVG.[600] Im Ergebnis kann ein Personalrat eine Privatisierung nur verzögern, jedoch rechtlich nicht verhindern.[601] Dass Arbeitnehmervertreter durch öffentlichen Druck unter Umständen eine Privatisierung zum Scheitern bringen können, ist natürlich trotzdem nicht ausgeschlossen. In der Praxis empfiehlt es sich, dass sich die Beteiligten nicht mit Spitzfindigkeiten bezüglich der Pflichten zur Einbindung aufhalten, sondern Personal- oder Betriebsrat im Hinblick auf den Betriebsfrieden und die Akzeptanz der Umwandlung einbinden.[602]

Für die Zeit nach der Privatisierung ist noch nicht höchstrichterlich geklärt, welche Konsequenzen die Privatisierung für den bestehenden Personalrat hat.[603] § 21 a BetrVG, welcher das Übergangsmandat von Betriebsräten bei Umwandlungen regelt, findet auf Personalräte keine Anwendung. Ursprünglich ging man davon aus, dass mit der Privatisierung des Krankenhauses das Amt des Personalrats endet.[604] Die Situation könnte sich jedoch mit der Richtlinie 2001/23/EG[605]

---

597 Lorenzen/ Schuster in Hoppe/ Uechtritz, Handbuch, § 12 RN 158
598 Bauer u.a., Kommunalverwaltung, Band C3, Art. 6 BayPVG, Erl. 3.3; Blanke in Thannheiser, Personalrechtspraxis, Teil 5, RN 74
599 Ballerstedt/ Schleicher/Faber, Bayerisches Personalvertretungsgesetz, Art. 6, RN 81
600 Ballerstedt/ Schleicher/Faber, Bayerisches Personalvertretungsgesetz, Art. 6, RN 81
601 Blanke in Thannheiser, Personalrechtspraxis, Teil 5, RN 74; Lorenzen/ Schuster in Hoppe/ Uechtritz, Handbuch, § 12 RN 157
602 Fabry in Fabry/ Augsten, Handbuch, Teil 3, RN 18
603 Koch in Schaub, Arbeitsrechtshandbuch, § 265, RN 43
604 LAG Köln, Beschluss vom 11.02.2000 – 4 TaBV 2/00 in PersR 2000, 378

grundsätzlich geändert haben. Gemäß Art. 1 Nr. 1 lit. c, 6 Abs. 1 RL 2001/23/EG bleibt bei einem Übergang des Unternehmens bzw. Betriebes die Rechtsstellung und die Funktion der Vertreter oder der Vertretung unter den gleichen Bedingungen erhalten. Bis zur Neuwahl nimmt der bisherige Personalrat das Übergangsmandat wahr. Zur Umsetzung der RL 2001/23/EG wurde 2005 Art. 27 a BayPVG eingeführt.[606] Dieser enthält einen ähnlichen Rechtsgedanken, regelt aber nur Organisationsänderungen innerhalb des öffentlichrechtlichen Bereichs.[607] Die Richtlinie ist jedoch unmittelbar anwendbar, da die Umsetzungsfrist seit 17.07.2001 abgelaufen ist.[608] Somit ist ein Übergangsmandat des Personalrats bis zur Wahl eines Betriebsrats zu bejahen.[609] Die Neuwahl eines Betriebsrats kommt erst dann in Betracht, wenn die Voraussetzungen des § 13 BetrVG vorliegen.[610]

e) Umgehungsversuche

Regelmäßig wird versucht, durch Ausgliederungen von Servicegesellschaften Vorteile im Verhältnis zu den Arbeitnehmern zu erzielen. Servicegesellschaften werden für organisatorisch abgegrenzte Einheiten wie Küche, Wäscherei oder ähnliches gegründet. Sie können aber auch medizinisches Personal beschäftigen, welches sie der Klinik überlassen und welches von der Klinik in den normalen Arbeitsablauf integriert wird. Es ist aber zu beachten, dass eine geringere Vergütung meistens nur gegenüber neuen Arbeitnehmern durchzusetzen ist. Werden im Rahmen der Ausgliederung von Aufgaben in eine Servicegesellschaft bisherige Arbeitnehmer des Krankenhauses von der Servicegesellschaft übernommen, so greifen regelmäßig die Regelungen des § 613a BGB. Deshalb wird teilweise versucht, die Regelungen zum Betriebsübergang zu umgehen, indem das Krankenhaus mit seinen Arbeitnehmern Aufhebungsverträge und die Servicegesellschaft mit ihnen neue Arbeitsverträge schließen. Wenn die Arbeitnehmer aber wieder an den bisherigen Arbeitgeber zurück entliehen werden und dieselben

---

605 Richtlinie des Rates vom 12. März 2001 zur Angleichung der Rechtsvorschriften der Mitgliedstaaten über die Wahrung von Ansprüchen der Arbeitnehmer beim Übergang von Unternehmen, Betrieben oder Unternehmens- oder Betriebsteilen

606 Aufhauser/ Warga/ Schmitt-Moritz, BayPVG, Art. 27 a, RN 1 und 3

607 Ballerstedt/ Schleicher/ Faber, Bayerisches Personalvertretungsgesetz, Art. 27 a, RN 21

608 Koch in Schaub, Arbeitsrechtshandbuch, § 265, RN 43, vgl. zur Umsetzungsfrist Anhang 1 der Richtlinie

609 Koch in Schaub, Arbeitsrechtshandbuch, § 265, RN 43, Widmaier in ZfPR 2001, 119, 123; Pfohl, Arbeitsrecht, RN 294, aA Ballerstedt/ Schleicher/ Faber, Bayerisches Personalvertretungsgesetz, Art. 6, RN 84; Pawlak/ Leydecker, ZTR 2008, 74 ff

610 Koch in Schaub, Arbeitsrechtshandbuch, § 265, RN 43

Arbeiten wie bisher verrichten, interpretiert die Rechtsprechung dies wie einen Betriebsübergang,[611] weshalb die Umgehungsversuche scheitern.

f) Personalüberleitungsverträge

Eine Möglichkeit zur Gestaltung der Arbeitsverhältnisse im Rahmen des Betriebsübergangs kann ein Personalüberleitungsvertrag darstellen. Diese Möglichkeit wird in der Praxis regelmäßig genutzt.[612] Sollen die Arbeitnehmer eigene Rechte erhalten, sollte in diesem Vertrag, wenn er nur zwischen Veräußerer und Erwerber abgeschlossen wird, deutlich gemacht werden, dass die Arbeitnehmer selbst Erfüllung aus diesem Vertrag verlangen können. Dann liegt ein Vertrag zugunsten Dritter vor und die Arbeitnehmer können aus diesem Vertrag unmittelbar Rechte herleiten.[613]

Eine andere Möglichkeit der Einbindung der Arbeitnehmer besteht darin, dass eine Dienst- bzw. Betriebsvereinbarung oder ein Betriebsüberleitungstarifvertrag abgeschlossen wird.[614] Eine Beteiligung von Arbeitnehmervertretern – insbesondere der Personalräte – beim Abschluss einer solchen Vereinbarung bzw. eines solchen Vertrages ist sinnvoll, da gerade die Mitarbeiter von den dort getroffenen Regelungen betroffen sind. Außerdem kann mit einer Beteiligung von Arbeitnehmervertretern auch eine für die Arbeitnehmer nachteilige Vereinbarung geschlossen werden, ohne dass ein unzulässiger Vertrag zulasten Dritter vorliegt.

Durch eine solche Regelung können auch Unklarheiten oder Schwebezustände während des Wechsels vermieden werden, wie beispielsweise die Rolle des Personalrats nach Betriebsübergang bzw. die Frage, ab wann ein Betriebsrat zu wählen ist.

Ein Personalüberleitungsvertrag kann unter Umständen wesentlich dazu beitragen, Bedenken bei den Mitarbeitern zu zerstreuen und eine höhere Akzeptanz der Privatisierung zu erreichen. Mögliche Regelungsinhalte sind ein Recht auf Wiederanstellung beim bisherigen Arbeitgeber, wenn der Übernehmer Insolvenz anmeldet, die Weitergewährung freiwilliger Leistungen, die Verlängerung der Jahresfrist des § 613a Abs. 1 S. 2 BGB oder die Frage der Personalvertretung der Beamten. So können auch zeit- und kostenaufwändige Fragen, beispielsweise ob für das vorliegende Haus Tendenzschutz besteht, frühzeitig geklärt werden.

611 BAG Urteil vom 21.05.2008, Az 8 AZR 481/07 in NZA 2009, 144 ff
612 Blanke in Thannheiser, Personalrechtspraxis, Teil 5, RN 104; Pfohl, Arbeitsrecht, RN 298;
613 BAG vom 20.04.2005, AZ: 4 AZR 292/04, NZA 2006, 281 ff
614 Schubert in Däubler (u.a.), Arbeitsrecht, § 1 KSchG, RN 491

Dadurch können sowohl die Rechte von Mitarbeitern gestärkt als auch die Verantwortlichkeiten zwischen Veräußerer und Erwerber geregelt bzw. klargestellt werden.

Es ist jedoch zu beachten, dass bei der Vertragsgestaltung regelmäßig zeitliche Grenzen gesetzt sind. So kann durch einen entsprechenden Personalüberleitungsvertrag beispielsweise der Übernehmer eines Krankenhauses verpflichtet werden, weiterhin Mitglied im KAV zu sein. Eine Verpflichtung zur dauerhaften – also zeitlich unbeschränkten Mitgliedschaft – verstößt jedoch gegen die durch Art. 9 Abs. 3 S. 1 GG garantierte negative Koalitionsfreiheit und ist deshalb gemäß Art. 9 Abs. 3 S. 2 GG nichtig.[615]

g) Besonderheiten bei Beamten

Beamte sind keine Arbeitnehmer.[616] Ihre Dienstverhältnisse gehen deshalb nicht nach § 613a BGB über.[617] Die Möglichkeiten, wie Beamte bei bereits privatisierten Unternehmen eingesetzt werden können, wurden oben (siehe unter C. VII. 5.) dargestellt. Im Rahmen des Privatisierungsvorgangs gibt es jedoch Besonderheiten:

Bei der Reorganisation einer Dienststelle ist § 123 a Abs. 2 BRRG zu beachten. Trotz Einführung des BeamtStG ist § 123 a Abs. 2 BRRG weiter anwendbar, da das BeamtStG das II. Kapitel des BRRG nicht ersetzt und die Länder von ihrer Gesetzgebungskompetenz bezüglich dieser Regelungsinhalte bislang keinen Gebrauch gemacht haben.[618] Die Vorschrift findet auch auf kommunale Dienstverhältnisse Anwendung.[619] Danach können Beamte dann einer privaten Gesellschaft zugewiesen werden, wenn sie bisher in der zu privatisierenden Dienststelle – also dem Krankenhaus – beschäftigt waren und nun weiterhin in der privatisierten Einheit – also auch dem Krankenhaus – tätig werden sollen.[620] Eine Zustimmung des Beamten ist nicht erforderlich.[621]

Die Vorschrift ermöglicht eine Zuweisung nur im Rahmen der Reorganisation der Dienststelle und nur dann, wenn eine privatrechtliche Einrichtung der Öffentlichen Hand gebildet wird. Einrichtung der Öffentlichen Hand bedeutet,

---

615 BAG vom 19.09.2006, AZ: 1 ABR 2/06

616 Kalb in Hennssler/ Willemsen/ Kalb, Arbeitsrecht, § 5 ArbGG, RN 18; Leuchten in Tschöpe, Arbeitsrecht, Teil 1 A, RN 126

617 Preis in Müller-Glöge/ Preis/ Schmidt, Erfurter Kommentar, § 613a BGB, RN 67; Koch in Schaub, Arbeitsrechtshandbuch, § 119, RN 54

618 Plog/ Wiedow, Bundesbeamtengesetz, § 63 BeamtStG, RN 8

619 Lorenzen/ Schuster in Hoppe/ Uechtritz, Handbuch, § 12, RN 213

620 Schweibert/ Benkert in Weber/ Schäfer/ Hausmann, Public-Private-Partnership, § 9, Nr. 2.2.3

621 Augat in Wurzel/ Schraml/ Becker, Kommunale Unternehmen, Teil F, RN 9

dass der Dienstherr weiterhin einen beherrschenden Einfluss auf die Gesellschaft ausüben muss.[622] Somit ist eine Zuweisung nach dieser Vorschrift bei formellen Privatisierungen grundsätzlich zulässig, bei funktionalen Privatisierungen (je nach der konkreten Ausgestaltung unter dem Aspekt des beherrschenden Einflusses) nur bedingt und bei materiellen Privatisierungen nicht möglich.[623]

Bei der Zuweisung bleiben die Dienstherrenbefugnisse bei der zuweisenden Kommune, jedoch hat die privatisierte Einrichtung ein fachliches Weisungsrecht.[624] Im fachlichen Weisungsrecht liegt der entscheidende Unterschied zur oben angesprochenen allgemeinen Dienstleistungsüberlassung, weshalb die Zuweisung nach § 123 a Abs. 2 BRRG – soweit diese möglich ist – meist sinnvoller ist.

IV. Hinweise zur Vertragsgestaltung

Nachfolgend sollen einige Punkte hervorgehoben werden, auf welche bei der Vertragsgestaltung geachtet werden sollte. Diese Gesichtspunkte spielen grundsätzlich nur bei den Privatisierungsformen eine Rolle, bei welchen private Partner bzw. Erwerber beteiligt sind. Einzelne Gesichtspunkte können gleichwohl Berücksichtigung bei formellen Privatisierungen finden.

1. Kaufgegenstand

Wird der Kauf einer GmbH im Rahmen eines Share-Deals vollzogen, sind Kaufgegenstand die jeweiligen Geschäftsanteile.[625] In diesen Geschäftsanteilen ist die Mitgliedschaft, also die Gesamtheit der Rechte und Pflichten eines Gesellschafters, verkörpert.[626] Die gesellschaftsrechtliche Beteiligung des Veräußerers stellt somit unmittelbar den Kaufgegenstand dar.[627] Da lediglich ein Inha-

---

622 Lorenzen/ Schuster in Hoppe/ Uechtritz, Handbuch, § 12 RN 215

623 Schweiert/ Benkert in Weber/Schäfer/Hausmann, Public-Private-Partnership, § 9, Nr. 2.2.3

624 Lorenzen/ Schuster in Hoppe/ Uechtritz, Handbuch, § 12 RN 230 f

625 Streyl in Semler/ Volhard, Unternehmensübernahme, § 12, RN 2; Lips/ Stratz/ Rudo in Hettler/ Stratz/ Hörtnagl, Unternehmenskauf, § 4, RN 231

626 Streyl in Semler/ Volhard, Unternehmensübernahme, § 12, RN 2; Lips/ Stratz/ Rudo in Hettler/ Stratz/ Hörtnagl, Unternehmenskauf, § 4, RN 231

627 Picot in Picot, Unternehmenskauf, Teil I, RN 28; Lips/ Stratz/ Rudo in Hettler/ Stratz/ Hörtnagl, Unternehmenskauf, § 4, RN 230

berwechsel erfolgt, ist eine Bezeichnung der dahinterstehenden Wirtschaftsgüter entbehrlich.[628] Der Unternehmenskauf in Form eines Asset-Deal erfolgt hingegen durch die Übertragung der Gesamtheit der Wirtschaftsgüter, also sämtlicher Aktiva und Passiva.[629] Zur Bezeichnung des Kaufgegenstandes ist hier grundsätzlich ein deutlich höherer Aufwand zu erbringen, als beim Share-Deal, da sämtliche Aktiva und Passiva erfasst werden müssen.[630] Die Übereignung erfolgt im Wege der Singularsukzession.[631] Wegen des sachenrechtlichen Bestimmtheitsgrundsatzes genügt nicht die Bestimmbarkeit anhand außerhalb der Vereinbarung liegender Umstände, sondern die Einzelbestandteile des Unternehmens müssen klar, zweifelsfrei und unterscheidbar festgelegt werden.[632] Deshalb sollte das gesamte bilanzierte und nichtbilanzierte Anlage- und Umlaufvermögen lückenlos im Vertrag aufgelistet werden.[633] Sollte der Veräußerer bilanziert haben, so kann auf die Bilanz und das Inventarverzeichnis Bezug genommen werden.[634] Es empfiehlt sich dann, diese dem Vertrag als Anlage hinzuzufügen. Es ist zu beachten, dass Forderungen und Vertragsbeziehungen mit Dritten nicht automatisch auf den Erwerber übergehen, weshalb deren Übergang mit dem Dritten gesondert vereinbart werden muss.[635] Auch diese müssen individualisierbar sein. Anders als bei den beweglichen und unbeweglichen Wirtschaftsgütern genügt für die Übertragung die Bestimmbarkeit, weshalb eine individualisierbare Gruppenbezeichnung ausreichend ist.[636]

---

628 Picot, Mergers & Acquisitions, S. 213
629 Raddatz/ Nawroth in Eilers/ Koffka/ Mackensen, Private Equity, Teil I, RN 3; Picot in Picot, Unternehmenskauf, Teil I, RN 27; Lips/ Stratz/ Rudo in Hettler/ Stratz/ Hörtnagl, Unternehmenskauf, § 4, RN 275
630 Lips/ Stratz/ Rudo in Hettler/ Stratz/ Hörtnagl, Unternehmenskauf, § 4, RN 275
631 Picot, Mergers & Acquisitions, S. 211
632 Picot, Mergers & Acquisitions, S. 211; Raddatz/ Nawroth in Eilers/ Koffka/ Kackensen, Private Equity, Teil I, RN 3; BGH Urt.Vom 04.10.1993, AZ II ZR 156/92 in NJW 1994, 133, 134
633 Lips/ Stratz/ Rudo in Hettler/ Stratz/ Hörtnagl, § 4, RN 281
634 Semler in Hölters, Unternehmens- und Beteiligungskauf, Teil VII, RN 66; Picot, Mergers & Acquisitions, S. 211
635 Picot, Mergers & Acquisitions, S. 211; Lips/ Stratz/ Rudo in Hettler/ Stratz/ Hörtnagl, § 4, RN 303
636 BGH, Urteil vom 16.12.1957, AZ VII ZR 49/ 57 in BGHZ 26, 185, 189; Lips/ Stratz/ Rudo in Hettler/ Stratz/ Hörtnagl, § 4, RN 304; Looschelders, Schuldrecht, RN 1097

2. Verpflichtungen des Privaten

Zur Aufrechterhaltung der Qualität sollten die Pflichten des Privaten vertraglich fixiert werden.

a) Versorgungssicherheit

Vor dem Hintergrund der sich aus Art. 51 Abs. 3 Nr. 1 LKrO ergebenden Pflicht der Landkreise, die Krankenhausversorgung sicherzustellen, ist bei jeder Beteiligung Privater eine vertragliche Regelung zur treffen, welche den Privaten zu einer dauerhaften Gewährung einer bestimmten Versorgung verpflichtet. Dies kann durch Verpflichtung des Privaten zur Aufrechterhaltung einer bestimmten Versorgungsstufe erfolgen. Darüber hinaus sollte im Rahmen einer Leistungsbeschreibung bzw. Zielvereinbarung definiert werden, welche Leistungen erbracht, bzw. welche Ziele erreicht werden sollen. Insbesondere bei ÖPP können durch Leistungsbeschreibungen und Zielvereinbarungen in Verbindung mit einer leistungsorientierten Vergütung zusätzliche Anreize für den Privaten geschaffen werden. Eine exakte Beschreibung bzw. Vereinbarung kann so die öffentlichen Interessen sichern.

Bei Privatisierungen unter Beteiligung Privater besteht zum einen ein Insolvenzrisiko des privaten Betreibers oder zumindest das Risiko, dass dieser zu wenig investiert, wenn seine finanzielle Lage angespannt ist. Zum anderen ist es grundsätzlich möglich, dass ein privater Betreiber künftig nicht mehr alle bisherigen Fachrichtungen anbietet. Ein Grund hierfür kann sein, dass einige Fachbereiche nicht wirtschaftlich betrieben werden können. Deshalb ist es wichtig, dass im Rahmen der Privatisierung vertraglich geregelt wird, welche Leistungen vom Erwerber erbracht werden müssen und unter welchen Umständen Fachbereiche geschlossen und Betten abgebaut werden können.

Um die Vorteile, die sich aus der Flexibilität von Privaten ergeben, nicht zunichte zu machen, um weiter Innovationspotenziale zu wecken und um angemessen auf Entwicklungen des Marktes zu reagieren, empfiehlt es sich, die Leistungsbeschreibung ergebnisorientiert auszugestalten und dem Privaten Freiheiten bei der Art und Weise der Leistungserbringung einzuräumen.[637]

Die Kommune sollte darauf achten, dass sie sich bestimmte Kündigungs- bzw. – bei einem Erbbauvertrag – Heimfallrechte vorbehält, wenn die Leistungserbringung nicht wie gewünscht erfolgt. Der Heimfall als solches ist in § 2 ErbbauRG geregelt. Gründe für den Heimfall nennt die Vorschrift nicht, weshalb die Parteien vor dem Hintergrund der Vertragsfreiheit grundsätzlich jedes

---

637 Braun in Guggemos/ Thielen Loseblatt, Kapitel 6.2.1

Ereignis als den Heimfallgrund auslösend vereinbaren können.[638] Es kann beispielweise vereinbart werden, dass die Nichterbringung vorher definierter Leistungsmerkmale einen Kündigungs- bzw. Heimfallgrund darstellt. Durch solche Vereinbarungen können zum einen gesetzliche Kündigungsgründe konkretisiert werden, was der Vermeidung von späteren Meinungsverschiedenheiten dient.[639] Vor allem aber können zusätzliche Kündigungsgründe geschaffen werden. Bereits bei der Vertragsgestaltung sollte darauf geachtet werden, dass die Folgen der Vertragsbeendigung geregelt werden. Im Hinblick auf eine kontinuierliche Leistungserbringung sollten – je nach konkreter Privatisierung – beispielsweise Verpflichtungen zur Rückübereignung von Grundstücken, Regelungen zur Personalübernahme und eine Pflicht des Privaten zur Einweisung der Kommune in den Betrieb des Krankenhauses getroffen werden.[640] Neben Kündigungs- und Rücktrittsrechten können auch (die Voraussetzungen für) Vertragsstrafen gemäß §§ 339 ff BGB geregelt werden. Vertragsstrafen können gemäß § 2 Nr. 5 ErbbauRG auch Inhalt eines Erbbaurechts sein und sind insbesondere für Verstöße zu empfehlen, bei denen der Heimfall eine unverhältnismäßige Folge sein würde.[641] Vertragsstrafen und der Heimfall können als Konsequenz für die gleichen Verfehlungen vereinbart werden und dem Grundstückseigentümer kann ein Wahlrecht zwischen Heimfall und Vertragsstrafe eingeräumt werden.[642]

b) Verpflichtung zu Investitionen

Um den Werterhalt und eine Weiterentwicklung des Krankenhauses sicherzustellen, sollte eine Regelung über die Höhe der jährlichen Investitionsleistungen getroffen werden. Es empfiehlt sich, einen Betrag festzuschreiben, welcher – ggf. auch über öffentlich geförderte Investitionen hinaus – zu investieren ist. Für den Fall, dass die Investitionen nicht erbracht werden, ist die Regelung einer Vertragsstrafe sinnvoll. Wie auch bei anderen Geldzahlungen, sollte eine die Inflation berücksichtigende Steigerung vorgesehen werden.[643]

---

638 V. Oefele/ Winkler, Erbbaurecht, RN 4.78; Palandt, Bürgerliches Gesetzbuch, § 2 ErbbauRG, RN 5; Maaß in Bamberger/ Roth, BGB-Kommentar, § 2 ErbbauRG, RN 15, 17
639 Bauer, DÖV 1998, 95
640 Bauer, DÖV 1998, 89, 95 f; weitere Einzelheiten zur Vertragsbeendigung siehe unten bei 4.
641 V. Oefele/ Winkler, Erbbaurecht, RN 4.134
642 Linde/Richter, Erbbaurecht, RN 115; V. Oefele/ Winkler, Erbbaurecht, RN 4.134
643 Denkbar ist wie beispielsweise bei Indexmieten gemäß § 557 b BGB eine Koppelung an den vom Statistischen Bundesamt ermittelten Preisindex für die Lebenshaltung aller privaten Haushalte. Möglich sind aber auch andere Indizes

c) Sekundäraufgaben

Kommunale Unternehmen übernehmen regelmäßig Aufgaben oder Qualitäts-standards, welche sie nicht zu erfüllen verpflichtet sind. Beispielsweise haben manche Krankenhäuser und Reha-Einrichtungen angegliederte Schwimmbäder, welche sie zu bestimmten Uhrzeiten kostenlos oder kostengünstig der Allgemeinheit, Schulen oder Vereinen zur Verfügung stellen. Damit erfüllen sie teilweise auch Aufgaben der Landkreise (welche gemäß Art. 8 Abs. 1 S. 2 BaySchFG Sachaufwandsträger für die Schulen und somit auch Schulschwimmbäder sind) und Gemeinden (bei welchen Schwimmbäder unter die Aufgabe zur Schaffung von Einrichtungen zur Jugendertüchtigung und für den Breitensport gemäß Art. 57 Abs. 1 S. 1 GO zu subsumieren sind)[644]. Dazu wird ein Privater unter Umständen nicht bereit sein, da ihm regelmäßig nur Kosten und Arbeitsaufwand entstehen, er einer zusätzlichen Haftung ausgesetzt ist und – außer unter dem Aspekt der Öffentlichkeitsarbeit – keinen Nutzen daraus zieht.

Sollen diese bislang von dem öffentlichen Krankenhaus übernommenen Aufgaben auch von einem privaten Betreiber erfüllt werden, so ist eine vertragliche Regelung zu empfehlen. Hierbei sollten sich die Kreisräte vor der Privatisierung darüber im Klaren sein, welche nicht gewünschten Veränderungen nach der Privatisierung eintreten können. Zu denken ist beispielsweise an Umweltauflagen, soziale und gesellschaftliche Ziele oder – soweit dies rechtlich, insbesondere europarechtlich zulässig ist – die Beteiligung einheimischer Betriebe bei Baumaßnahmen, bei der Erbringung von Dienstleistungen oder bei der Lieferung von Speisen für die Küche.

d) Zusammenarbeit mit anderen Einrichtungen

Zum Zeitpunkt der Privatisierung sollte überlegt werden, mit welchen anderen Einrichtungen des Landkreises (oder im Landkreis) eine Zusammenarbeit gewünscht ist. Sollte es beispielsweise mehrere Krankenhäuser im Landkreis geben, wird jedoch nur ein Haus privatisiert, so könnte mit der Privatisierung auch eine Kooperation zwischen den Häusern vereinbart werden. Zu denken ist beispielsweise an eine Abstimmung des Bettenangebots oder die Schaffung bzw. den Erhalt gemeinsamer Einrichtungen. So kann es Sinn machen, dass mehrere Häuser ihre jeweiligen Apotheken zusammenfassen oder dass es für mehrere Einrichtungen eine gemeinsame Küche gibt. Zu denken ist hier an die Gründung einer gemeinsamen Catering-Gesellschaft oder auch an die gemeinsame Nutzung einer Kantine.

---

644 Bauer/ Böhle/ Ecker, Bayerische Kommunalgesetze, Art. 57 GO, RN 17

e) Schutz vor Kündigung durch den Privaten

Die Kommune muss sich davor schützen, dass der private Partner das Vertragsverhältnis zu Konditionen auflösen kann, welche den Interessen der Kommune
zuwiderlaufen. Deshalb sollte in den Verträgen geregelt werden, wann und unter
welchen Umständen der Private das Vertragsverhältnis kündigen kann und ob
sich hieran Entschädigungs- oder Schadenersatzansprüche knüpfen. Durch vertragliche Regelungen sollte sichergestellt werden, dass der Betrieb des Krankenhauses nach Beendigung der Vertragsbeziehungen mit dem Dritten möglichst
schnell, reibungslos und ohne die Vornahme größerer Investitionen fortgesetzt
werden kann.

3. Wahrung von Einflussmöglichkeiten

Bei allen Privatisierungsformen, an welchen ein Privater beteiligt ist, kann der
Landkreis mit diesem vereinbaren, dass er Einflussmöglichkeiten behält. Dies
können zum einen Informations-, zum anderen Zustimmungs- bzw. Geneh-
migungsrechte sein.[645] Eine ausdrückliche Verpflichtung der Kommune, eine
solche Vereinbarung zu treffen, besteht nicht. Bei funktionalen Privatisierungen,
wo gerade eine Zusammenarbeit mit dem Privaten stattfindet, müssen die Rechte der Partner geregelt werden, weshalb zwangsläufig zumindest Informationsrechte zu regeln sein werden. Bei materiellen Privatisierungen ist eine solche
Regelung von Rechten der Kommune nicht zwangsläufig. Jedoch ist der Kommune vor dem Hintergrund des kommunalen Sicherstellungsauftrages anzuraten,
dass sie sich dementsprechende Rechte einräumen lässt. Sinnvoll ist ein weiterer
Einfluss bei allen Privatisierungsformen insbesondere im Hinblick auf die
grundsätzliche Ausrichtung des Hauses, insbesondere zur Sicherstellung des
Versorgungsauftrages.[646] Die Regelungen können sich beispielsweise auf den
Abbau von Betten, die Sicherstellung der Grundversorgung, die Schließung oder
Umwidmung von Abteilungen, auf Belastungen eines ggf. vorhandenen Erbbaurechts, auf die Kündigung von Kooperationen mit Einrichtungen des Landkreises, auf wesentliche Umbaumaßnahmen, auf die Namensänderung der Klinik
u.ä. beziehen. Die Durchsetzung dieser Rechte kann durch einen Beirat erfolgen.[647] Dessen Befugnisse können die Parteien im Kauf- oder Erbbaurechtsver-
trag (oder einem stattdessen geschlossenen Vertrag) regeln. Sinnvollerweise ist

---

645 Bauer, DÖV 1998, 89, 94
646 Thier, Das Krankenhaus 2001, 875, 876
647 Bauer, DÖV 1998, 89, 94 f

zusätzlich eine Beiratsordnung aufzustellen, welche die interne Verfassung des Beirats (Besetzung, Beschlussfassung u.ä.) sowie dessen Befugnisse regelt.

4. Ansprüche des Privaten bei Vertragsbeendigung

Vorsicht ist geboten hinsichtlich Entschädigungs- bzw. Schadenersatzansprüchen des Privaten bei Vertragsbeendigung. Entschädigungsansprüche spielen insbesondere bei Erbbauverträgen eine Rolle, da bei ihnen eine Beendigung der Zusammenarbeit bereits anfänglich vorgesehen ist und weil bei diesen Verträgen Entschädigungen gesetzlich vorgesehen sind. Daher soll auf diesen Vertragstyp näher eingegangen werden. Bei Beendigung des Vertragsverhältnisses durch Zeitablauf oder bei Heimfall des Grundstücks an die Kommune hat der Grundstückseigentümer dem Erbbauberechtigten gemäß § 27 Abs. 1 S. 1 bzw. § 32 Abs. 1 S. 1 ErbbauRG eine angemessene Vergütung für das Erbbaurecht zu gewähren. Um die Belastung der Kommune möglichst gering zu halten und um Unklarheiten und Überraschungen möglichst zu vermeiden, sollten Vereinbarungen zur Vergütung getroffen werden. Es können Vereinbarungen über die Höhe und die Art der Zahlung getroffen werden, § 27 Abs. 1 S. 2 bzw. § 32 Abs. 1 S. 2 ErbbauRG. Eine Beschränkung bis hin zu einem Ausschluss sind möglich.[648]

Grundsätzlich ist bei Heimfall der Verkehrswert zu ersetzen, welcher sich aus dem tatsächlichen Wert des Bauwerks, dem Ertragswert des Erbbaurechts und dem Wert für den Rückerhalt der Bodennutzung zusammensetzt.[649] Der Autor hat in der Praxis regelmäßig in Erbbauverträgen die Regelung gefunden, dass sich die Höhe der Entschädigung nach dem Verkehrswert der vom Erbbauberechtigten errichteten Gebäude, bzw. bei Umgestaltung, nach der Werterhöhung richtet. Danach soll also lediglich die Werterhöhung des Bauwerkes berücksichtigt werden. In diesem Fall ist es für beide Vertragspartner sinnvoll, den Wert des Grundstücks und der Immobilie bei Vertragsschluss festzustellen und dies zu dokumentieren. Des Weiteren sollte im Vertrag geregelt werden, wer im Falle von Meinungsverschiedenheiten die Wertentwicklung zu ermitteln hat und nach welchem Verfahren dies zu erfolgen hat. Aus Sicht der Kommune ist es wichtig, in den Vertrag die Regelung aufzunehmen, dass den Erbbauberechtigten die Dokumentations- und Nachweispflichten für die Wertentwicklung treffen. Die Kommune sollte bei der Vertragsgestaltung darauf achten, dass die im

---

648 Maaß in Bamberger/ Roth, BGB-Kommentar, § 34 ErbbauRG, RN 2; Palandt, Bürgerliches Gesetzbuch, § 27 ErbbauRG, RN 3; v. Oefele/ Winkler, Erbbaurecht, RN 4.116

649 Maaß in Bamberger/Roth, BGB-Kommentar, § 34 ErbbauRG, RN 2; v. Oefele/ Winkler, Erbbaurecht, RN 4.115

Rahmen einer Investitionsverpflichtung – soweit eine solche vereinbart wird – erzielte Werterhöhungen nicht in Ansatz gebracht werden.

5. Namensgebung

Ein Krankenhaus entwickelt mit der Zeit eine bestimmte Reputation. Ist diese Reputation gering, so kann es hilfreich sein, neben einer Umstrukturierung auch einen neuen Namen zu wählen, um mit diesem die Veränderungen zu dokumentieren. Bei einem Haus mit hoher Reputation ist es hingegen sinnvoll, auch bei einem Wechsel des Eigentümers, die Konstanz des Krankenhaus durch die Beibehaltung des Namens oder von Elementen des Namens deutlich zu machen. So kann ein Krankenhaus unter Umständen bereits dann seinen Ruf verbessern, wenn der Name des Hauses ausgetauscht wird. Hat ein Haus beispielsweise den Ruf, dass die Verwaltung zu sehr Einfluss auf das Tagesgeschäft nimmt, so mag alleine die Gründung einer GmbH und deren Darstellung im Namen positive Auswirkungen haben.

Außerdem kann durch die Namenswahl die Verbindung zu Stadt oder Landkreis dokumentiert und transportiert werden. Im Rahmen der Privatisierung des Krankenhauses in Bad Tölz wurde mit Asklepios vereinbart, dass der Name „Stadtklinik" weiterhin Namensbestandteil bleibt. Die Klinik heißt heute „Asklepios Stadtklinik Bad Tölz". Dadurch wird bei vielen assoziiert, dass die Stadt Bad Tölz weiterhin in irgendeiner Weise auf die Klinik Einfluss ausübt. Dies ist ein gutes Beispiel dafür, dass es gelingen kann, über die Namensgebung bei Bürgern und Patienten die Wahrnehmung einer „eigenen" Klinik zu wecken. Der Gesichtspunkt der Namensgebung sollte auch bei formellen Privatisierungen Berücksichtigung finden.

E. Herausforderungen an den Gesetzgeber

Nachfolgend soll dargestellt werden, wie der Gesetzgeber bisher auf die Stärken Privater und die Schwächen der Öffentlichen Hand reagiert hat, mit welchen Entwicklungen er konfrontiert ist und welche weiteren Herausforderungen an den Gesetzgeber sich daraus ableiten lassen.

I. Bisherige Reaktionen des Gesetzgebers

Der Gesetzgeber hat in der Vergangenheit bereits häufig auf die Konkurrenz der Privatwirtschaft reagiert und war bemüht, deren Stärken für die Öffentliche Hand zu nutzen.

1. Kaufmännische Buchführung

Ein Vorteil der Privaten gegenüber der Öffentlichen Hand wurde von manchen darin gesehen, dass es in privaten Gesellschaften keine Kameralistik gibt, sondern eine kaufmännische Buchführung. Der Gesetzgeber hat deshalb mit § 3 S. 1 Hs. 1, 1 Abs. 1 S. 1 KHBV dafür gesorgt, dass auch alle öffentlichen Krankenhäuser ihre Bücher nach den Regeln der kaufmännischen Buchführung führen. Für Bereiche außerhalb des Krankenhauswesens hat der Gesetzgeber mit der Einführung der doppelten kommunalen Buchführung mit der KommHV Doppik vom 05.10.2007[650] diese Möglichkeit ebenfalls eröffnet. Für Bereiche außerhalb des Krankenhauswesens stellt der bayerische Gesetzgeber den Landkreisen in Art. 55 Abs. 4 LKrO aber frei, ob sie sich für Doppik oder Kameralistik entscheiden.

2. Wahl neuer Rechtsformen

Bis 1992 war es lediglich möglich, Krankenhäuser in der Rechtsform des Regie- und Eigenbetriebs zu führen. Zunächst erlaubte der Gesetzgeber im Jahr 1992 den Kommunen, private Rechtsformen zu wählen. Im Jahr 1998 eröffnete der Gesetzgeber durch Einführung der Art. 77 ff LKrO und durch Erlass der KUV die Möglichkeit zur Gründung von Kommunalunternehmen. Der Gesetzgeber hat erkannt, dass durch Einführung von Kommunalunternehmen eine öffentlich-rechtliche Alternative zur Privatisierung geschaffen wurde. Durch das Kommu-

---

650 Gesetz- und Verordnungsblatt für den Freistaat Bayern 2007, S. 678

nalunternehmen werden viele Vorteile privater Rechtsformen auch in der Form einer Anstalt des öffentlichen Rechts nutzbar. Das Bestehen von allein 14 Krankenhauszweckverbänden[651] in Bayern zeigt, welche Bedeutung Zusammenschlüsse über die Landkreisgrenzen hinweg haben. Bis zum Jahr 2004 war jedoch die interkommunale Zusammenarbeit lediglich in privater Rechtsform oder als Zweckverband möglich. Kommunalunternehmen konnten bis zu diesem Zeitpunkt nur einen Träger haben.[652] Mit Änderungsgesetz vom 26.07.2004[653] wurde mit Art. 2 Abs. 4, 49 ff KommZG eine Rechtsgrundlage für das gemeinsame Kommunalunternehmen geschaffen. Dadurch kann die Rechtsform des Kommunalunternehmens auch bei landkreisgrenzenüberschreitender Zusammenarbeit gewählt werden. In Art. 25 Abs. 1 S. 1 BayKrG wurde klargestellt, dass auch der Betrieb kommunaler Krankenhäuser als Kommunalunternehmen möglich ist.

Somit hat der Gesetzgeber aus den Stärken der privaten Träger gelernt. Er hat seinen Kommunen die Möglichkeiten eingeräumt, die wesentlichen privaten Rechtsformen zu wählen und darüber hinaus einige zusätzliche öffentlich-rechtliche Rechtsformen entwickelt. An dieser Entwicklung wird deutlich, wie die Konkurrenz durch private Träger die Entwicklung der Öffentlichen Hand vorantreibt.

3. Tarifvertrag

Es wurde dargestellt, dass das öffentliche Arbeitsrecht als sehr starr und unbeweglich empfunden wird. Als Reaktion darauf und auf Privatisierungsbestrebungen wurden der Bundes-Angestelltentarif (BAT) und der Mantel-tarifvertrag für die Arbeiterinnen und Arbeiter des Bundes und der Länder (MTArb) am 01.10.2005 durch den TVöD ersetzt.[654] Ziel des neuen Tarifvertrages war die Deregulierung und Flexibilisierung der Arbeitsverhältnisse, was beispielsweise durch flexiblere Arbeitszeiten und leistungsabhängige Lohnbestandteile erreicht wurde.[655] Auch hier war der Vergleich zu Arbeitnehmern der Privatwirtschaft ein auslösender Faktor.

651 Stichtag 1.1.2005, Schulz in Bauer u.a., Kommunalverwaltung, Band B2, Art. 1 KommZG Erl. 1
652 Schulz in Bauer u.a., Kommunalverwaltung, Band B2, Art. 49 KommZG Erl. 1
653 Gesetz- und Verordnungsblatt für den Freistaat Bayern 2004, S. 272
654 Lorenzen/ Schuster in Hoppe/ Uechtritz, Handbuch, § 12 RN 7 f
655 Lorenzen/ Schuster in Hoppe/ Uechtritz, Handbuch, § 12 RN 9; Dassau/ Langenbrinck, TVöD, S. 2

II. Künftige Entwicklungen

Es ist damit zu rechnen, dass sich der Preiskampf vor dem Hintergrund knapper Kassen und einer größeren Internationalisierung von Krankenhausleistungen in der Zukunft weiter verschärft. So stehen vor allem bei elektiven Eingriffen nicht nur die Krankenhäuser einer Region in Konkurrenz zueinander, sondern es besteht auch ein Wettbewerb mit europäischen und künftig vielleicht auch mit internationalen Häusern. Trotz der größeren Konkurrenz kann die Entwicklung dazu führen, dass Krankenkassen künftig ihre Budgets für elektive Leistungen an deutlich weniger Krankenhäuser vergeben werden. So gibt es bereits Überlegungen der Krankenkassen, Leistungen auszuschreiben und dem günstigsten Anbieter den Zuschlag zu erteilen.[656] Dies ist jedoch mit dem bisherigen gesetzlichen Rahmen noch nicht möglich.[657] Die Folge wird sein, dass die Häuser weiter ihre Kosten senken müssen, um auch bei solchen Ausschreibungen bestehen zu können. Darüber hinaus zeigen diese Überlegungen, dass eine Entwicklung hin zu einer größeren Spezialisierung ohne Alternative ist, da man davon ausgehen muss, dass ein Krankenhaus eine Ausschreibung nur bei denjenigen Eingriffen gewinnen wird, in welchen die eigenen Ärzte eine hohe Spezialisierung aufweisen und deshalb auch eine besondere Qualifikation nachweisen können.

---

656 www.aok-gesundheitspartner.de/imperia/md/content/gesundheitspartner/bund/krankenhaus/publikationen/elektiv_wird_selektiv_23_04_2007.pdf, Pkt. 3.2
657 www.aok-gesundheitspartner.de/imperia/md/content/gesundheitspartner/bund/krankenhaus/publikationen/elektiv_wird_selektiv_23_04_2007.pdf, Pkt. 3.2

III.Künftige Reaktionsmöglichkeiten des Gesetzgebers

1. Beteiligung Privater an Kommunalunternehmen

Natürliche und juristische Personen des Privatrechts können sich unter bestimmten Umständen gemäß Art. 17 Abs. 2 KommZG an Zweckverbänden beteiligen. Dies ist bei gemeinsamen Kommunalunternehmen (noch) nicht möglich, da in Art. 49 KommZG, anders als in Art. 17 Abs. 2 KommZG, Private nicht in der Aufzählung möglicher Beteiligter genannt werden.[658]

Diese Zurückhaltung des Gesetzgebers mag damit zusammenhängen, dass dem Kommunalunternehmen auch hoheitliche Aufgaben übertragen werden können. Dies sollte jedoch kein Hindernis darstellen, da eine Übertragung von Hoheitsaufgaben auch auf Zweckverbände möglich ist, bei welchen sich ebenfalls Private beteiligen können. Gerade vor dem Hintergrund eines Ausbaus von ÖPP mag es sinnvoll sein, die Vorteile von Kommunalunternehmen zu nutzen und trotzdem private Partner mit in die Gesellschaft zu holen.

2. Zusammenhang Kreisumlage – Bürgermeister im Kreistag

Als einer der Nachteile von Landkreisen wurde oben aufgeführt, dass diese keine eigenen Steuereinnahmen haben, sondern dass sie neben einzelnen Zuweisungen ihre Mittel im Wesentlichen über die Kreisumlage der Mitgliedsgemeinden erhalten. Außerdem sind die Kreistage regelmäßig mit Bürgermeistern und mit weiteren Personen besetzt, die primär das Wohl ihrer Gemeinden im Blick haben. Bei dieser Ausgangslage – bei der viele Beteiligte in jeder Landkreisaufgabe nur eine Belastung für ihre Heimatgemeinde sehen – mag es am einfachsten erscheinen, eine finanzielle Entlastung für die Gemeinden dadurch zu erzielen, dass ein Krankenhaus zu einem möglichst hohen Grad privatisiert wird. Dies sollte jedoch nicht der Maßstab bei einer Entscheidung für oder gegen eine Privatisierung sein. Die weiteren Konflikte, die sich aus dieser Gemengelage ergeben, wurden oben bereits ausführlich (siehe unter C. III.) dargestellt.

Eine Lösung ist eventuell dadurch zu erreichen, dass die Zusammensetzung von Kreistagen insoweit geändert wird, dass diejenigen Personen vom Amt ei-

---

658 Schulz in Bauer, Kommunalverwaltung, Band B2, Art. 49 KommZG, Erl. 3.1; Widtmann/ Grasser/ Glaser, Bayerische Gemeindeordnung, Art. 49 KommZG, RN 3

nes Kreisrates kraft Gesetzes ausgeschlossen werden, die ein besonderes Interesse am Wohl der kreisangehörigen Gemeinden haben. Dies sind vor allem die 1. Bürgermeister, ggf. aber auch die weiteren Bürgermeister. Im Extremfall wäre auch an Stadt- oder Gemeinderäte zu denken. Eine entsprechende Regelung gibt es hinsichtlich der Unvereinbarkeit des Amtes eines Landrates oder Bürgermeisters mit dem Abgeordnetenmandat im Bayerischen Landtag. Gemäß Art. 29 S. 1 Bayerisches Abgeordnetengesetz kann ein Beamter mit Dienstbezügen – wozu Landräte und Bürgermeister gemäß Art. 1 KWBG zählen – nicht Mitglied des Bayerischen Landtages sein. Es gilt aber zu bedenken, dass es umso schwieriger ist, geeignete Kandidaten für das Amt eines Kreisrates zu finden, je mehr – insbesondere kommunalpolitisch engagierte – Personen von der Wahrnehmung diesen Amtes ausgeschlossen werden. Um aber auf die Kompetenz dieser Personen nicht verzichten zu müssen und trotzdem eine Interessenkollision im Hinblick auf die Kreisumlage zu vermeiden, wäre es sinnvoll, den Landkreisen durch eine Umstrukturierung eigene Steuereinnahmen zuzuweisen. Dies würde den Charakter als eigene Gebietskörperschaft betonen und die Bürgermeister in weiten Teilen von Konflikten mit den Gemeindeinteressen befreien.

3. Einführung eines „negativen Konnexitätsprinzips"

Der Autor hält es für überlegenswert, die Mittelausstattung eines Landkreises an seinen Aufgaben auszurichten. Ein solches System könnte beispielsweise als „negatives Konnexitätsprinzip" bezeichnet werden. Das in Art. 83 Abs. 3 der Bayerischen Verfassung verankerte Konnexitätsprinzip besagt, dass der Staat Mittel zur Verfügung stellen muss, sobald er Aufgaben auf die Kommunen verlagert. Ein negatives Konnexitätsprinzip könnte eine Regelung sein welche besagt, dass ein Landkreis eine geringere Mittelausstattung erhält, wenn er Aufgaben an Private überträgt. Dies lässt sich damit begründen, dass die Kommune nach einer Aufgabenübertragung auch weniger Finanzmittel zur Erfüllung ihrer Aufgaben benötigt. Die Idee des „negativen Konnexitätsprinzips" hätte jedoch den Nachteil, dass Privatisierungen auch in den Fällen, in denen sie die wirtschaftlichere Alternative darstellen, verhindert würden, da die betroffenen Landkreise dadurch finanzielle Einbußen hinzunehmen hätten. Dies hätte zur Folge, dass Landkreise sich zulasten des Staates mit einer unwirtschaftlichen Alternative finanziell zu verbessern versuchen.

4. Transparente Darstellung der Schulden

Die „Flucht" in das Privatrecht wird teilweise auch gewählt, um Schulden im interkommunalen Vergleich nicht mehr auftauchen zu lassen. Dies führt dazu, dass die Politik ihren Bürgern ein positiveres Bild der Lage zeichnen kann (siehe unter C. II. 3. e). Daher sollte der Versuch unternommen werden, dieser Verschleierung des tatsächlichen Schuldenstandes durch eine größere Transparenz im interkommunalen Vergleich entgegenzuwirken. Eine solche größere Transparenz wäre zu erreichen, wenn auch in interkommunalen Vergleichen die mittelbar über Beteiligungen bestehenden Schulden bzw. die mit vergebenen Bürgschaften verbundenen Risiken offengelegt würden.

Allerdings muss man sich von der Vorstellung freimachen, dass Transparenz bis ins letzte Detail möglich wäre. Zum einen stellt sich heute bereits – ebenso wie nach einer etwaigen Reform – das Problem, dass bei den Verbindlichkeiten nicht zwischen rentierlichen und nichtrentierlichen Schulden unterschieden werden kann. Das Gleiche gilt für Verzerrungen, welche dadurch entstehen, dass manche Landkreise (beispielsweise aufgrund in gutem Zustand befindlicher Schulgebäude) bereits erhebliche Verbindlichkeiten eingegangen sind, welche bei anderen Kommunen erst noch anfallen. Eine größere Transparenz wäre aber dann zu erreichen, wenn Kommunen im Rahmen einer kaufmännischen Buchführung Rückstellungen bilden müssten. Fordert man, dass in einen interkommunalen Vergleich auch Bürgschaften aufzunehmen sind, so stellt sich hier das Problem, dass keine seriösen und vergleichbaren Angaben zur Wahrscheinlichkeit des Entstehens einer Zahlungsverpflichtung gemacht werden können. Somit sind Verbesserungen zur jetzigen Situation denkbar, jedoch wird es schwerlich möglich sein, eine völlig transparente und für alle Bürger verständliche Darstellung zu erreichen.

F.　Thesen

1. These:

Das Phänomen der Privatisierung entzieht sich durch seine fortschreitende Verwirklichung zunehmend selbst die Begründung. Die Konkurrenz der Privaten und die Gefahr der Privatisierung führen dazu, dass sich auch öffentlich geführte Krankenhäuser die Stärken der Privaten zu Eigen machen. Diese Entwicklung wird dadurch verstärkt, dass der Gesetzgeber den öffentlichen Trägern in zunehmendem Maß Möglichkeiten und Freiheiten eingeräumt hat, wie beispielsweise die Einführung des Kommunalunternehmens gemäß Art. 74 Nr. 2, 77 ff LKrO, §§ 1 ff KUV und die Ergänzung um das gemeinsame Kommunalunternehmen gemäß Art. 2 Abs. 4, 49 ff KommZG.

2. These:

Die meisten Kreisräte legen im Rahmen ihrer ehrenamtlichen Tätigkeit einen übermäßigen Schwerpunkt auf örtliche Belange. In der Folge vertreten sie häufig weniger die Interessen des Landkreises oder eines landkreiseigenen Unternehmens, sondern die – davon oft abweichenden – Interessen einer Gemeinde. Dies ist insbesondere durch die Kreisumlage (gemäß Art. 18 ff FAG) verursacht. Die Interessenwahrnehmung von Gemeindeinteressen in Gremien oder Gesellschaften des Landkreises kann dann verringert werden, wenn dem Landkreis eigene Steuereinnahmen zugeteilt werden.

3. These:

Ein Bürgerentscheid hat gemäß Art. 12a Abs. 12 S. 1 LKrO die Wirkung eines Kreistagsbeschlusses. Deshalb können Entscheidungen eines kommunalen Vertreters in einem Unternehmen, an welchem der Kreistag nicht alleine beteiligt ist, ebenfalls durch Bürgerentscheid getroffen werden. In diesem Fall muss der Bürgerentscheid auf die Verpflichtung des Vertreters in der Gesellschafterversammlung auf ein bestimmtes Abstimmungsverhalten gerichtet werden.

4. These:

Mit der Privatisierung eines Krankenhauses geht in der Verwaltung der Gebietskörperschaft regelmäßig auch der Sachverstand bezüglich der privatisierten Bereiche verloren. Deshalb ist die Einführung eines Beteiligungsmanagers als eigenständige Einrichtung oder als Teil des Landkreis-Controllings unentbehrlich, um die Interessen des Landkreises als Gesellschafter wahrzunehmen oder die Arbeit der vom Landkreis entsandten Aufsichtsräte zu unterstützen.

5. These:

Erst die private Rechtsform ermöglicht eine freie Entscheidung darüber, welche Kontroll- und Einwirkungsmöglichkeiten die Politik selbst ausüben soll und welche ihr entzogen werden. Kreisräte können auch bei in privater Rechtsform geführten Krankenhäusern vergleichbare Kontroll- und Einwirkungsmöglichkeiten wie in öffentlich-rechtlichen Strukturen haben. Ob dies sinnvoll und im Sinne des Krankenhauses ist, muss die Kommune selbst entscheiden. Diesen Entscheidungsspielraum ist jedoch nur bei Häusern in privater Rechtsform eröffnet.

6. These:

Die größere Selbständigkeit des Geschäftsführers einer GmbH im Vergleich zu dem Werkleiter eines Eigenbetriebs zeigt sich unter anderem darin, dass der Geschäftsführer gemäß § 35 GmbHG zur umfassenden Geschäftsführung und zur Vertretung der Gesellschaft befugt ist. Demgegenüber ist die Selbständigkeit des Werkleiters auf den Umfang der „laufenden Geschäfte" i.S.d. Art. 76 Abs. 3 S. 1 LKrO beschränkt.

7. These:

Dem Kreistag kann im Gesellschaftsvertrag wegen der Abdingbarkeit des § 52 Abs. 1 GmbHG ein Weisungsrecht gegenüber dem Aufsichtsrat eingeräumt werden, wenn es sich um einen fakultativen Aufsichtsrat handelt und wenn sich das Weisungsrecht auf Aufgaben bezieht, welche dem Aufsichtsrat über den Kern seiner Überwachungsaufgaben hinaus übertragen worden sind.

8. These:

Im Krankenhaussektor sind Leistungen zwischen einem formell privatisierten Krankenhaus und dem Alleingesellschafter Landkreis regelmäßig als Inhouse-Geschäfte von den Vorgaben des Vergaberechts befreit.

9. These:

Das Kartellrecht findet auch auf Krankenhäuser Anwendung. Aus der Privatisierung eines Hauses ergeben sich jedoch keine kartellrechtlich relevanten Änderungen.

10. These:

Klauseln in Arbeitsverträgen, wonach sich das Arbeitsverhältnis nach einem Tarifvertrag in seiner jeweils geltenden Fassung bestimmt, wirken auch nach einem Betriebsübergang dynamisch fort.

11. These:

§ 126 Abs. 3 UmwG, welcher ausdrücklich nur Betriebsräte nennt, ist auch auf Personalräte anwendbar. Demnach muss im Rahmen eines Privatisierungsprozesses auch dem bestehenden Personalrat der Spaltungs- und Übernahmevertrag zugeleitet werden.

12. These:

Mit der Privatisierung endet das Amt eines Personalrats nicht. Wegen Art. 1 Nr. 1 lit. c), 6 Abs. 1 RL 2001/23/EG sind Personalräte insoweit den Betriebsräten gleichzustellen. Bis zur Neuwahl des Betriebsrates im Rahmen der neuen Rechtsform nimmt der Personalrat das Übergangsmandat wahr.

13. These:

Krankenhäuser sind von „allgemeinem wirtschaftlichen Interesse" im Sinne des gemeinschaftsrechtlichen Vergaberechts. Deshalb ist ein Defizitausgleich im

Rahmen des Monti-Pakets möglich, wodurch die Notifizierungspflicht gemäß §
87 ff EG entfällt.

14. These:

Krankenhäuser in privater Rechtsform erhalten keine günstigeren Kreditkonditionen als Eigenbetriebe. Sie haben jedoch im Hinblick aufgrund geringerer Beteiligungserfordernisse ihrer Gremien eine größere Flexibilität bei der Kreditaufnahme. Krankenhäuser im Eigentum privater Träger unterliegen hingegen regelmäßig einer genaueren Kontrolle durch den Kreditgeber. Relativiert wird die Flexibilität bei Eigengesellschaften dann, wenn diese von der Kommune Sicherheiten benötigen und aufgrund der Höhe der Sicherheit eine Genehmigung der Rechtsaufsichtsbehörde erforderlich ist oder wenn wegen dementsprechender Regelungen in der Satzung Gesellschafter oder Aufsichtsräte zu beteiligen sind.

15. These:

Krankenhäuser in öffentlich-rechtlicher Trägerschaft sind, unabhängig von ihrer Rechtsform, in der Regel körperschaftsteuerbefreit, Krankenhäuser in privater Rechtsform hingegen häufig nicht. Entscheidendes Kriterium ist dabei das der Selbstlosigkeit i.S.d. § 55 AO.

16. These:

Krankenhäuser in öffentlich-rechtlicher Trägerschaft sind dann von der Umsatzsteuer befreit, wenn sie in öffentlich-rechtlicher Rechtsform betrieben werden. Krankenhäuser in privater Rechtsform werden – unabhängig von der Trägerschaft – dann gemäß § 4 Nr. 14 lit. b) S. 2 UStG von der Umsatzsteuer befreit, wenn sie eine Zulassung nach § 108 SGB V – also beispielsweise als Plankrankenhaus – haben.

17. These:

Die Rechtsform und die Trägerschaft des Krankenhauses haben keine Auswirkung auf die Grundsteuerpflichtigkeit des Krankenhauses, da ausschlaggebend alleine das Vorliegen der Voraussetzungen der §§ 51 ff AO ist.

18. These:

Krankenhäuser in öffentlich-rechtlicher Rechtsform sind grundsätzlich von der Gewerbesteuer befreit, außer wenn sie mit Gewinnerzielungsabsicht betrieben werden. Für Krankenhäuser in privater Rechtsform gilt dies gemäß § 3 Nr. 20 lit. b GewStG nur dann, wenn die Voraussetzungen des § 67 AO vorliegen.

Anhang: Der Ablauf einer Privatisierung anhand praktischer Beispiele

Die Arbeit wurde stark durch die Privatisierungen der Krankenhäuser in Bad Tölz und Wolfratshausen beeinflusst. Auf Praxisbeispiele wird an verschiedenen Stellen Bezug genommen. Um diese Beispiele in einen Kontext einordnen zu können, wird nachfolgend die Entwicklung dieser beiden Krankenhäuser dargestellt. Dabei erhebt die Darstellung jedoch keinen Anspruch auf Vollständigkeit.

I. Eine funktionale Privatisierung am Beispiel der Asklepios Stadtklinik Bad Tölz

1. Geschichte und Entwicklung des ehemaligen Städtischen Krankenhauses in Bad Tölz bis zu seiner Privatisierung:

1822	Gründung einer „bürgerlichen Krankenanstalt"[659]
1842	Der Tölzer Magistrat überträgt die Krankenpflege dem Orden der Barmherzigen Schwestern vom heiligen Vinzenz von Paul.[660]
1860/ 1861	Errichtung des Städtischen Krankenhauses am Standort Oberes Griesfeld; Es gab einen Trakt für 30 Kranke und gesonderte Räume für „Separatkranke" und Geisteskranke.[661]
1881/1882	Erweiterung des Gebäudes durch zwei Seitenflügel[662]
1898/1899	Aufstockung des Gesamtgebäudes und Erhöhung der Bettenzahl auf ca. 100[663]

---

659 http://www.asklepios.com/badtoelz/Patienteninformationen/Historie.html
660 http://www.asklepios.com/badtoelz/Patienteninformationen/Historie.html
661 http://www.asklepios.com/badtoelz/Patienteninformationen/Historie.html
662 http://www.asklepios.com/badtoelz/Patienteninformationen/Historie.html
663 http://www.asklepios.com/badtoelz/Patienteninformationen/Historie.html

1950/ 1951	Erweiterung um einen Bettentrakt und 54 zusätzliche Betten[664]
1968	Einweihung des Schwesternwohnheims[665]
1983	Aufgrund Nachwuchsmangels verließen die letzten Ordensschwestern Bad Tölz[666]
1982	Erwerb eines neuen Grundstücks in der Schützenstraße zur Errichtung eines neuen Krankenhausgebäudes[667]
1.1.1986	Inkrafttreten der Zweckvereinbarung vom 18.12.1985 zwischen der Stadt Bad Tölz und dem Landkreis Bad Tölz-Wolfratshausen wonach der Landkreis 75% des nicht gedeckten Investitionsaufwandes und der nicht gedeckten Betriebskosten trägt. Dafür werden dem Landkreis weitgehende Rechte eingeräumt, wie beispielsweise ein Zustimmungserfordernis zu Investitionen ab einem Beschaffungswert von 50.000,00 DM oder bei Anstellung, Ernennung und Entlassung von Chefärzten, Zustimmungsbedürftigkeit zur Vermietung, Verpachtung oder Veräußerung von Grundstücksflächen oder Gebäudeteilen, Genehmigungserfordernis des Kosten- und Finanzierungsplans für das Neubauprojekt und der Wirtschaftspläne.[668] Der Abschluss der Zweckvereinbarung wurde zuvor von Stadtrat und Kreistag beschlossen.
15.07.1988	Übertragungsverpflichtung zwischen Stadt Bad Tölz und Landkreis Bad Tölz-Wolfratshausen: Für den Fall, dass die Stadt Bad Tölz zu einem späteren Zeitpunkt die Trägerschaft für das neu errichtete Krankenhaus an einen privaten Träger abgeben möchte hat der Landkreis diesbezüglich ein vorrangiges Zugriffsrecht.[669]

664 http://www.asklepios.com/badtoelz/Patienteninformationen/Historie.html

665 http://www.asklepios.com/badtoelz/Patienteninformationen/Historie.html

666 http://www.asklepios.com/badtoelz/Patienteninformationen/Historie.html

667 Asklepios Intern, Hauszeitschrift der Asklepios-Kliniken-GmbH, Königstein-Falkenstein, Frühjahr 2002, S. 51

668 Zweckvereinbarung zwischen der Stadt Bad Tölz und dem Landkreis Bad Tölz-Wolfratshausen

669 Übertragungsverpflichtung samt Zweckvereinbarung zwischen der Stadt Bad Tölz und dem Landkreis Bad Tölz-Wolfratshausen, siehe auch Sueddeutsche Zeitung vom 17./18.02.2001

1990	Inbetriebnahme des neuen Städtischen Krankenhauses mit 301 Betten in der Schützenstraße Bad Tölz[670] und Eingliederung des bisherigen Versorgungskrankenhauses[671]
19.12.1991	Zweckvereinbarung zu den Personalwohnungen im Ostbau
26.11.1991	Öffentliche (Ö) Sitzung des Stadtrates:

Einigen „Ergänzungen zur Zweckvereinbarung über die Beteiligung des Landkreises an den Kosten des Städt. Krankenhauses Bad Tölz vom 18.12.1985" wird zugestimmt.[672]

01.09.1997	Ö Sitzung des Landkreis Krankenhausausschusses(im Folgenden „KKH Ausschuss"):

Der Krankenhausausschuss[673] des Landkreises stellt fest, dass kein Bedarf für einen Erwerb oder eine Anmietung des Anwesens Prof.-Max-Lange-Klinik (nachfolgend als „Lange-Klinik" bezeichnet) besteht.[674]

15.03.1999	Nichtöffentliche (NÖ) Sitzung des Städtischen KKH Ausschusses:

Beratung über zukünftiges KKH Management. Ärztlicher Direktor und Krankenhausdirektor sollen auf ihren jeweiligen Schienen Auskünfte über Interessenten einholen.

27.04.1999	NÖ Sitzung des Stadtrates:

Auswahl des künftigen Klinikmanagements. Der Stadtrat beschließt das Klinikmanagement des Städtischen Krankenhauses an die Asklepios Kliniken GmbH (im Folgenden „Asklepios") zu vergeben.[675]

---

670 http://www.asklepios.com/badtoelz/Patienteninformationen/Historie.html
671 http://www.asklepios.com/badtoelz/Patienteninformationen/Historie.html
672 Protokoll der öffentlichen Sitzung des Stadtrates vom 26.11.1991
673 Die ausführliche Bezeichnung des Ausschusses lautet: Ausschuss für Krankenhäuser, Pflegeheime und soziale Einrichtungen
674 Protokoll der nichtöffentlichen Sitzung des Krankenhausausschusses des Landkreises vom 01.09.1997
675 Protokoll der nichtöffentlichen Sitzung des Stadtrates vom 27.04.1999

07.06.1999   Zweckvereinbarung zur Krankenpflegeschule

08.06.1999   NÖ Sitzung des Städtischen KKH Ausschusses:

Ergänzungen, Anregungen und Änderungen zum KKH-Management-Vertrag mit Asklepios, Empfehlung an den Stadtrat, dem Entwurf zuzustimmen.[676]

29.06.1999   NÖ Sitzung des Stadtrates:

Auswahl eines von Asklepios vorgeschlagenen Kandidaten für den Posten des Geschäftsführers. Die Wahl fällt auf Herrn Mehren.[677]

August 1999   Übertragung der Betriebsführung an die Asklepios Kliniken GmbH.[678] Als Grund hierfür wird genannt, dass das Krankenhaus regelmäßigen Zuschussbedarf hatte und der Landkreis Druck im Hinblick auf eine Verbesserung der Situation ausübte.[679]

19.10.1999   NÖ Sitzung des Städtischen KKH Ausschusses:

Tätigkeitsbericht des KKH Direktors seit Übernahme der Betriebsführung durch Asklepios.

08.02.2000   NÖ Sitzung des Städtischen KKH Ausschusses:[680]

Umwandlung der Küche in eine GmbH. Die SKH Catering wird als 100%-ige Tochtergesellschaft der Stadt geführt. Krankenhausdirektor Mehren soll zum Geschäftsführer der „SKH Catering GmbH" bestellt werden.

Sommer 2000   Es zeichnet sich ab, dass der Freistaat Bayern die an das Städtische Krankenhaus angrenzende Lange-Klinik – eine Klinik und Kurbetrieb für Kriegsversehrte – nicht dauerhaft weiterführen wird. Dies setzt die Stadt Bad Tölz in Zugzwang. Eine Übernahme ist schwierig, insbesondere da der Freistaat einen Verkauf an

---

676   Protokoll der nichtöffentlichen Sitzung des Stadtrates vom 08.06.1999
677   Protokoll der nichtöffentlichen Sitzung des Stadtrates vom 29.06.1999
678   http://www.asklepios.com/badtoelz/Patienteninformationen/Historie.html
679   Süddeutsche Zeitung, Tölzer Neueste Nachrichten, 28.12.2001
680   Protokoll der nichtöffentlichen Sitzung des Stadtrates vom 08.02.2000

die Übernahme der ca. 80 Beschäftigten koppelte. Asklepios, welche die Betriebsführung des Städtischen Krankenhauses übernommen hatte, wird mit der Erstellung eines Konzeptes zur Einbindung der Lange-Klinik beauftragt.[681]

06.02.2001 NÖ Sitzung des Städtischen KKH Ausschusses:

Vorstellung der von Asklepios erarbeiteten Konzepte zur Einbindung der Lange-Klinik:

Ziel ist, unter Einbindung der angrenzenden Lange-Klinik ein Gesundheitszentrum mit Krankenhaus, Ärztehaus (9 Praxen), Privatklinik (30-40 Betten), vollstationäre Altenpflege mit Kurzzeitpflege (25 Betten) sowie eine Rehabilitationseinrichtung (10 Betten) zu schaffen.

Es werden zwei Modelle vorgestellt:

Das erste Modell sieht vor, dass die Stadt vom Freistaat die Lange-Klinik kauft, die Mitarbeiter übernimmt und die Trägerschaft für das gesamte Gesundheitszentrum an Asklepios überträgt.

Nach dem zweite Modell (sog. „große Lösung") kauft die Stadt das Areal der benachbarten Lange-Klinik, bestellt der Asklepios-Gruppe am Städtische Krankenhaus sowie an der Lange-Klinik ein Erbbaurecht und überträgt Asklepios die Trägerschaft. Asklepios soll im Gegenzug den Kaufpreis für die Lange-Klinik sowie die Umbaukosten bezahlen. Die rund 10 bis 13 Mio. DM Kosten für den Kauf des 5,5 Hektar großen Lange-Klinik Areals sowie den Umbau würden von Asklepios getragen, die auch alle 580 Mitarbeiter (der beiden Kliniken) übernehmen würde.[682]

Der Ausschuss empfiehlt dem Stadtrat das zweite Modell.

14.02.2001 Gemeinsame NÖ Sitzung von Kreisausschuss und des Landkreis KKH Ausschuss:[683]

---

681 Süddeutsche Zeitung, Tölzer Neueste Nachrichten, 28.12.2001
682 Tölzer Kurier vom 08.02.2001
683 Protokoll der nichtöffentlichen Sitzung des Kreisausschusses und des Landkreis KKH Ausschusses

Der Freistaat will die Versorgung durch die Lange-Klinik nur bis Ende 2003 aufrecht erhalten. Zwischenzeitlich hat Asklepios ein Nutzungskonzept für die Lange-Klinik erstellt. Dieses wird vorgestellt und diskutiert.

16.02.2001   Es stellt sich heraus, dass Stadt und Landkreis übersehen hatten, dass der Landkreis einer Privatisierung zustimmen muss. Eine solche Verpflichtung ergibt sich aus der notariellen Übertragungsverpflichtung aus dem Jahr 1988.[684]

17.02.2001   Diskussion in der lokalen Presse[685] mit Betriebsräten von vier Kliniken, die von Asklepios übernommen wurden. Bei grundsätzlich positiven Äußerungen über die Privatisierung wird die Bedeutung eines Tarifüberleitungsvertrages, durch welchen die Sicherung der Zusatzversorgung und des BAT in der jeweils gültigen Fassung, geregelt werden sollte, betont. Außerdem ist es nach Ansicht eines der Betriebsräte positiv, dass Asklepios, anders als beispielsweise die Rhön-Kliniken nicht börsennotiert sei. Dies wirke sich positiv auf das Personal aus.

21.02.2001:   Berichterstattung im Tölzer Kurier: „Grünes Licht für die Privatisierung des Städtischen Krankenhauses in Bad Tölz sowie der Lange-Klinik: Der Stadtrat stimmte gestern einvernehmlich für das vorgelegte Konzept." Ein Alternativvorschlag sieht vor, dass der Freistaat die Lange-Klinik 2005 abgibt und ohne Personal an die Stadt für 18,8 Mio. Euro übergibt. Dieser wird abgelehnt, da wegen der bevorstehenden Änderungen im Gesundheitssystem (Einführung des neuen Entgeltsystems) baldiger Handlungsbedarf gesehen wird und deshalb der Umbau der Stadtklinik mit Akuthaus, Privatklinik, Ärztehaus sowie Pflege- und Rehaeinrichtung möglichst bald erfolgen soll. Außerdem müsste die Stadt bei dieser Alternative Kaufpreis und Umbaukosten selbst tragen. Bei der befürworteten Lösung würden diese von Asklepios übernommen.

Der Bürgermeister sicherte (erneut) zu, dass sowohl die Zusatzversorgung als auch der BAT vertraglich so lange festgeschrieben werden sollen, wie das betroffene Personal dies mehrheitlich wünscht.

---

684   Tölzer Kurier vom 16.02.2001
685   Tölzer Kurier vom 17./ 18.02.2001

20.02.2001   Ö Sitzung des Stadtrates:[686]

Der Stadtrat folgt in einem Grundsatzbeschluss der Empfehlung des KKH Ausschusses, die „große Lösung" mit Bestellung eines Erbbaurechts und Übertragung der Trägerschaft an Asklepios weiterzuverfolgen.

Vorangegangen war eine ausführliche Diskussion. Von Seiten einzelner Stadträte wird Kritik laut, dass das neue Konzept mit Akutkrankenhaus und Privatklinik einer Zwei-Klassen-Medizin Vorschub leiste, in welcher nur bei entsprechender Bezahlung eine ausreichende Nachsorge gewährleistet sei.

Zu der von anderen Stadträten vorgetragenen Sorge, dass das Gesundheitszentrum örtlichen Kurmittelanbietern und Krankengymnasten Patienten abwerben könnte, äußert sich der Vertreter von Asklepios, dass es nicht Aufgabe einer Klinik sei, ambulante Patienten zu behandeln, sondern stationäre und dass deshalb keinem Ortsansässigen Arbeit weggenommen werde.

22.02.2001   Personalversammlung im Städtischen KKH:

Der Bürgermeister bekräftigt, dass er seine Zusage betreffend der Beibehaltung des BAT und der Zusatzversorgung durch Asklepios einhalten werde.[687]

Es werden Spannungen zwischen Personalrat und Gewerkschaft deutlich. Erstere wollen einen Personalüberleitungsvertrag, letztere einen Personalüberleitungstarifvertrag. Der Personalrat will mit dem Vertrag Vereinbarungen treffen, die mit einem Tarifvertrag nicht geregelt werden können. Außerdem wehrt sich der Personalrat gegen einen ausschließlichen Personalvertretungsanspruch der Gewerkschaften.

21.03.2001   Ö Sitzung des Kreisausschusses und des Landkreis KKH Ausschusses:[688]

---

686   Tölzer Kurier vom 21. und vom 22.02.2001
687   Süddeutsche Zeitung vom 23.02.2001
688   Protokoll der öffentlichen Sitzung des Kreisausschusses und des Landkreis KKH Ausschusses vom 21.03.2002

Die SPD-Fraktion stellt den Antrag, dass der Landkreis die Möglichkeit der Zweckvereinbarung ergreifen soll und bei Abgabe der Trägerschaft von der Stadt an einen Privaten selbst die Trägerschaft übernehmen soll. Die Kreisklinik soll in ein Gesamtkonzept eingebettet werden.

Nach Auskunft des Tölzer Bürgermeisters sei Grundbedingung der Privatisierung, dass die Grund- und Regelversorgung weiterhin gewährleistet wird und dass damit das Krankenhaus nicht in eine Spezialklinik umgewandelt werden könne. Den Erbpachtzins in monatlich vier- bis fünfstelliger Höhe sollen zu je 50% Stadt und Landkreis erhalten.

Auf Nachfrage erläutert der 2. Bürgermeister der Stadt Bad Tölz, welcher gleichzeitig Kreisrat ist, dass Hauptgrund für den angedachten Trägerwechsel die anfallenden Investitionskosten im Rahmen der Übernahme der Lange-Klinik seien.

Der Tölzer Bürgermeister erklärt, dass die Stadt noch nicht mit dem Betriebsrat der Lange-Klinik gesprochen habe. Es bestehe eine dahingehende Vorgabe des Sozialministeriums, da noch keine Verträge bestehen und die Stadt deshalb nicht Arbeitgeber sei.

Von Seiten eines Kreisrates wird betont, dass es wichtig sei, zu klären, durch welche Sicherheiten und unter welchen Bedingungen die Versorgungssicherheit im Südlandkreis dauerhaft gewährleistet werden könne.

04.04.2001   Ö Sitzung des Kreistages:[689]

Beschluss: „Der Kreistag beauftragt den Landrat mit der Stadt Bad Tölz und der Firma Asklepios GmbH zu verhandeln, um eine Zustimmung zum Trägerwechsel des Städtischen Krankenhauses Bad Tölz auf die Asklepios GmbH zu erteilen, insoweit der Landkreis nicht selbst in die Übernahme des Krankenhauses eintritt, sondern die Erfüllung der Kreisaufgabe dadurch gesichert sieht, dass eine im Grundbuch am Erbbaurecht einzutragende Dienstbarkeit auf Dauer sicherstellt, dass das KKH als Akutkrankenhaus der Versorgungsstufe II mit 301 Betten und die Berufsfachschule

---

689   Protokoll der öffentlichen Sitzung des Kreistages vom 04.04.2001

für Krankenpflege mit 60 Ausbildungsplätzen weitergeführt werden."

02.10.2001   NÖ Sitzung des Städtischen KKH Ausschusses:

Der Ausschuss empfiehlt dem Stadtrat, dem vorgelegten Entwurf des „Vertrages über die Übernahme und Fortführung des Städtischen KKH Bad Tölz und die Bestellung eines Erbbaurechtes zwischen der Stadt Bad Tölz, dem Landkreis Bad Tölz-Wolfratshausen, der Asklepios Stadtklinik Bad Tölz GmbH i.G. (im Folgenden „Asklepios Stadtklinik" – nach Eintragung in das Handelsregister ohne den Zusatz „i.G.") sowie der Asklepios Kliniken GmbH" zuzustimmen.

Der Ausschuss empfiehlt dem Stadtrat, dem vorgelegten Entwurf des Personalüberleitungsvertrages zwischen der Stadt Bad Tölz und der Asklepios Stadtklinik zuzustimmen.

Der Ausschuss empfiehlt dem Stadtrat, dem vorgelegten Entwurf des Grundstückskaufvertrages „Prof.-Max-Lange-Klinik" zuzustimmen.

23.10.2001   Ö Sitzung des Stadtrates Bad Tölz:[690]

Die für die Privatisierung erforderlichen Beschlüsse werden gefasst. Den Verträgen liegt die Idee eines Gesundheitszentrums zugrunde.

Der Stadtrat stimmt den Entwürfen des Vertrages über die Übernahme und Fortführung des Städt. KKH Bad Tölz und der Bestellung eines Erbbaurechtes zwischen der Stadt Bad Tölz, dem Landkreis Bad Tölz-Wolfratshausen, der Asklepios Stadtklinik und Asklepios sowie der Beiratsordnung zu. Ebenso wird dem Personalüberleitungsvertrag zwischen der Stadt und Asklepios Stadtklinik und dem Grundstückskaufvertrag zwischen dem Freistaat Bayern, der Asklepios Stadtklinik, der Stadt Bad Tölz und Asklepios für die Lange-Klinik zugestimmt.

---

690   Tölzer Kurier vom 24.10.2001

Von den insgesamt 5,5 Hektar Grund werden 3,2 Hektar mit Lange-Klinik und Wohnheim vom Freistaat direkt an Asklepios verkauft.

Entgegen den ursprünglichen Planungen kann Asklepios die Lange-Klinik als „leere Immobilie" kaufen. Es bestehen keine Verpflichtungen bezüglich des Personals. Die Personalfragen werden vom Freistaat Bayern geregelt. Die Nutzung als Versorgungskrankenhaus soll noch bis Ende 2004 fortgesetzt werden.[691]

Der künftige Betrieb obliegt der Asklepios Stadtklinik.

07.11.2001   NÖ Sitzung des Kreis- und des Landkreis KKH Ausschusses:

Mehr als vier Stunden werden grundsätzliche Fragen zu einer Privatisierung sowie die konkreten Vertragsentwürfe diskutiert. Ein Beschluss wird nicht gefasst.[692]

Landrat und Verwaltung werden zu weiteren Verhandlungen mit Stadt und Asklepios beauftragt. Dabei sollte es insbesondere um drei Bedingungengehen:

Die Kooperationsverträge mit der Klinik Wolfratshausen sollten bis 2008 uneingeschränkt fortgesetzt werden.
Der Landkreis sollte angemessen am Erbbauzins beteiligt werden. Probleme sind entstanden, da der Erbbauzins die ersten 10 Jahren mit den von der Stadt übernommenen Verbindlichkeiten verrechnet werden sollte.
Festschreibung einer größtmöglichen Zusammenarbeit mit dem Krankenhaus in Wolfratshausen.

Bezüglich Kompetenzen und Besetzung des Beirates herrscht weitgehend Einigkeit. Die Kreisräte sind unzufrieden über die Dauer des Erbbauvertrages über 99 Jahre, jedoch geht man davon aus, dass insoweit kein anderes Verhandlungsergebnis erzielt werden könne.[693]

12.11.2001   NÖ Sitzung des Landkreis KKH Ausschusses:

691   Süddeutsche Zeitung, Tölzer Neueste Nachrichten, 26./27.06.04
692   Tölzer Kurier vom 08.11.2001
693   Tölzer Kurier vom 09.11.2001

Nach mehrstündiger Diskussion stimmt die Mehrheit des KKH Ausschusses dafür, die Klinik an Asklepios zu übertragen.[694]

Außerdem wird dem Kreisausschuss empfohlen, die Entwürfe des Erbbaurechtsvertrages mit einigen Änderungen anzunehmen. Zum Erbbauzins, der Heimfallklausel, dem Beirat und zur Kooperation mit dem Kreiskrankenhaus werden gesonderte Beschlüsse gefasst.[695]

14.11.2001   NÖ Sitzung des Kreisausschusses:[696]

Der Kreisausschuss sieht mehrheitlich die Forderungen des Kreistages vom 4.4.2001 als erfüllt an und empfiehlt dem Kreistag einer Privatisierung zuzustimmen. Bei den Verträgen ist bei einigen Punkten noch keine Einigkeit erzielt, beispielsweise bei der Länge des Erbbauvertrages.

28.11.2001   NÖ Sitzung des Kreistages:[697]

Der Kreistag stimmt mit 30:1 Stimmen[698] einem Trägerwechsel für das Städtische Krankenhaus Bad Tölz an die Asklepios Stadtklinik zum 01.01.2002 zu. Der Landrat wird mit einer Stimmenmehrheit von 29:2 zum Abschluss der dafür erforderlichen – genauer bezeichneten – Verträge auf der Grundlage der jeweiligen Entwürfe ermächtigt.

Grund dafür, dass lediglich 31 von 61 Kreistagsmitgliedern anwesend sind, ist, dass SPD und Grüne nach sechsstündiger Beratung in dem Glauben den Sitzungssaal verlassen, dass sie damit das Gremium beschlussunfähig machen würden. Dieser Versuch schlägt jedoch fehl, da kurz nach Verlassen des Sitzungssaales ein weiterer – kurz außerhalb des Sitzungssaales befindlicher – Kreisrat zurückkehrt und somit die Mehrheit der Mitglieder anwesend ist.

---

694   Tölzer Kurier vom 14.11.2001
695   Protokoll der nichtöffentlichen Sitzung vom 12.11.2001
696   Tölzer Kurier vom 16.11.2001
697   Tölzer Kurier vom 29.11.2001 und vom 30.11.2001
698   Gelbes Blatt vom 06.12.2001

Der Kreistag beschließt, dass ein Erbbauvertrag für die Dauer von 33 Jahren mit einseitiger Verlängerungsoption um weitere 33 Jahre für Asklepios abgeschlossen werden soll. Außerdem soll eine „weitestgehende Kooperation" zwischen dem Bad Tölzer und dem Wolfratshauser Krankenhaus vereinbart werden.

01.01.2002   Übertragung der Trägerschaft auf die Asklepios Stadtklinik.[699] Damit wird zum ersten Mal in Bayern die Trägerschaft eines kommunalen Krankenhauses der Grund- und Regelversorgung von einer privaten Klinikgruppe übernommen.[700]

2. Entwicklung der Asklepios Stadtklinik nach der Privatisierung

Geschichte und Entwicklung des ehemaligen Städtischen KKH in Bad Tölz nach der Privatisierung:

2002   Zertifizierung nach KTQ.

01.01.2003   Asklepios stellt freiwillig auf das DRG-System um.

01.01.2004   Eigentumsübergang der Lange-Klinik an Asklepios.[701]

01.06.2005   Eröffnung von 30 Kurzzeitpflegeplätzen im Asklepios Gesundheitszentrum.

01.01.2006   Das Krankenhaus wird als „Akademisches Lehrkrankenhaus der Ludwig-Maximilians-Universität München" anerkannt.[702]

25.05.2007   Die Asklepios Stadtklinik richtet an die Stadt Bad Tölz die Bitte, den Personalüberleitungsvertrag dahingehend zu ändern, dass keine Verpflichtung zur Beibehaltung des TVöD besteht.

---

699   http://www.asklepios.com/badtoelz/Patienteninformationen/Historie.html
700   Asklepios Intern, Hauszeitschrift der Asklepios-Kliniken-GmbH, Königstein-Falkenstein, Frühjahr 2002, S. 51
701   Tölzer Kurier, 03.12.2004 spricht von Asklepios-Gruppe als neuem Besitzer ab 01.01.05
702   www.asklepios.de/badtoelz/startseite

Herbst 2007	Eröffnung der Abteilung für Geriatrische Rehabilitation und einer Privatstation.
18.12.2007	Der Stadtrat Bad Tölz besteht auf unveränderter Weitergeltung des Personalüberleitungsvertrags. Für das Jahr 2008 sind Verhandlungen über einen eigenen Haustarifvertrag geplant. Für den Fall, dass ein annehmbarer Haustarif von Seiten des Personals abgelehnt wird, stimmt der Stadtrat einer Änderung des Personalüberleitungsvertrages zum 31.12.2008 mit Eintritt der Statik zum 31.12.2008 zu.[703]
2008	Die Asklepios Stadtklinik kündigt den Personalüberleitungsvertrag zum 31.12.2008. Der Stadtrat Bad Tölz nimmt dies in seiner Sitzung am 29.07.2008 zur Kenntnis.[704]
2009	Die Asklepios Stadtklinik ist derzeit ein Krankenhaus der Versorgungsstufe I mit 270 Betten und 370 Mitarbeitern.[705]

II. Eine formelle Privatisierung (mit einzelnen materiellen Elementen) am Beispiel der Kreisklinik Wolfratshausen gGmbH

1. Geschichte und Entwicklung der Kreisklinik Wolfratshausen bis zum Tag der Privatisierung

1822	Planung und Errichtung einer Kranken- und Armenanstalt in der heutigen Sauerlacher Straße.[706]
1915	Neubau des Krankenhauses beim Bahnhof.[707]
1966	Inbetriebnahme des neugebauten Kreiskrankenhauses.[708]

---

703 Protokoll der öffentlichen Sitzung des Stadtrates vom 29.07.2008, Punkt 5 ö
704 Protokoll der öffentlichen Sitzung des Stadtrates vom 29.07.2008, Punkt 5 ö
705 www.online-artikel.de/article/gesundheitsdialog-der-asklepios-stadtklinik-bad-toelz-6048-1.html
706 www.kreisklinik-wolfratshausen.de
707 www.kreisklinik-wolfratshausen.de

19.03.2001   NÖ Sitzung des Landkreis KKH Ausschusses:[709]

Es werden als Alternative zu einer Privatisierung Möglichkeiten von Kooperationen mit anderen Krankenhäusern sowie der aktuelle Stand bereits bestehender Vereinbarungen vorgetragen.

07.11.2001   Ö Sitzung des Kreis- und des Landkreis KKH Ausschusses:[710]

Der Justitiar der Bayerischen Krankenhausgesellschaft erörtert zuerst die Vorteile einer GmbH im Vergleich zu Regie- und Eigenbetrieben.

Ein Kreisrat aus Wolfratshausen bittet, das Krankenhaus künftig nicht „Kreisklinik Isar-Loisach" sondern „Kreisklinik Wolfratshausen" zu nennen.

12.11.2001   Ö Sitzung des Landkreis KKH Ausschusses:[711]

Der Ausschuss empfiehlt dem Kreisausschuss dem Antrag der CSU- Fraktion vom 01.10.2001 zur Umwandlung des Eigenbetriebs „Kreiskrankenhaus und Pflegeheim des Landkreises Bad Tölz-Wolfratshausen" in eine gemeinnützige GmbH zuzustimmen.

Es wird ein Beschluss über einen Vertragsmantel zur Gründung der Kreisklinik Isar-Loisach GmbH getroffen.

Es wird beschlossen dem Kreisausschuss bzw. dem Kreistag vorzuschlagen dem Entwurf des Gesellschaftsvertrages für die Kreisklinik Isar-Loisach GmbH mit einigen Änderungen zuzustimmen.

Es wird beantragt dem Kreisausschuss bzw. dem Kreistag vorzuschlagen, einen Beschluss dahingehend zu fassen, dass der

---

708   www.kreisklinik-wolfratshausen.de
709   Protokoll der nichtöffentlichen Sitzung des Landkreis KKH Ausschusses vom 19.3.2001
710   Protokoll der öffentlichen Sitzung des Kreis- und des Landkreis KKH Ausschusses vom 7.11.2001
711   Protokoll der öffentlichen Sitzung des Landkreis KKH Ausschusses vom 12.11.2001

Entwurf des Gesellschaftsvertrages für die Kreisklinik Wolf-ratshausen gGmbH vom 30.10.2001 mit einigen näher bezeich-neten Änderungen abgeschlossen werden soll. Außerdem wird beschlossen, dem Kreisausschuss und Kreistag zu empfehlen, dem „Überlassungsvertrag zwischen dem Landkreis Bad Tölz-Wolfratshausen und der Kreisklinik Wolfratshausen gGmbH" vom 20.10.2000mit einer Änderung zuzustimmen.

Der Beschlussvorschlag zum „Pachtvertrag zwischen dem Land-kreis Bad Tölz-Wolfratshausen und der Kreisklinik Wolfrats-hausen gGmbH" wird angenommen.

14.11.2001   Ö Sitzung des Kreisausschusses:[712]

Der Ausschuss beschließt, dass der Kreistag einen (näher be-zeichneten) Grundsatzbeschluss zur Umwandlung des Kreis-krankenhauses in eine gGmbH mit dem Landkreis als alleinigem Gesellschafter fasst.

Der Ausschuss beschließt, dass der Name des Krankenhauses „Kreisklinik Wolfratshausen gGmbH" lauten solle.

Dem Entwurf des „Vertragsmantel zur Gründung der Kreiskli-nik WOR gGmbH" vom 13.11.2001 wird mit den beschlossenen Änderungen zugestimmt und dem Kreistag zur abschließenden Genehmigung empfohlen.

Auf die Zuziehung weiterer Personen in den Aufsichtsrat wird verzichtet.

Dem Entwurf des „Gesellschaftsvertrages für die Kreisklinik Wolfratshausen gGmbH" vom 13.11.2001 wird mit den be-schlossenen Änderungen zugestimmt und dem Kreistag zur ab-schließenden Genehmigung empfohlen.

Dem Entwurf des „Personalüberleitungsvertrages" vom 13.11.2001 wird mit den beschlossenen Änderungen zugestimmt und dem Kreistag zur abschließenden Genehmigung empfohlen.

---

712 Protokoll der öffentlichen Sitzung des Kreisausschusses vom 14.11.2001

Dem Entwurf des „Überleitungsvertrages zwischen Eigenbetrieb und GmbH" vom 13.11.2001 wird mit den beschlossenen Änderungen zugestimmt und dem Kreistag zur abschließenden Genehmigung empfohlen.

Dem Entwurf des Pachtvertrages zwischen Landkreis und GmbH vom 13.11.2001 wird mit den beschlossenen Änderungen zugestimmt und dem Kreistag zur abschließenden Genehmigung empfohlen.

Landrat und Geschäftsführung werden beauftragt mit anderen Landkreisen und kommunalen Krankenhäusern in Verhandlungen zu treten, um eine kommunale, privatrechtlich organisierte Betriebsführungsgesellschaft für zentrale Verwaltungsaufgaben zu errichten.

28.11.2001   Ö Sitzung des Kreistages:[713]

Es wird die Umwandlung des Eigenbetriebs Kreiskrankenhaus in eine gGmbH beschlossen sowie der Abschluss des Personalüberleitungsvertrages. Einziger Gesellschafter der GmbH ist der Landkreis. Der Einfluss des Landkreises soll über einen Aufsichtsrat gewährleistet werden.

Der Antrag der Grünen auf Aufnahme von zwei Betriebsräten als beschließende Mitglieder in den Aufsichtsrat wird abgelehnt.

Die beantragte Ergänzung des Personalüberleitungsvertrages auf eine Übertragungsverpflichtung bei Betriebsübergabe an einen Dritten wird abgelehnt.

Ein Beschluss über den Gesellschaftervertrag einschließlich Vertragsmantel zur Gründung der Kreisklinik Wolfratshausen gGmbH einschließlich Personalüberleitungsvertrag, Überlassungs- und Pachtvertrag wird gefasst. Es wird erklärt, dass das Kreiskrankenhaus nach der Umwandlung in eine gGmbH auch in Zukunft ein Krankenhaus der Grundversorgung entsprechend den gesetzlichen Rahmenbedingungen sein wird. Die Versorgungsstufe II soll im Rahmen der gesetzlichen Möglichkeiten aufrecht erhalten werden. Der Landkreis beabsichtigt, jetzt und

---

713 Protokoll der öffentlichen Sitzung des Kreistages vom 28.11.2001

für die Zukunft 100%iger Gesellschafter dieser gemeinnützigen GmbH zu bleiben.

Der Landrat und der Geschäftsführer der neuen gGmbH werden zur Aufnahme von Verhandlungen für die Gründung einer kommunalen und privatrechtlich organisierten Betriebsführungsgesellschaft beauftragt.

Die gGmbH betreibt das Kreiskrankenhaus Wolfratshausen sowie die zugehörigen Ausbildungsstätten, Nebeneinrichtungen und Nebenbetriebe. Zu den Nebenbetrieben gehört das Kreispflegeheim in Lenggries. Die gGmbH ist nicht Eigentümerin von Grundstücken und Gebäuden. Diese werden weiterhin von einem Eigenbetrieb des Landkreises Bad Tölz-Wolfratshausen verwaltet.

2. Entwicklung der Kreisklinik Wolfratshausen gGmbH nach der Privatisierung

22.1.2002   Ö Sitzung des Landkreis KKH Ausschusses:

Der Ausschuss empfiehlt dem Kreistag einstimmig, eine neue Betriebssatzung für den Eigenbetrieb „Klinikanlage des Landkreises Bad Tölz-Wolfratshausen" in der vorliegenden Form zu erlassen.[714]

17.04.2002   Ö Sitzung des Kreistages:

Der Kreistag beschließt, die neue Betriebssatzung. Sie tritt mit Wirkung zum 01.05.2002 in Kraft.[715]

2003   Zertifizierung nach KTQ.

Juli 2003   Die Kreisklinik ist Mitglied im Klinikverbund „Clinothel".
bis Dez. 2006

---

714   Protokoll der öffentlichen Sitzung des Landkreis KKH Ausschusses vom 22.01.2002
715   Protokoll der öffentlichen Sitzung des Kreistages vom 17.04.2002

Nov. 2004	Anerkennung als akademisches Lehrkrankenhaus der Ludwig-Maximilians-Universität München.

01.06.2006   Die Kreisklinik Wolfratshausen gGmbH gründet mit den kommunalen Krankenhäusern in Landsberg am Lech, Miesbach-Agatharied, Starnberg und Rosenheim die Managementgesellschaft „Gesundheit Oberbayern GmbH".[716] Mit dieser sollen für die Kreisklinik die gleichen Verbundeffekte erzielt werden wie bislang bei „Clinotel". „Aufgabe der GOB ist es, Aktivitäten vor allem in medizinischen, kaufmännischen, rechtlichen und organisatorischen Aspekten zu koordinieren und den Wissenstransfer zwischen den Häusern zu organisieren. Die wirtschaftliche Verantwortung bleibt dabei bei den beteiligten Kliniken."[717]

01.07.2006   Beitritt der Kreisklinik zur Einkaufsgesellschaft „AGMAMED Essen". Ziel ist eine weitere Kostenreduzierung im Bereich des zentralen Einkaufs.

2007   Abschluss der Sanierungsarbeiten: Von 1998 bis 2007 wurden in drei Bauabschnitten 22,4 Mio. Euro für Baumaßnahmen ausgegeben.[718]

2008   Die Kreisklinik ist momentan ein Krankenhaus der Versorgungsstufe I mit 170 Betten und 326 Mitarbeitern. Hinzu kommen die ebenfalls zur gGmbH gehörenden 59 Mitarbeiter des Pflegeheims Lenggries, welches 55 Bewohnerplätze hat.[719]

Die durchschnittliche Verweildauer in der Klinik ist in den vergangenen Jahren deutlich zurückgegangen:

Jahr	1997	2000	2002	2003	2004	2005	2006	2007	2008
Verweil-dauer	10,5	8,7	8,2	7,4	7,06	7,3	7,5	6,9	6,7

Quelle: www.kreisklinik-wolfratshausen.de

---

716 Pressemitteilung des Landratsamtes Bad Tölz vom 09.11.2005
717 www.kreisklinik-wolfratshausen.de
718 www.kreisklinik-wolfratshausen.de
719 www.kreisklinik-wolfratshausen.de

III. Beurteilung des Verhältnisses zwischen beiden Häusern

Im Landkreis Bad Tölz-Wolfratshausen gibt es zwei Krankenhäuser der I. Versorgungsstufe. Der Landkreis als Gebietskörperschaft übt auf beide Krankenhäuser Einfluss aus: Das Kreiskrankenhaus betreibt er als Eigengesellschaft, in der Asklepios Stadtklinik übt er mit seinen Vertretern im Beirat Einfluss auf „richtungsweisende Entscheidungen"[720] aus. Die Kreisräte sind für den Erfolg beider Häuser (mit-) verantwortlich.

Da jedoch beide Krankenhäuser größtenteils aufgabengleiche Abteilungen haben, geht der Erfolg des einen Hauses zu Lasten des anderen. Dies könnte dadurch verhindert werden, dass beide Krankenhäuser miteinander kooperieren und ihre Fachbereiche aufeinander abstimmen. Da jedoch hinter beiden Häusern unterschiedliche Träger stehen, findet eine Zusammenarbeit derzeit nur punktuell statt. Es bestehen keine Anhaltspunkte, dass sich dies ändern wird.

Auch wenn der „Passus der größtmöglichen Kooperation mit dem Kreiskrankenhaus Wolfratshausen"[721] in den Rahmenvertrag mit Asklepios aufgenommen wurde, wird die Zusammenarbeit aktuell eher eingeschränkt, als ausgebaut.

Eine bessere Kooperation wäre dann erreicht worden, wenn entweder beide Häuser an denselben Träger übergeben worden wären oder wenn die Kommunen beide Häuser gemeinsam oder sogar gemeinsam mit Krankenhäusern in anderen Landkreisen betreiben würden. So aber stellt sich für die Beiräte in der Asklepios Stadtklinik das Problem, dass ihre Arbeit für den Erfolg im Bad Tölzer Krankenhaus zu Lasten der eigenen Kreisklinik geht.

---

720 vgl. mit weiteren Details der Befugnisse des Beirats: Gelbes Blatt, 6.12.2001
721 vgl. mit weiteren Details der Befugnisse des Beirats: Gelbes Blatt, 6.12.2001

Literaturverzeichnis

Altmeppen, Holger, Die Einflussrechte der Gemeindeorgane in einer kommunalen GmbH, in: Neue Juristische Wochenschrift 2003, 2561 ff

Asklepios Intern, Hauszeitschrift der Asklepios-Kliniken-GmbH, Königstein-Falkenstein, Frühjahr 2002, http://www.asklepios.com/badtoelz/ Patienteninformationen/Historie.html

Aufhauser, Rudolf/ *Warga*, Norbert/ *Schmitt-Moritz*, Peter, Bayerisches Personalvertretungsgesetz, 5. Auflage, Frankfurt am Main 2007 (zitiert: BayPVG)

Ballerstedt, Gustav/ *Schleicher*, Hans-Werner/ *Faber*, Bernhard, Bayerisches Personalvertretungsgesetz, Loseblattsammlung, München, Stand: 118. Ergänzungslieferung (zitiert: Bayerisches Personalvertretungsgesetz) (Stand: 118. Ergänzungslieferung)

Bamberger, Georg/ *Roth*, Herbert (Hrsg.), Kommentar zum Bürgerlichen Gesetzbuch, 2. Auflage, München 2008 (zitiert: BGB-Kommentar)

Bartl, Harald (u.a.), GmbH-Recht, 6. Auflage, Heidelberg 2009

Bauer, Hartmut, Verwaltungsrechtliche und verwaltungswissenschaftliche Aspekte der Gestaltung von Kooperationsverträgen bei Public Private Partnership in DÖV 1998, 89 ff

Bauer, Martin/ *Böhle*, Thomas/ *Ecker*, Gerhard, Bayerische Kommunalgesetze, Loseblattsammlung, München, Stand: 91. Ergänzungslieferung (zitiert: Bayerische Kommunalgesetze)

Bauer, Stefan, Kostenstrukturen: Schlüssel für das Wohl oder Wehe einer Klinik in Der Landkreis 2004, 653 ff

Bauer, Thomas u.a., Praxis der Kommunalverwaltung, Landesausgabe Bayern, Band B 1, Loseblattsammlung München (zitiert: Kommunalverwaltung, Band B 1)

Bauer, Thomas u.a., Praxis der Kommunalverwaltung, Landesausgabe Bayern, Band B 2, Loseblattsammlung München (zitiert: Kommunalverwaltung, Band B 2)

Bauer, Thomas u.a., Praxis der Kommunalverwaltung, Landesausgabe Bayern, Band C 3, Loseblattsammlung München (zitiert: Kommunalverwaltung, Band C 3)

Bauer, Thomas u.a., Praxis der Kommunalverwaltung, Landesausgabe Bayern, Band D 1, Loseblattsammlung München (zitiert: Kommunalverwaltung, Band D 1)

Bauer; Thomas u.a., Praxis der Kommunalverwaltung, Landesausgabe Bayern, Band D 2, Loseblattsammlung München (zitiert: Kommunalverwaltung, Band D 2)

Bauer, Hartmut, Verwaltungsrechtliche und verwaltungswissenschaftliche Aspekte der Gestaltung von Kooperationsverträgen bei Public Private Partnership, DÖV 1998, 89 ff

Baumbach, Adolf/ *Hueck*, Alfred, GmbH Gesetz, 19. Auflage, München 2010

Baumbach, Adolf/ *Hopt*, Klaus, Handelsgesetzbuch, 34. Auflage, München 2010

Baunack-Bennefeld, Ulla u.a. (Hrsg.), Verwaltungsmodernisierung/ Neue Steuerungsmodelle, 2. Auflage, Wiesbaden 2002

Bayerischer Kommunaler Prüfungsverband, Mitteilungen 2/2002, München 2002

Bayerisches Landesamt für Statistik und Datenverarbeitung, Bevölkerungsstand und -bewegung in den Gemeinden Bayerns, Stand: 31.12.2007, München 2008 (zitiert: Bevölkerungsstand)

Bayerisches Landesamt für Statistik und Datenverarbeitung, Staats- und Kommunalschulden Bayerns am 31. Dezember 2008, München 2009 (zitiert: Staats- und Kommunalschulden)

Bayerisches Landesamt für Statistik und Datenverarbeitung, Krankenhausstatistik 2006: Grunddaten, Diagnosen und Kostennachweis, München 2008 (zitiert: Krankenhausstatistik)

Bayerisches Staatsministerium der Finanzen, Der kommunale Finanzausgleich in Bayern – Die Finanzierung der bayerischen Gemeinden, Landkreise und Bezirke, 3. Auflage, München 2008 (zitiert: Finanzausgleich)

Bayerisches Staatsministerium für Umwelt und Gesundheit, Krankenhausplan des Freistaates Bayern, 34. Fortschreibung, München 2009 (zitiert: Krankenhausplan)

Bayerisches Staatsministerium für Wirtschaft, Infrastruktur, Verkehr und Technologie, Landesentwicklungsprogramm Bayern 2006 (zitiert: Landesentwicklungsprogramm)

Bechtold, Rainer, Kartellgesetz – Gesetz gegen Wettbewerbsbeschränkungen, 5. Auflage, München 2008 (zitiert: GWB)

Becker, Hans Paul, Investition und Finanzierung – Grundlagen der betrieblichen Finanzwirtschaft, Wiesbaden 2007 (zitiert: Investition und Finanzierung)

Becker, Ulrich / *Heckmann*, Dirk/ *Kempen*, Bernhard/ *Manssen*, Gerrit, Öffentliches Recht in Bayern, 4. Auflage, München 2008

Bepler, Klaus/ *Böhle*, Thomas/ *Meerkamp*, Achim/ *Stöhr*, Frank, TVöD Kommentar zum Tarifrecht der Beschäftigen im Öffentlichen Dienst im Bereich des Bundes und der VKA, Loseblattsammlung München (zitiert: TVöD)

Beyer/Werner, Effizienz in der Kommunalverwaltung, Teil II Produkte und Controlling, Berlin 1999 (zitiert: Effizienz in der Kommunalverwaltung)

Bittrolff, Petra, Steuerliche Konsequenzen von Privatisierungen bei öffentlich-rechtlichen Krankenhäusern, (Wirtschaftswissenschaftliche Dissertation, Düsseldorf 2007), http://docserv.uni-duesseldorf.de/servlets/ Derivate-Servlet/Derivate-5293/ PB_Diss_final_190707.pdf, (zitiert: Steuerliche Konsequenzen)

Blum, Ulrich, Volkswirtschaftslehre, 4. Auflage, München 2004

Bogumil, Jörg, *Holtkamp*, Lars, Liberalisierung und Privatisierung kommunaler Aufgaben – Auswirkungen auf das kommunale Entscheidungssystem, in: *Libbe*, Jens/ *Tomerius*, Stephan/ *Trapp*, Jan Hendrik (Hrsg), Liberalisierung und Privatisierung kommunaler Aufgabenerfüllung, Difu-Beiträge zur Stadtforschung, Band 37, Berlin, 2002 (zitiert: Liberalisierung und Privatisierung)

Bohle, Thomas, Rechtsfragen der Umstrukturierung von Krankenhäusern, Das Krankenhaus 2000, 642 ff

Bohle, Thomas/ *Grau* Ulrich, Verschmelzung oder Veräußerung öffentlicher Krankenhäuser, in: Das Krankenhaus 2003, 698 ff

Brandl, Uwe/ *Huber*, Thomas/ *Walchshöfer* Jürgen (Hrsg.), Praxiswissen für Kommunalpolitiker, 2. Auflage, München 2002 (zitiert: Praxiswissen)

Breier, Alfred (u.a.), TVöD Tarifvertrag für den öffentlichen Dienst, Loseblattsammlung Heidelberg (zitiert: TVöD)

Buhr, Barbara, Die Richtlinie 2004/18/EG und das Deutsche Vergaberecht, (Dissertation Erlangen 2007/ 2008), Berlin 2009 (zitiert: Vergaberecht)

Bundesministerium der Finanzen, Amtliche Umsatzsteuer-Handausgabe 2008, Berlin 2008

Bunjes, Johann/ *Geist*, Reinhold, Umsatzsteuergesetz, 9. Auflage 2009

Burgi, Martin, Kommunalrecht, 2. Auflage, München 2008

Byok, Jan/ *Jaeger*, Wolfgang, Kommentar zum Vergaberecht, 2. Auflage, Frankfurt am Main 2005 (zitiert: Vergaberecht)

Callies, Christian/ *Ruffert*, Matthias, EUV/EGV – Das Verfassungsrecht der Europäischen Union mit Europäischer Grundrechtecharta, München 2007

Conze, Peter, Personalbuch Tarifrecht öffentlicher Dienst, 2. Auflage, München 2008 (zitiert: Personalbuch Tarifrecht)

Cronauge, Ulrich/ *Westermann*, Georg, Kommunale Unternehmen, 5. Auflage, Berlin 2006

Dassau, Anette/ *Langenbrinck*, Bernhard, TVöD – Schnelleinstieg ins neue Tarifrecht, Heidelberg 2005 (zitiert: TVöD)

Däubler, Wolfgang (u.a.), Arbeitsrecht – Individualarbeitsrecht mit kollektivrechtlichen Bezügen, Baden-Baden 2008 (zitiert: Arbeitsrecht)

Dauner-Lieb, Barbara/ *Simon*, Stefan, Kölner Kommentar zum UmwG, Köln
2009 (zitiert: Kölner Kommentar)

Dauses, Manfred (Hrsg.), Handbuch des EU-Wirtschaftsrechts, Loseblattsammlung München (zitiert: EU-Wirtschaftsrecht)

Derleder, Peter/ *Knops*, Kai-Oliver/ *Bamberger*, Georg, Handbuch zum deutschen und europäischen Bankrecht, 2. Auflage, Berlin 2009 (zitiert: Bankrecht)

Deutscher Städtetag, Kommunale Krankenhäuser sind zukunftsfähig – Ein Vergleich mit privaten Kliniken, Köln 2007 (zitiert: Kommunale Krankenhäuser)

Deutsches wissenschaftliches Institut der Steuerberater e.V., Handbuch zur Umsatzsteuer 2008, München 2009 (zitiert: Handbuch)

Di Fabio, Udo, Privatisierung und Staatsvorbehalt, in: Juristenzeitung 1999,
585 ff

Dötsch, Ewald u.a. (Hrsg.), Körperschaftssteuer, 14. Auflage, Stuttgart 2004

Dolzer, Rudolf u.a. (Hrsg.), Bonner Kommentar zum Grundgesetz, Loseblattsammlung, Heidelberg, 139 Ergänzungslieferung, April 2009 (zitiert:
Bonner Kommentar)

Dreier, Horst, Grundgesetz Kommentar, 2. Auflage, Tübingen 2006 (zitiert:
Grundgesetz)

Egger, Alexander, Europäisches Vergaberecht, Baden-Baden 2008

Eichhorn, Peter/ *Seelos*, Hans-Jürgen/ *Schulenburg*, J.-Matthias Graf von der,
Krankenhausmanagement, München 2000

Eilers, Stephan/ *Koffka*, Matthias/ *Mackensen*, Marcus, Private Equity, München
2009

Eisenhardt, Ulrich, Gesellschaftsrecht, 14. Auflage, München 2009

Engellandt, Frank, Die Einflussnahme der Kommune auf ihre Kapitalgesellschaften über das Anteilseignerorgan, Heidelberg 1995

Erichsen, Hans-Uwe/ *Ehlers*, Dirk, (Hrsg.), Allgemeines Verwaltungsrecht, 13.
Auflage, Berlin 2005 (zitiert: Verwaltungsrecht)

Erle, Bernd/ *Sauter*, Thomas (Hrsg.), Körperschaftssteuergesetz, 2. Auflage,
Heidelberg 2006

Fabry, Beatrice/ *Augsten*, Ursula (Hrsg.), Handbuch Unternehmen der öffentlichen Hand, Stuttgart 2002 (zitiert: Handbuch)

Fettig, Wolfgang/ *Späth*, Lothar, Privatisierung kommunaler Aufgaben, Baden-
Baden, 1997

Fischer, Thomas, StGB und Nebengesetze, 56. Auflage, München 2009 (zitiert:
StGB)

Fleßa, Steffen, Grundzüge der Krankenhausbetriebslehre, München 2007 (zitiert Krankenhausbetriebslehre)

Frenz, Walter, Handbuch Europarecht, Band 3: Beihilfe- und Vergaberecht, Heidelberg 2007 (zitiert: Beihilfe und Vergaberecht)

Frieauf, Karl/ *Höfling*, Wolfgang, Berliner Kommentar zum Grundgesetz, Loseblattsammlung, Berlin

Frotscher, Gerrit, Körperschaftssteuer, 2. Auflage München 2008

Gamillscheg, Franz, Kollektives Arbeitsrecht, Band II Betriebsverfassung, München 2008 (zitiert: Kollektives Arbeitsrecht)

Gassner, Ulrich/ *Schön*, Oliver, Rechtsfragen der Haftung kommunaler Aufsichtsratsmitglieder, in: Bayerische Verwaltungsblätter 2004, 449 ff

Gaß, Andreas, Die Umwandlung gemeindlicher Unternehmen, Stuttgart, 2003, 131 (zitiert: Umwandlung)

Geis, Max-Emanuel,Kommunalrecht, München 2008

Gelbes Blatt vom 06.12.2001

Glanegger , Peter/ *Güroff*, Georg, Gewerbesteuergesetz, 7. Auflage, München 2009

Goette, Wulf/ *Habersack*, Mathias, Münchener Kommentar zum Aktiengesetz, 3. Auflage, München 2008 (zitiert: Münchener Kommentar)

Gosch, Dietmar (Hrsg.), Körperschaftssteuergesetz, 2. Auflage, München 2009

Grabitz, Eberhard/ *Hilf*, Meinhard, Das Recht der Europäischen Union, Loseblattsammlung, München, 39. Ergänzungslieferung Juli 2009

Gruber, Klaus, Modernes Haushalts- und Gemeindewirtschaftsrecht, Kronach 2002 (zitiert: Haushalts- und Gemeindewirtschaftsrecht)

Guggemos, Peter/ *Thielen*, Andrea (Hrsg.), Bürgermeister Handbuch – von der Behörde zum Dienstleistungsunternehmen, Loseblattsammlung, Augsburg

Haarländer, Sophie (u.a.) Public Private Partnership (PPP) im Krankenhausbereich, Burgdorf 2007 (zitiert: PPP)

Haas, Peter, Gesundheitstelematik, Heidelberg 2006

Handelsblatt vom 04.01.2005, 13

Handreichung der ständigen Konferenz der Innenminister und –senatoren der Länder, http://www.staedtetag.de/imperia/md/content/schwerpunkte/fachinfos/200 7/24.pdf

Happ, Wilhelm (Hrsg.), Aktienrecht, 3. Auflage, Köln 2007

Haubrock, Manfred/ Schär, Walter, Betriebswirtschaft und Management im Krankenhaus, 4. Auflage, Bern 2007 (zitiert: Betriebswirtschaft und Management)

Heidenhain, Martin, Handbuch des Europäischen Beihilfenrechts, München 2003 (zitiert: Beihilfenrecht)

Heise, Arne, Einführung in die Wirtschaftspolitik – Grundlagen, Institutionen, Paradigmen, Paderborn 2005 (zitiert: Wirtschaftspolitik)

Henneke, Hans-Günter/ *Pünder*, Hermann/ *Waldhoff*, Christian, Recht der Kommunalfinanzen, München 2006 (zitiert: Kommunalfinanzen)

Henneke, Hans-Günter/ *Strobl*, Heinz/ *Diemert*, Dörte, Recht der kommunalen Haushaltswirtschaft – Doppik – Neue Steuerung, München 2008 (zitiert: kommunale Haushaltswirtschaft)

Henneke, Hans-Günter, Die kommunalen Spitzenverbände, Wiesbaden 2005 (zitiert: Spitzenverbände)

Henneke, Hans-Günter/ *Strobl*, Heinz/ *Diemert*, Dörte, Recht der kommunalen Haushaltswirtschaft, München 2008

Henssler, Martin/ *Willemsen*, Heinz Josef/ *Kalb*, Heinz-Jürgen (Hrsg.), Arbeitsrecht, 3. Auflage, Köln 2008

Herrmann, Carl/ *Heuer*, Gerhard/ *Raupach*, Arndt, Einkommensteuer- und Körperschaftssteuergesetz, Loseblattsammlung, Köln

Hettler, Stephan/ *Stratz*, Rolf-Christian*, Hörtnagl*, Robert, Beck'sches Mandats Handbuch Unternehmenskauf, München 2004 (zitiert: Unternehmenskauf)

Hildebrandt, Helmut/ *Bischoff-Everding*, Christoph/ *Zühlke*, Christian, Das ländliche Krankenhaus stirbt – es lebe das ländliche Krankenhaus! Erhaltung der Gesundheitsversorgung in der Fläche durch Integrierte Versorgung in Der Landkreis 2004, 655 ff

Hirsch, Günter/ *Montag*, Frank/ *Säcker*, Franz Jürgen, Münchener Kommentar zum Europäischen und Deutschen Wettbewerbsrecht (Kartellrecht), Band 2 – GWB, München 2008 (zitiert: Kartellrecht)

Höfler, Heiko/ *Noll-Ehlers*, Magnus, Ausschreibungspflicht bei der Änderung von Entgeltabreden im Rahmen laufender Verträge, in: Neue Juristische Wochenschrift 2008, 23 ff

Hoffmann-Becking, Münchener Handbuch des Gesellschaftsrechts, Band 4 Aktiengesellschaft, 3. Auflage, München 2007 (zitiert: Aktiengesellschaft)

Hofmann, Ruth, Grunderwerbsteuergesetz, 8. Auflage, Herne 2004 (zitiert: GrEStG)

Holzapfel, Hans-Joachim/ *Pöllath*, Reinhard, Unternehmenskauf in Recht und Praxis, 13. Auflage, Köln 2008 (zitiert: Unternehmenskauf)

Hölzl, Josef/ *Hien*, Eckart/ *Huber*, Thomas, Gemeindeordnung mit Verwaltungsgemeinschaftsordnung, Landkreisordnung und Bezirksordnung für den Freistaat Bayern, Loseblattsammlung München, 43. Ergänzungslieferung, Oktober 2009 (zitiert: Gemeindeordnung)

Hölters, Wolfgang, Handbuch Unternehmens- und Beteiligungskaufs, 6. Auflage, Köln 2005 (zitiert: Unternehmens- und Beteiligungskauf)

Hoppe, Werner/ *Uechtritz*, Michael, Handbuch Kommunale Unternehmen, 2. Auflage, Köln 2007 (zitiert: Handbuch)

Hopt, Klaus J./ *Wiedemann*, Herbert, Aktiengesetz Großkommentar, 4. Band, 4. Auflage, Berlin 2006

Hübschmann, Walter/ *Hepp*, Ernst/ *Spitaler*, Armin, Abgabenordnung/ Finanzgerichtsordnung (zitiert: Abgabenordnung), Loseblattsammlung, Köln

Hüffer, Uwe Aktiengesetz, 8. Auflage, München 2008

Hüffner, Uwe, Gesellschaftsrecht, 7. Auflage, München 2007

Hümmer, Hans, Kommunale Wahlbeamte/ Kommunales Ehrenamt in Bayern, Kommentar, Loseblattsammlung Kronach (Zitiert: Kommunale Wahlbeamte)

Hüttemann, Rainer, Gemeinnützigkeits- und Spendenrecht, Köln 2008 (zitiert: Gemeinnützigkeitsrecht)

Ilbertz, Wilhelm/ *Widmaier*, Ulrich, Bundespersonalvertretungsgesetz mit Wahlordnung unter Einbeziehung der Landespersonalgesetze, 11. Auflage, Stuttgart 2008

Immenga, Ulrich/ *Mestmäcker*, Ernst-Joachim, Wettbewerbsrecht, Band 2: GWB, Kommentar zum Deutschen Kartellrecht, 4. Auflage, München 2007 (zitiert: GWB-Kommentar)

Ipsen, Jörn, Allgemeines Verwaltungsrecht, 6. Auflage, Köln 2009

Isensee, Josef/ *Kirchhof*, Paul (Hrsg.), Handbuch des Staatsrechts, Band 4, 3. Auflage, Heidelberg 2006

Jakob, Wolfgang, Umsatzsteuerrecht, 4. Auflage, München 2009

Jarass Hans D./ *Pieroth* Bodo, Grundgesetz für die Bundesrepublik Deutschland, 10. Auflage, München 2009 (zitiert: Grundgesetz)

Kilian, Wolfgang, Europäisches Wirtschaftsrecht, 3. Auflage, München 2008

Keller, Daniel/ Bustorff, Ingo, Umsatzsteuer, Loseblattsammlung Köln

Klein, Hans, Abgabenordnung, 10. Auflage, München 2009

Knemeyer, Franz-Ludwig, Bayerisches Kommunalrecht, 12. Auflage, Stuttgart 2007 (zitiert: Bayerisches Kommunalrecht)

Knorr, Gerhard, Sind PPP und Fördermittel kompatibel? Erfahrungen aus Sicht der Förderbehörde, in: Das Krankenhaus, 2007, 743 ff

Knorr, Karl Ernst/ *Klaßmann*, Ernst, Die Besteuerung der Krankenhäuser, 3. Auflage, Düsseldorf 2004

Köhler, Helmut, Das neue kommunale Unternehmensrecht in Bayern, Bayerische Verwaltungsblätter 2004, 1 ff

Kommunalwissenschaftliches Institut der Universität Potsdam, KWI Info 2006

Kropff, Bruno u.a. (Hrsg.), Münchener Kommentar zum Aktiengesetz, München 2006 (zitiert: Aktiengesetz)

Kulartz, Hans-Peter/ *Kus* Alexander/ *Portz*, Norbert (Hrsg.), Kommentar zum GWB-Vergaberecht, Neuwied 2006 (zitiert: GWB-Vergaberecht)

Kumanoff, Anton/ *Schwarzkopf*, Anett/ *Fröse*, Armin, Die Einführung von Risikomanagementsystemen – eine Aufgabe der kommunalen Wirtschaftsführung, in: Bayerische Verwaltungsblätter 2001, 225 ff (zitiert: Die Einführung von Risikomanagementsystemen)

Küttner, Wolfdieter/ *Röller*, Jürgen; Personalbuch 2009, München 2009 (zitiert: Personalbuch)

Lackner, Karl/ *Kühl*, Kristian, Strafgesetzbuch, 26. Auflage, München 2007 (zitiert: StGB)

Landkreis Bad Tölz-Wolfratshausen, Vorberichtzum Haushaltsplan des Landkreises Bad Tölz-Wolfratshausen für das Haushaltsjahr 2008 http://www.lra-toelz.de/fileadmin/pdf/Vorbericht_02.pdf

Landkreistag Baden-Württemberg, Positionspapier zur Entwicklung der kommunalen Krankenhausstrukturen in Baden-Württemberg, Stuttgart 2006

Langen Eugen/ *Bunte*, Hermann-Josef, Kommentar zum deutschen und europäischen Kartellrecht, 10. Auflage, München 2006 (zitiert: Deutsches Kartellrecht)

Laufs, Adolf/ *Uhlenbruck*, Wilhelm, Handbuch des Arztrechts, 3. Auflage, München 2002

Leibholz, Gerhard/ *Rinck*, Hans-Justus, Grundgesetz für die Bundesrepublik Deutschland, Loseblattsammlung Köln (zitiert: Grundgesetz)

Leinemann, Ralf, Die Vergabe öffentlicher Aufträge, 4. Auflage, Berlin 2007 (zitiert: Vergabe öffentlicher Aufträge)

Lenski, Edgar/ *Steinberg*, Wilhelm, Kommentar Gewerbesteuergesetz, Loseblattsammlung, Köln (zitiert: Gewerbesteuergesetz)

Linde, Trutz/ *Richter*, Rüdiger, Erbbaurecht und Erbbauzins, 3. Auflage, Köln 2000 (zitiert: Erbbaurecht)

Lindner, Franz/ Möstl, Markus/ *Wolff*, Heinrich Amadeur, Verfassung des Freistaates Bayern, München 2009 (zitiert: Bayerische Verfassung)

Lissack, Gernot, Bayerisches Kommunalrecht, 3. Auflage, München 2009

Looschelders, Dirk, Schuldrecht Allgemeiner Teil, 7. Auflage, München 2009

Loewenheim, Ulrich/ *Meesen*, Karl M./ *Riesenkampff*, Alexander (Hrsg.), Kommentar zum Kartellrecht, 2. Auflage, München 2009 (zitiert: Kartellrecht)

Lohner, Josef/ *Zieglmeier*, Christian, Die Besetzung des Aufsichtsrats einer kommunalen GmbH und der Verbandsversammlung eines Zweckverbands, in: Bayerische Verwaltungsblätter. 2007, 581 ff (zitiert: Die Besetzung des Aufsichtsrats einer kommunalen GmbH)

Lutter, Marcus/ *Hommelhoff*, Peter, GmbH-Gesetz, 17. Auflage, Köln 2009 (zitiert: GmbHG)

Lutter, Marcus/ *Winter*, Martin, Kommentar zum Umwandlungsgesetz, 4. Auflage, Köln 2009

von Mangoldt, Hermann/ *Klein*, Friedrich/ *Starck*, Christian, Das Bonner Grundgesetz, 4. Auflage 2000 (zitiert: Grundgesetz)

Mann, Thomas/ *Püttner*, Günter, Handbuch der kommunalen Wissenschaft und Praxis, Band 1, 3. Auflage, Berlin 2007 (zitiert: Kommunale Wissenschaft und Praxis)

Matschke, Jürgen/ *Hering*, Thomas, Kommunale Finanzierung, München 1998

Maunz, Theodor u.a., Grundgesetz Kommentar, Loseblattsammlung, München, 54. Ergänzungslieferung, 1/2009 (zitiert: Grundgesetz)

Maurer, Hartmut, Allgemeines Verwaltungsrecht, 17. Auflage, München 2009 (zitiert: Verwaltungsrecht)

Mayen, Thomas, Privatisierung öffentlicher Aufgaben: Rechtliche Grenzen und rechtliche Möglichkeiten, in: Die Öffentliche Verwaltung 2001, 110 ff

Meiski, Georg, Die Nichtöffentlichkeit der Aufsichtsratssitzung einer kommunalen GmbH und das Öffentlichkeitsprinzip der kommunalen Selbstverwaltung, in: Neue Zeitschrift für Verwaltungsrecht 2007, 1355 ff

Michalsky, Lutz, GmbH-Gesetz, München 2002

Moll, Michael, Münchener AnwaltsHandbuch Arbeitsrecht, 2. Auflage München 2009 (zitiert: Arbeitsrecht)

Müller, Bernd/ *Landshuter*, Francisca, Arbeitsrecht im öffentlichen Dienst, 7. Auflage 2009 (zitiert: Arbeitsrecht im öffentlichen Dienst)

Müller, Welf/ *Rödder*, Thomas, Beck'sches Handbuch der AG, 2. Auflage, München 2009 (zitiert: Handbuch der AG)

Müller, Welf/ *Winkeljohann*, Norbert, Beck'sches Handbuch der GmbH, 4. Auflage, München 2009 (zitiert: Handbuch der GmbH)

Müller-Glöge, Rudi/ *Preis*, Ullrich/ *Schmidt*, Ingrid (Hrsg.), Erfurter Kommentar zum Arbeitsrecht, 9. Auflage, München 2009

Müller-Wrede, Malte (Hrsg.), Kommentar zur VOF, 3. Auflage, Köln 2007 (zitiert: VOF-Kommentar)

Nagel/ Eckhard (Hrsg.), Das Gesundheitswesen in Deutschland, 4. Auflage, Köln 2007 (zitiert: Gesundheitswesen)

Nawiasky, Hans/ *Schweiger*, Karl/ *Knöpfle*, Franz, Die Verfassung des Freistaates Bayern, Loseblattsammlung, München 2008 (zitiert: Bayerische Verfassung)

Von Oefele, Helmut/ *Winkler*, Karl, Handbuch des Erbbaurechts, 4. Auflage, München 2008 (zitiert: Erbbaurecht)

von Oelhafen, Alexandra, in: Zeitschrift für kommunale Wirtschaft online, www.zfk.de/zfk/knowhow/pdf_tipps/tipps17_01_05.pdf

Offermanns/ Sowa, Krankenhaus und ambulante Versorgung, Loseblattsammlung (34. Ergänzungslieferung Dezember Kulmbach 2007), Band 1

Pahlke, Armin/ *Franz*, Willy, Grunderwerbsteuergesetz, 3. Auflage, München 2005 (zitiert: GrEStG)

Pahlke, Armin/ *Koenig*, Ulrich, Abgabenordnung, 2. Auflage, München 2009

Palandt, Otto, Bürgerliches Recht, 69. Auflage, München 2010

Pawlak, Klaus/ *Leydecker*, Philipp; Die Privatisierung öffentlicher Unternehmen – Übergangsmandat des Personalrats und Fortbestand kollektiver Regelungen, ZTR 2008, 74 ff

Peine, Franz-Joseph, Allgemeines Verwaltungsrecht, 8. Auflage, Heidelberg 2006

Peter, Karl/ *Burhoff*, Armin/ *Stöcker*, Ernst, Umsatzsteuer Kommentar, Loseblattsammlung, Herne, 8. Ergänzungslieferung, 2/ 2009) (zitiert: Umsatzsteuer)

Pfohl, Gerhard, Arbeitsrecht des öffentlichen Dienstes, Stuttgart 2002 (zitiert: Arbeitsrecht)

Pföhler, Wolfgang, Die Zukunft kommunaler Krankenhäuser – Privatisierung als Handlungsoption in Der Landkreis 2004, 647 ff

Picot, Gerhard, Handbuch Mergers & Acquisitions, 4.Auflage, Stuttgart 2008 (zitiert: Mergers & Acquisitions)

Picot, Gerhard, Unternehmenskauf und Restrukturierung, 3. Auflage, München 2004 (zitiert: Unternehmenskauf)

Plander, Harro, Die Personalgestellung zum Erwerber beim Betriebsübergang als Reaktion auf den Widerspruch von Arbeitnehmern, NZA 2002, 69 ff

Plog, Ernst/ *Wiedow*, Alexander, Bundesbeamtengesetz mit Beamtenstatusgesetz, Beamtenversorgungsgesetz, Bundesbesoldungsgesetz, Loseblattsammlung Köln (zitiert: Bundesbeamtengesetz)

Plückebaum, Konrad/ *Malitzky*, Heinz, Umsatzsteuergesetz, Loseblattsammlung Berlin (Band I: 76. Ergänzungslieferung; Band II: 176. Ergänzungslieferung 2009)

Prandl, Josef/*Zimmermann*, Hans/ *Büchner*, Hermann, Kommunalrecht in Bayern, Loseblattsammlung Kronach (zitiert: Kommunalrecht)

Preis, Ulrich, Arbeitsrecht, 2. Auflage, Köln 2009

Priester, Hans-Joachim/ *Mayer*, Dieter (Hrsg.), Münchener Handbuch des Gesellschaftsrechts, Band 3 – GmbH, 3. Auflage, München 2009(zitiert: GmbH)

Quaas, Michael, Zur Zukunft kommunaler Krankenhäuser, Das Krankenhaus 2001, 40 ff

Quaas, Michael/ *Zuck*, Rüdiger, Medizinrecht, 2. Auflage, München 2008

Reich, Andreas, Bayerisches Personalvertretungsgesetz, Bad Honnef 2002

Reich, Andreas, Beamtenstatusgesetz, München 2009

Richardi, Reinhard/ *Wlotzke*, Otfried, Münchener Handbuch zum Arbeitsrecht, Band 1, München 2000 (zitiert: Münchener Handbuch Arbeitsrecht)

Richardi, Reinhard, Betriebsverfassungsgesetz mit Wahlordnung, 11. Auflage, München 2008 (zitiert: BetVG)

Ring, Gerhard/ *Grziwotz*, Herbert, Systematischer Praxiskommentar GmbH-Recht, Köln 2009 (zitiert: GmbH-Recht)

Rittner, Fritz/ *Dreher*, Meinrad, Europäisches und deutsches Wirtschaftsrecht, 3. Auflage, Heidelberg 2008 (zitiert: Wirtschaftsrecht)

Rocke, Burghard, Änderungen der Betreiberstruktur eines Krankenhauses und Auswirkungen auf den Chefarztvertrag in Das Krankenhaus 2005, 733 ff

Rödder, Thomas/ *Herlinghaus*, Andreas/ *van Lishaut*, Ingo, Umwandlungssteuergesetz, Köln 2008 (zitiert: UmwStG)

Rolfs, Christian u.a. (Hrsg.), Schwerpunktkommentar Arbeitsrecht, München 2008 (zitiert: Arbeitsrecht)

Roth, Günter/ *Altmeppen*, Holger (Hrsg.), GmbHG Kommentar, 9. Auflage, München 2009 (zitiert: GmbHG)

Rowedder, Heinz/ *Schmidt-Leithoff*, Christian, Gesetz betreffend die Gesellschaften mit beschränkter Haftung, München 2002 (zitiert: GmbH-Gesetz)

Sachverständigenrat „Schlanker Staat", Sachverständigenrat Schlanker Staat Abschlussbericht, Bonn 1997

Schaub, Günther (Hrsg.), Arbeitsrechtshandbuch, 13. Auflage, München 2009

Schauhoff, Stephan, Handbuch der Gemeinnützigkeit, 2. Auflage, München 2005

Schelter, Kurt/ *Seiler*, Joseph, Bayerisches Personalvertretungsgesetz mit Wahlordnung, München 2000 (zitiert Bayerisches Personalvertretungsgesetz)

Schimansky Herbert/ *Bunte* Hermann-Josef/ *Lwowski*, Hans-Jürgen, Bankrechts-Handbuch, 3. Auflage München 2007

Schmidt-Aßmann, Eberhard/ *Schoch*, Friedrich (Hrsg.), Besonderes Verwaltungsrecht, 14. Auflage, Berlin 2009 (zitiert: Verwaltungsrecht)

Schmidt-Bleibtreu, Bruno/ *Hofmann*, Hans/ *Hopfauf*, Axel, Kommentar zum Grundgesetz, 11. Auflage, München 2008 (zitiert: Grundgesetz)

Schmitt, Joachim/ *Hörtnagl*, Robert/ *Stratz*, Rolf-Christian, Umwandlungsgesetz – Umwandlungssteuergesetz, 5. Auflage, München 2009 (zitiert: UmwG-UmwStG)

Schoch, Friedrich, Privatisierung von Verwaltungsaufgaben, in: Deutsches Verwaltungsblatt 1994, 962 ff

Schoch, Friedrich, Der Beitrag des kommunalen Wirtschaftsrechts zur Privatisierung öffentlicher Aufgaben, Die Öffentliche Verwaltung 1993, 377 ff

Scholz, Franz, GmbH-Gesetz, 10. Auflage, Köln 2006

Scholz, Rupert, Staatsaufgabenkritik in Berlin, in: Eberle, Carl Eugen/ Ibler, Martin/ Lorenz, Dieter (Hrsg.), Der Wandel des Staates vor den Herausforderungen der Gegenwart. Festschrift für Winfried Brohm zum 70. Geburtstag, München 2002, 741 ff

Scholz, Rupert/ *Pitschas*, Rainer, Gemeindewirtschaft zwischen Verwaltungs- und Unternehmensstruktur, Berlin 1982 (zitiert: Gemeindewirtschaft)

Schönke, Adolf/ *Schröder*, Horst, Strafgesetzbuch, 27. Auflage, München 2006 (zitiert: StGB)

Schreml, Arthur/ *Bauer*, Siegfried/ *Westner*, Anton, Kommunales Haushalts- und Wirtschaftsrecht in Bayern, Loseblattsammlung, Heidelberg (zitiert: Kommunales Haushaltsrecht)

Schröder, Holger, Die vergaberechtliche Stellung des Kommunalunternehmens als Anstalt des öffentlichen Rechts, Neue Zeitschrift für Baurecht und Vergaberecht, 2003, 596 ff

Schulz, Norbert/ *Wachsmuth*, Hans Joachim/ *Zwick*, Wolfram (u.a.) Kommunalverfassungsrecht Bayern, Loseblattsammlung, München, 7. Ergänzungslieferung, Mai 2009 (zitiert: Kommunalverfassungsrecht)

Schwarting, Gunnar, Der kommunale Haushalt, 3. Auflage, Berlin 2006 (zitiert: kommunaler Haushalt)

Schwarz, Bernhard, Kommentar zur Abgabenordnung, Loseblattsammlung, Freiburg (zitiert: Abgabenordnung)

Schwarze, Jürgen (u.a.), EU-Kommentar, 2. Auflage, Baden-Baden 2009

Schwenk, Dieter/ Frey, Heinrich, Haushalts- und Wirtschaftsrecht/ Kommunaler Finanzausgleich in Bayern, Loseblattsammlung, Kronach (zitiert: Haushaltsrecht)

Schwintowski, Hans-Peter, Verschwiegenheitpflicht für politisch legitimierte Mitglieder des Aufsichtsrats, in: Neue Juristische Wochenschrift 1990, 1009 ff

Schwintowski, Hans-Peter, Gesellschaftsrechtliche Bindungen für entsandte Aufsichtsratsmitglieder in öffentlichen Unternehmen, in: Neue Juristische Wochenschrift 1995, 1316 ff

Semler, Johannes/ *Volhard*, Rüdiger, Arbeitshandbuch für Unternehmensübernahmen, Band 1, München 2001 (zitiert: Unternehmensübernahme)

Simon, Michael, Das Gesundheitssystem in Deutschland, 2. Auflage, Bern 2008 (zitiert: Gesundheitssystem)

Simon, Michael, Das Krankenhaus im Umbruch – Neuere Entwicklungen in der stationären Krankenversorgung im Gefolge von sektoraler Budgetierung und neuem Entgeltsystem, 1997 in Veröffentlichungsreihe der Arbeitsgruppe Public Health Wissenschaftszentrum Berlin für Sozialforschung

Sodan, Helge, Grundgesetz, München 2009

Sölch, Otto/ *Ringleb*, Karl (Hrsg), Umsatzsteuergesetz, Loseblattsammlung München, 61. Ergänzungslieferung, April 2009

Spindler, Gerald/ *Stilz*, Eberhard, Kommentar zum Aktiengesetz, München 2007 (zitiert: AktG)

Stelkens, Paul/ *Bonk*, Heinz Joachim/ *Sachs*, Michael, Verwaltungsverfahrensgesetz Kommentar, 7. Auflage, München 2008 (zitiert: VwVfG)

Stellpflug, Martin H./ *Meier*, Sybille/ *Tadayon*, Ajang; Handbuch Medizinrecht, Loseblattsammlung Heidelberg

Stober, Rolf, Privatisierung öffentlicher Aufgaben, in: Neue Juristische Wochenschrift 2008, 2301 ff

Streck, Michael (Hrsg.), Körperschaftssteuergesetz, 7. Auflage, München 2008

Streinz, Rudolf (Hrsg.) EUV/EGV – Vertrag über die Europäische Union und Vertrag zur Gründung der Europäischen Gemeinschaft, München 2003 (zitiert: EUV/EGV)

Strohe, Claudia/ *Meyer-Wyk*, Claus Ludwig/ *Köhler*, Thomas, Chancen und Risiken der Privatisierung öffentlicher Krankenhäuser (II), in: Das Krankenhaus 2003, 991 ff

Süddeutsche Zeitung, Tölzer Neueste Nachrichten vom 28.12.2001, 23.02.2001, 26./27.06.04

Terbille, Michael/ *Clausen*, Tilman/ *Schroeder-Printzen*, Jörn, Münchener Anwaltshandbuch Medizinrecht, München 2009 (zitiert: Medizinrecht)

Tettinger, Peter, Die rechtliche Ausgestaltung von Public Private Partnership, in: Die Öffentliche Verwaltung 1996, 764 ff

Tettinger, Peter, Public Private Partnership, Möglichkeiten und Grenzen, in: Nordrhein-Westfälische Verwaltungsblättcr 2005, 1 ff

Thannheiser, Achim, Handbuch der Personalrechtspraxis, Baden-Baden 2001 (zitiert: Personalrechtspraxis)

Thier, Uwe, Privatisierung – kommt nach der Krankenhaus-GmbH die Krankenhaus-AG und dann der Gang an die Börse, Das Krankenhaus 2001, 875 ff

Tölzer Kurier vom 08.02.2001, 16.02.2001, 17./ 18.02.2001, 22.02.2001, 24.10.2001, 08.11.2001, 09.11.2001, 13.11.2001, 14.11.2001, 16.11.2001, 29.11.2001, 30.11.2001, 03.12.2004

Tschöpe, Ulrich (Hrsg.) Anwaltshandbuch Arbeitsrecht, 6. Auflage, Köln 2009 (zitiert: Arbeitsrecht)

Ulmer, Peter/ *Habersack*, Mathias/ *Winter*, Martin, GmbHG Großkommentar, Band II, Tübingen 2006 (zitiert: GmbHG)

Vogelgesang, Klaus, Beteiligungsrechtliche Probleme bei der Privatisierung in PersV 2005, 4 ff

Vogelgesang, Klaus/ *Lübking*, Uwe/ *Ulbrich*, Ina-Maria, Kommunale Selbstverwaltung, 3. Auflage, Berlin 2005

Völkel, Dieter/ *Karg*, Helmut, Finanz und Steuern Band 2, Umsatzsteuer, 15. Auflage, Stuttgart 2009 (zitiert: Finanz und Steuern)

Weber, Werner, Praxisleitfaden: Gründung von Servicegesellschaften, insbesondere für Krankenhäuser und Altenheime, in: Bayerischer *Kommunaler Prüfungsverband*, Geschäftsbericht 2003, 75 ff, München 2003

Weber, Martin/ *Schäfer*, Michael/ *Hausmann*, Friedrich Ludwig (Hrsg.), Handbuch Public-Private-Partnership, München 2006 (zitiert: Handbuch PPP)

Wedde, Peter, Arbeitsrecht – Kompaktkommentar zum Individualarbeitsrecht mit kollektivrechtlichen Bezügen, Frankfurt am Main 2009 (zitiert: Arbeitsrecht)

Weiß, Hans/ *Niedermaier*, Franz/ *Summer*, Rudolf/ *Zängl*, Siegfried, Beamtenrecht in Bayern, Loseblattsammlung München (zitiert: Beamtenrecht)

Wenzel, Frank; Handbuch des Fachanwalts Medizinrecht, Köln 2007 (zitiert: Fachanwalt Medizinrecht)

Weyand, Rudolf, Praxiskommentar Vergaberecht, 2. Auflage, München 2007 (zitiert: Vergaberecht)

Widtmann, Julius/ *Grasser*, Walter/ *Glaser,* Erhard, Bayerische Gemeindeordnung, Loseblattsammlung München, 22. Ergänzungslieferung, Februar 2009 (zitiert: Bayerische Gemeindeordnung)

Widmaier, Ulrich, Fragen der Einflussnahme der Personalvertretung bei der Privatisierung öffentlicher Einrichtungen unter Einbeziehung europarechtlicher Aspekte in ZfPR 2001, 119 ff

Wiedemann, Gerhard, Handbuch des Kartellrechts, 2. Auflage, München 2008 (zitiert: Kartellrecht)

Willenbruch, Klaus/ *Bischoff*, Kristina, Kompaktkommentar Vergaberecht, Köln 2008 (zitiert: Vergaberecht)

Wlotzke, Ottfried/ *Wißmann*, Hellmut/ *Koberski*, Wolfgang/ *Kleinsorge*, Georg; Mitbestimmungsrecht, 3. Auflage, München 2008

Wolff, Hans/ *Bachof*, Otto/ *Stober*, Rolf, Verwaltungsrecht, Band 1, 12. Auflage, München 2007 (zitiert: Verwaltungsrecht, Band 1)

Wolff, Hans/ *Bachof*, Otto/ *Stober*, Rolf, Verwaltungsrecht, Band 2, 6. Auflage, München 2000 (zitiert: Verwaltungsrecht, Band 2)

Wolff, Hans/ *Bachof*, Otto/ *Stober*, Rolf, Verwaltungsrecht, Band 3, 5. Auflage, München 2004 (zitiert: Verwaltungsrecht, Band 3)

Wurzel, Gabriele/ *Schraml*, Alexander/ *Becker*, Ralph, Rechtspraxis der kommunalen Unternehmen, München 2005 (zitiert: Kommunale Unternehmen)

Zieglmeier, Christian, Kommunale Aufsichtsratmitglieder, LKV 2005, 338 ff

Zippelius, Reinhold/ Würtenberger, Thomas, Deutsches Staatsrecht, 32. Auflage, München 2008 (zitiert: Staatsrecht)

Erlanger Schriften zum Öffentlichen Recht

Herausgegeben von Max-Emanuel Geis, Heinrich de Wall,
Markus Krajewski und Bernhard W. Wegener

Band 1 Ingo Mehner: Privatisierung bayerischer Kreiskrankenhäuser. 2012.

www.peterlang.de

Peter Lang · Internationaler Verlag der Wissenschaften

Manja Ziehe

Innovative Finanzierungsinstrumente im Krankenhaus

Vergleich von Finanzierungsmöglichkeiten zur Umsetzung von Investitionsprojekten in kleinen und mittleren gemeinnützigen Krankenhäusern in Deutschland anhand eines Fallbeispiels
Sind derzeit propagierte innovative Finanzierungslösungen eine echte Alternative?

Frankfurt am Main, Berlin, Bern, Bruxelles, New York, Oxford, Wien, 2009.
XXVI, 364 S., zahlr. Tab. und Graf.
ISBN 978-3-631-58725-6 · geb. € 71,80*

Kontrovers diskutieren politisch Verantwortliche und Krankenhausvertreter den Bedarf an staatlichen Fördermitteln für Investitionen, die für eine zukunftsgerichtete Gestaltung des Krankenhaussektors notwendig sind. Kapitalgeber reagieren, indem sie hierfür innovative Finanzierungslösungen anbieten. Krankenhäuser müssen nun entscheiden, welche Finanzierung wirtschaftlich tragbar und strategisch sinnvoll ist. Die Arbeit strukturiert diese Entscheidungsfindung anhand eines Regelsystems, das methodisch für ein Fallbeispiel angewendet wird. Letztendlich zeigt sich, dass die Nutzung ausgewählter innovativer Finanzierungen klare Vorteile bieten kann, aber nur maßgeschneiderte Lösungen den optimalen Erfolg versprechen. Ziel ist es, ein möglichst optimales Finanzierungskonzept zu erhalten. Das entwickelte Regelsystem kann hierzu als Leitfaden genutzt werden.

Aus dem Inhalt: Deutsches Gesundheitssystem, Krankenhausmarkt und Krankenhausfinanzierung · Einflussfaktoren bei der Finanzierung über den Kapitalmarkt · Finanzierungsinstrumente für kleine und mittlere gemeinnützige Krankenhäuser · Vorgehensweise zum Vergleich der Finanzierungsinstrumente · Anwendung des Regelsystems · Vergleich der Finanzierungslösungen

*inklusive der in Deutschland gültigen Mehrwertsteuer. Preisänderungen vorbehalten

Frankfurt am Main · Berlin · Bern · Bruxelles · New York · Oxford · Wien
Auslieferung: Verlag Peter Lang AG
Moosstr. 1, CH-2542 Pieterlen
Telefax 00 41 (0) 32 / 376 17 27
E-Mail info@peterlang.com
Seit 40 Jahren Ihr Partner für die Wissenschaft
Homepage http://www.peterlang.de